KB207016

중국 농업,
동아시아로의 압축

아연 중국연구총서 12
중국 농업, 동아시아로의 압축

2007년 9월 17일 제1판 1쇄 발행

지은이 이일영
펴낸이 정민용
펴낸곳 폴리테이아
출판등록 2002년 2월 19일 제 300-2004-63호
주 소 서울시 종로구 홍파동 42-1 신한빌딩 2층
전화 02-722-9960(영업), 02-739-9929, 30(편집), 팩스 02-733-9910
표지디자인 송재희
표지사진 이상엽

ISBN 978-89-92792-12-7 94300
978-89-955215-7-1 (세트)

* 책값은 뒤표지에 표시되어 있습니다.
* 잘못된 책은 바꿔드립니다.

이 도서의 국립중앙도서관 출판시도서목록(CIP)은 e-CIP 홈페이지(http://www.nl.go.kr/cip.php)에서 이용하실 수 있습니다(CIP제어번호: CIP2007002782).

중국 농업,
동아시아로의 압축

이일영 지음

폴리테이아

차 례

제4부 WTO와 중국 농업

제7장 중국의 WTO 가입 농업협상의 경제적 효과

제8장 중국의 농업개방을 제약하는 요인들

에필로그 중국 경제, 더 압축된 동아시아 모델

서문

이 책 『중국 농업, 동아시아로의 압축』은 중국 농업에 관한 필자의 두 번째 단행본이다. 첫 번째 책(『중국의 농촌개혁과 경제발전』)이 나온 것이 꼭 10년 전이고, 아직도 발전도상에 있는 국내의 중국 연구 상황을 생각하면, 더 분발했어야 한다는 자책의 안타까움도 없지 않다. 변변치 않은 능력을 생각하면, 동아시아 경제나 북한 농업으로까지 연구영역을 넘나든 것이 주제넘지 않았나 걱정이 되기도 한다. 면구스럽지만 그럼에도 이 책을 내는 것은, 정책이나 시장의 요구를 넘어선 비판적 지역연구 영역을 확장하는 데 힘을 보태야 한다는 기대에 부응하고 싶었기 때문이다. 또 그간 썼던 글을 다듬고 보태고 하면서, 중국을 공부하지만 중국 자체에만 몰두할 수 없었던 당혹감을 치유하는 과정으로 삼을 수 있었다.

필자가 중국을 공부하면서 항상 폐부에 담고 있던 물음은 다음과 같은 것이다. 중국 연구는 왜 하는가? 내 공부가, 지금, 여기, 우리의 현실과 미래와 무슨 관련이 있는가?

당초 사회주의 체제에 관한 공부를 시작할 때는 그것이 우리의 미래에 관해 의미 있는 정보를 줄 수 있을 것으로 기대했었다. 그러나 러시아를 거쳐 중국을 공부하면서 농민의 고단했던 삶에 대면했고, 이들에게 '재시장화'는 일종의 진화과정이라는 점을 힘겹게 인식하게 되었다. '국가사회주의'가 우리의 미래에 참고할 내용이 별로 없다는 사실을 많은 시간과 노력을 들여 깨달은 셈이다. 허망하기도 했지만, 소득이 전혀 없지는 않았다. 중국과 북한이 다른 차원에서 우리의 '현재'와 매우 밀접하게 관련되어 있다는 점을 깨달았기 때문이다. 여기서 '현재'란 두 가지 의미를 모두 포함하는데, 하나는 지리적 공간으로 연결되어 있는 연관성이고, 다른 하나는 미래로의 진행을 시작하는 출발점을 말한다.

모든 일에는 상당한 이유가 있는 법이다. 그러니 현재의 중국과 북한의 모습을 보면서 현재 그들이 걷고 있는 길을 함부로 '퇴보'나 '퇴행'으로 말해서도 안 될 것이다. 대신 그들의 모습은 우리 모습의 일부이며, 보기 싫다고 떼놓고 우리만 따로 혼자 가는 것이 가능하지 않다는 인식이 중요하다. 미래와 관련하여 영미형, 북구형 경제 모델을 논의할 때에도, 동아시아의 현재를 고려하지 않으면 현실성이 없어진다. 우리는 '동아시아–한반도 경제' 속에서 살고 있으며, 여기에는 '더 압축된 동아시아 모델'(A More Highly Compressed East Asian Model)과 '더 좋아진 동아시아 모델'(An Improved East Asian Model)의 두 갈래 길이 있다. 전자는 장기적으로 지속 가능하지 않으므로, 우리는 후자의 길을 개척하고 창조해야 한다.

이런 생각들은 중국, 북한, 동아시아 경제를 공부하면서 형성·발전된 것인데, 그 중에서도 중국 농업에 관한 연구가 든든한 기반이 되어 주었다. 그 결과를 다듬어서 묶은 것이 이 책이다. 물론 처음부터 정밀한 계획을 가지고 논문들을 써온 것은 아니지만, 앞에서 말한 문제의식이 대강의 설계도 역할을 했다고 할 수 있다. 프롤로그, 에필로그는 이 책의 체계를 잡기 위해 새로 쓴 글이고, 1장, 7장, 8장은 『현대중국경제』, 『농정연구』, 『동북아경제연구』에 실린 논문을 상당 부분 보완한 것이다. 2장, 3장, 4장, 5장, 6장은 『동향과 전망』, 『현대중국연구』, 『경제학연구』, 『농업경제연구』, 『경제발전연구』에 게재된 논문을 사소한 수정 후 다시 실은 것이다.

이 책에서 필자가 의지하고 있는 연구방법은 정치경제학, 비교경제학, 계약경제학 등이다. 첫째, 고전파와 마르크스의 전통에 의한 정치경제학에 의하면, 자본 축적이야말로 경제적 전환의 원동력이다. 중국의 경제적

전환에서도 자본 축적이 어떻게 이루어지며 무엇이 자본 축적을 방해하는가 하는 것이 핵심 문제이다. 이 문제에 답하기 위해서는 다른 나라에서도 그렇지만, 중국에서는 더욱더, 농업문제를 탐구하는 것이 중요하다. 농업의 이행은 자본 축적과 산업화의 속도, 과정, 한계, 가능성에 결정적 영향을 미치게 되어 있다. 둘째, 중국, 그리고 동아시아의 발전 경로는 기존 이론으로는 전모를 파악하기 어려운 새로운 현상이므로, 비교를 반복함으로써 새로운 가설을 제기하는 노력이 필요하다. 비교분석은 역사상의 중대한 규칙성, 그리고 그 속에서 역사상 패턴의 다양성을 발견하게 함으로써 기존의 스테레오 타입을 비판할 수 있게 해 준다. 셋째, 정치경제학이나 신고전파 경제학 모두 새롭게 발생하고 있는 미시 조직·제도문제를 해명하는 데는 한계를 보이고 있다. 이 책에서도 나름대로 이 문제에 도전해 보았으나, 현지조사를 수행하면서 새로운 이론의 필요성을 절감했다. 다양한 경제조직의 발전, 조직 간·조직 내 거래의 증대를 해명하기 위해 향후 이론과 현실 양면에서의 계약경제학 연구를 보다 강화해야 한다고 생각한다.

부족하지만 책이 나오면서 마음의 빚이 무겁다. 거대한 기획으로 둔하고 무딘 필자에게 생각의 기회를 허락하신 고려대 아세아문제연구소의 덕이 크다. 매만지기 쉽지 않은 원고를 자상하고 면밀하게 검토하여 책의 꼴을 만들어주신 출판사의 공이 많다. 내 생각의 거울이 되어 주는 목요중국포럼, 세교연구소, 한반도사회경제연구회의 여러 선생님과 벗들의 가르침이 밝다. 쑥스럽지만 항상 무위를 충고하는 아내의 사랑도 또렷하고 따뜻하다. 그 빚을 털고 나서 이 책에 남는 게 있다면, 그것은 아마 대부분 필자의 허물일 것이다. 그럼에도 조금이나마 기뻐들 하셨으면 좋겠다.

2007년 여름

이일영

중국의 발전모델과 농업

1. 시스템과 모델

중국은 아직도 공식적으로는 사회주의를 내세우고 있으나, 중국경제의 현실을 보면, 이제 그들이 말하는 사회주의가 자본주의와 본질적으로 원리를 달리하는 경제 시스템이라고 믿는 이들은 많지 않을 것이다. 그것은 개혁·개방 전의 중국이나 다른 현실 사회주의의 역사를 보더라도 크게 다르지 않다. 아마 사회주의니 프롤레타리아니 하는 것보다는, 보다 공업화된 선진국가와의 경제력·군사력·정치력의 격차와 생활수준의 차이를 축소하는 것이 더욱 절실한 관심이었을 것이 틀림없다.

뜻밖에도 영국에서 가장 먼저 산업혁명이 이루어지고 세계경제가 있었다면, 중세까지 추종을 불허하는 초거인이었을 중국은 선두에서 완전히 밀려났다. 우연의 요소도 많았을 것이지만, 제국과 식민지·반식민지로 갈라진 국가와 그 안의 인민들의 운명은 얼마나 확연한가. 그러니 근대경제는 아마 자동차와 같은 것이었을 것이다. 자동차의 목표는 속도를 내서 움직이는 것이다.

뒤처진 국가들은 앞선 국가를 추격·추월하기 위해 경제의 여러 요소—생산물·생산요소, 기술, 조직·제도, 정보, 반응, 가치·규범 등—를 잘 조직하고(시스템), 이의 방향을 결정하기 위해 특정 요소의 움직임 및 요소 간 관계를 지시하는 정보(정책)를 투입하려 했다. 때로 후진국들이 배우고 모방하려는 인기 있는 모델이 나타나기도 했다. 모델이란 좁은 의미로는 주로 정책들의 집합인데, 넓게는 가치·규범까지 포괄해서 시스템과 거의 같은 의미로 사용되기도 했다.

2. 너무 큰 엔진과 너무 낡은 엔진

중국은 소련형 모델을 수입했다가 중국제 모델을 '자주개발'하려 했으나 성공하지 못했다. 소련제 모델이란 스탈린형 개발전략(Stalinist strategy)을 말한다. 중국은 소련으로부터의 설계도는 물론 자금과 설비를 원조 받아 제1차 5개년 계획(1953~58)을 추진했다. 이 모델은 빠른 속도를 특징으로 하는데, 이를 움직이는 기본 구동장치는 중공업 부문에 주요 엔진을 부착하고 농업으로부터 연료를 공급하는 것이다. 다시 말하면 중공업 주도의 개발 패턴을 유지하기 위해 고율의 투자가 필요한데, 이를 뒷받침하는 높은 저축률을 실현하기 위한 자동적 장치를 조직하여 저축을 제도화하는 것이 핵심장치이다. 고율의 비자발적 저축을 강제하기 위해 농업-농촌은 농업생산의 집단화, 농산물 유통의 국가독점, 도농 간 노동력 이동의 제한을 통해 촘촘히 조직화되었다.

그러나 이 모델에 장착된 엔진은 너무 큰 것이어서 연료 공급이 제대로 따라갈 수 없었다. 공업과 농업이 괴리된 성장경로는 1956~57년경 경제의 불균형과 긴장을 드러냈다. 도시에 식료가 제대로 공급되지 못하고 공업에 농산품 원료의 공급 부족이 나타났으며 급속한 도시화의 문제가 발생했다. 사태를 수습하기 위해서는 어쨌든 농업발전의 템포를 빠르게 하는 방법을 강구해야 했는데, 결국 비료와 물(관개지역의 확대)이라는 전통적 자원 투입을 주장하는 주장이 승리했다.

소련형 모델을 대신하는 마오쩌둥 모델은, 공식적으로는 농업과 공업이라는 두 개의 엔진을 동시에 가동한다—두 다리로 걷는다—는 것이다. 이 모델은 과잉노동이 자본으로 전화될 수 있고 전통기술이 생산을 최대화할 수 있다는 믿음에 기초한 것이었다. 그래서 근대적 기술과 투입재의 요구를 회피하고 농업과 농촌공업이라는 여러 개의 소형 엔진에 의존하려는 실험을 시도했다. 그러나 전통적 자원 투입에 따른 전통적 생산은 급격한 수확체감에 직면했고, 경제는 오랫동안 위기와 정체를 반복해야 했다. 너무 낡은 기술에 의존한 엔진으로는 자동차를 움직일 수 없었다.

3. 개혁·개방이라는 새로운 엔진, 농업이라는 점화장치

많은 혼란을 거치고 나서 1978년에 이르러 새로운 모델 개발이 시작되었다. 이때 새로운 모델의 엔진은 개혁·개방이고 이를 추동하는 점화장치는 농업·농촌이었다.

이때 새로운 변화의 불꽃은 농업부문에서 당겨졌다. 1978년 3중전회를 계기로 농산물 수매가격 인상, 농업 투입재 가격 인하가 이루어졌고 국가가 통제하던 수매품목과 수량을 줄이고 시장유통의 폭을 늘렸다. 정책당국의 의도와는 무관하게 기층 단위에서 추진된 농가 단위의 생산이 확산되면서 마침내 인민공사(人民公社)제도라는 권력기구가 소멸했다. 국가의 통제가 느슨해지면서 그간 연료공급장치로, 또는 엔진으로서의 역할을 제대로 수행하지 못했던 농업부문의 에너지가 일거에 분출했다. 공업화를 위한 자금으로 유출되었던 농업잉여가 농촌 내에 유보될 수 있게 되자 증산 의욕이 폭발했다.

농업에서 점화된 불꽃은 농촌의 경공업으로 옮겨 붙었다. 1978년 이후의 증산으로 노동 생산성이 높아지자 농업부문의 인구 과잉이 강화되었고, 농업이 다양화됨에 따라 농촌 노동시장의 유동화가 개시되었다. 그로써 농촌인구 이동을 엄격하게 제한하는 종래의 제도를 유지하는 것이 어려워졌다. 결국 농촌 소도시(鎮)에 있는 농촌기업에 종사할 의사와 능력을 보유하고 있는 경우 이주를 허용했다. 그전까지 생존유지 수준을 넘는 잉여를 국가가 흡수해가다가 잉여의 상당부분을 농촌에 유보할 수 있게 되었고 여기에 노동력 이동에 대한 법적 구속이 완화된 것이다. 그에 따라 자금과 노동력이 급속한 속도와 규모로 농촌기업에 집중되었다.

1980년대의 농촌개혁은 종래의 모델을 완전히 파괴하면서 새로운 모델을 도입하도록 하는 기폭제가 되었다. 즉 이 시기를 통해 낮은 농산물 가격을 유지하면서 도시주민의 생활안정과 임금 억제를 도모하고 이를 통해 산업화와 경제발전을 추구하던 종래의 축적 패턴이 완전히 붕괴되었다. 1980년대를 통해 농촌의 시장화·분권화에 따른 농업잉여가 농촌 내에 유보되면서, 도시 노동자들에게도 이에 상응하는 조치가 이루어져야 했다. 기업에서도 기업이윤을 내부에 유보할 수 있도록 하는 분권화 조치가 시행되었고, 이에 따라 임금 분배율이 높아졌다.

농촌개혁으로 농민의 소비 억제, 노동자에의 분배 억제를 통해 도시 중공업의 성장을 추구했던 메커니즘이 해체될 수밖에 없었다. 도시공업부문은 새로운 방식으로 동력원을 구해야 했다. 1960~70년대 국민소득의 30~40%를 나타내던 높은 투자율 수준을 유지하기 위해서는 외부로부터 자금을 구할 수밖에 없었다. 결국 농촌 및 기업부문에 마련된 개혁의 엔진은 무역 및 외자도입이라는 개방의 엔진도 함께 가동되도록 했다. 1970년대 말~1980년대 초의 시기에 농업부문은 새로운 중국 모델을 움직이는 두 개의 엔진에 불을 붙이는 역할을 수행했다.

4. 국제화라는 액셀러레이터, 농업이라는 브레이크

개혁과 개방이라는 두 개의 엔진은 서로 보완적 역할을 하면서 중국 경제를 빠른 속도로 변화하도록 했다. 농촌에서 시작된 분권화가 무역체제에도 확산되면서 경공업의 초급 산품을 중심으로 수출과 외자도입이 늘어났고 이는 전례 없는 고도성장과 산업구조의 변화를 가져왔다. 개방의 엔진이 한번 작동하기 시작하자 국내는 물론 국제적 차원에서 부문·산업 간의 연관관계를 확대하려는 힘이 늘어났다. 개방의 엔진은 힘을 더해갔지만 개혁의 동력은 더 이상 늘어나지 않는 상태에 머무르고 있었다.

국내·국제적 차원에서의 비교우위에 입각한 분업을 가로막는 것은 분권화 개혁으로 힘을 얻은 부문과 지방이었다. 일부 부문과 지방은 자신의 보호 아래 있는 중공업이나 소비재 산업에 과잉·중복 투자를 했고, 이 기업들을 보호하기 위해 지역 간·국가 간 무역장벽을 설치했다. 중국이 하나의 시장권으로 통합되기 위해서는 노동 생산성과 가격의 지역별 격차가 축소되고 GDP의 산업별 구성의 지역적 편차는 증가해야 한다. 그러나 현실에서는 꼭 그런 방향으로 진전되지 않았다. 이에 따라 1990년대 후반을 지나면서 중국은 나름대로 중요한 결단을 내린 것으로 볼 수 있다. 중국 정부는 WTO 가입을 추진했으며, 이는 국경보호를 하더라도 효율성과 경쟁력이 제고되지 못했던 분야에 대해서는 일정한 구조조정을 감내하기로 한 것이다.

국제화가 개혁과 개방의 엔진에 힘을 불어 넣는 가속장치 역할을 맡게 되었다. 통계 수치만으로 보면, 중국에는 2001년 WTO 가입 이후 3~4년간 1980년대 초반에 필적하는 급속한 개방 확대 추세가 나타났다.

2000년대의 중국은 국제화의 액셀러레이터를 장착하여 모델을 업그레이드하고자 시도했지만, 개방의 엔진이 영구히 작동하는 무한구동장치가 될 수는 없다. WTO 가입이라는 개방의 충격효과는 일정 기간 나타났다가 서서히 소진되겠지만, 도시와 농촌의 이원적 경제구조, 소득분배구조의 악화, 도시에 편중된 소비구조의 획일성에 따른 농촌 수요의 부족은 지속적으로 문제를 확대시킬 수 있다. 중국 당국이 '삼농문제'의 중요성을 대대적으로 강조하고 있는 것도 이 때문이다. 어느 시점에선가 중국의 발전단계를 규정하고 있는 농업·농촌의 규모, 인구-식량 밸런스, 도시의 고용능력 등과 같은 문제가 모습을 드러낼 것이다. 이때가 되면 농업은 이 모델의 과속 질주를 막는 농업은 브레이크 역할을 할 가능성이 높다.

제1부
중국 농업의 현 단계

제1장

중국의 농촌개혁과 '삼농' 문제

농촌은 중국의 경제발전에 있어 중요한 역할을 수행해 왔다. 중국에서 농촌은 사회주의 혁명은 물론 개혁·개방에 있어서도 핵심적 역할을 수행했다. 농촌은 엄청난 인구를 부양했고 도시가 필요로 하는 만큼의 노동력을 제공했으며 그 노동력을 부양하는 식량을 공급했다. 이 밖에도 농촌은 공업부문을 위한 자본형성, 공업부문에서 생산하는 제품에 대한 시장, 공업용 원료의 공급 기능도 수행했다.

한편 중국의 농촌은 중국형 체제이행 모델의 핵심요소다. 중국은 농촌에서부터 실험과 개혁에 착수해 그 성공 경험을 바탕으로 도시부문으로 확산시켰다. 체제의 변화는 잠재적 불균형을 현재화시키기 때문에 인플레이션과 실업, 거액의 재정적자, 그리고 경우에 따라서는 대외채무의 증가와 무역수지 적자 등 거시적 불균형을 수반하기 쉽다. 중국의 농촌은 효과적으로 체제이행을 이룸으로써 이행기 중국 경제의 불안정을 완충하는 역할을 수행했다.

이제 중국의 개혁은 새로운 단계로 접어들었고 농촌은 새로운 역할을 요구받고 있다. 중국은 WTO에 가입하는 조건으로 농산물에 대해 관세율을 인하하고 시장접근을 확대하며 수출 보조금을 폐지하기로 했다. 이런 국제화 방향은 고도의 보호체계를 갖춘 수출국들을 중심으로 하여 합의한 것이다. 그러나 중국은 아직 농업보호정책은 제대로 수립된 적도 없다. 중국 농촌은 낮은 보호수준하에서 국제화와 시장화가 진전되는 새로운 도전에 직면해 있다.

이하에서는 개혁·개방 이후 중국 농촌의 사회경제적 전개에 대해 개괄적으로 검토한다. 먼저 개혁 전의 농촌 사회경제가 1980년대에 전개된 농촌개혁에 의해 어떻게 변모했는가를 고찰한다. 이어 농촌개혁이 일단락되면서 1990년대를 통해 형성된 새로운 농촌문제, 즉 '삼농문제'를 검토한 후 이에 대한 최근 중국 정부의 대응을 살펴본다.

1. 개혁 전의 중국 농촌

1949년 대륙을 장악한 중국은 다른 사회주의 국가와 마찬가지로 중공업을 우선 발전시킴으로써 선진공업국을 추월하고자 하는 정책의지를 가지고 있었다. 당시 중국은 미국을 위시한 서방국가와 정치·군사적으로 대립하는 위치에 있었다. 이러한 상황에서 중국의 지도자들은 신속한 경제발전을 통하여 세계 여러 민족들 속에서 자립하는 것을 국가와 민족의 존망에 관계되는 시급한 문제로 판단했다. 이들은 급속한 중공업화의 실현이 곧 경제발전이며 빈곤과 낙후를 벗어나는 지름길로 판단했다.

이러한 경제발전전략하에서는 대량의 자본이 필요하나 부존자원은 부족하고 농촌의 비중이 엄청나게 큰 것이 농촌의 비중이 엄청나게 큰 것이 당시 중국의 현실이었다. 이러한 모순을 해결하기 위하여 요소가격, 생산재 가격, 소비재 가격을 억압하는 거시정책, 고도로 집중된 자원배분 제도, 국가계획에 의해 통제되는 미시경영 메커니즘이 형성되었다(林毅夫 外 1996). 이러한 집권적 계획경제 체제는 농업·농촌부문에도 수립되었다. 소비재 가격을 억제하기 위해 저농산물 가격정책이 시행되었으며, 농촌·농업부문에서 형성된 잉여를 국가가 효과적으로 관리하기 위해 계획수매·계획배급 제도와 집단농장 체제가 수립되었다. 이러한 농업제도·정책은 농민의 생산의욕을 감퇴시킴으로써 만성적인 농업생산 정체를 구조화시켰다.

중국의 집단농장 체제는 1950년대 후반에 확립되었다. 대부분의 농가는 주요 생산수단을 무상으로 내놓고 이를 모아 설립된 고급합작사에 조직되었다. 이를 토대로 집단화 운동은 1958년에는 인민공사의 건설로 진전되었다. 인민공사 체제하에서는 소수의 가축을 제외한 모든 생산수단이 인민공사의 소유가 되었다. 그리고 인민공사 내에서 이루어지는 농(農)·공(工)·상(商)·학(學)·병(兵) 등 일체의 행위에 대해 통일적으로 계획이 수립되고 집행되었다. 인민공사하에서는 작업량에 의해 소득이 분배되지 않고 무상노동이 행해졌다. 인민공사는 사원(社員) 전체에 대하여 일정의 식품 소비량을 공공식당에서 무상으로 공급했으며, 일부 잔여 부분에 한하여 노동일에 따라 분배했다.

인민공사는 하급의 지방정부와 경제조직, 즉 향(鄕) 정부와 합작사 , 즉 협동조합(合作社) 집행부를 합하여 설립되었다(政社合一). 이렇게 만들어진 인민공사 안에는 군대조직을 모방하여 생산대대(生産大隊), 생산대(生産隊), 생산조(生産組)가 위계적으로 조직되었다. 인민공사의 의사결정권은 형식적으로 공사 인민대표대회에 귀속되었으나, 실제로는 상설기관으로 조직된 공사 혁명위원회가 중요한 역할을 했다.

2. 중국 농촌개혁의 전개

1) 농업생산 체제의 개혁

중국 농업·농촌에 있어 중요한 변화는 1978년 말부터 시작되었다. 그 첫 번째 변화는 농장조직과 관련된 것이었다. 1978년 이전에는 파종면적, 작목, 작부방식, 생산기술 등의 선택에 관한 모든 결정이 생산대 이상의 조직에서 이루어졌다. 1978년에 이르러 당국은 '생산 책임제'라고 불리는 새로운 경영체제를 도입할 것을 결정했다.

생산 책임제란 생산대의 생산과정을 분할하여 소그룹(到組), 개별농가(到戶), 개인노동(到勞) 등에 청부함으로써 생산대 내에서 보다 유연한 보상을 행할 수 있도록 하는 제도를 일컫는 것이다. 생산 책임제는 당초에는 집단농업 체제를 유지하는 기초 위에서 구상된 것이었다. 실제로 생산 책임제가 도입되던 당시에는 토지 및 기타 생산요소를 개별농가에까지 분할하여 주는 것은 금지되었다. 그러나 일부 생산대가 개별농가에 농장책임(즉 토지, 기타 생산요소, 생산과제)을 청부하는 제도를 실험하기 시작했다. 이는 1980~81년 사이에 지역구분을 넘어 전국에 확산되었으며, 마침내 1982년 4월에는 정식으로 인정되었다.

생산 책임제 개혁이 시작되던 당시, 가족경영의 두 가지 형태가 거의 동시에 출현했다. 첫째는 호별생산책임제(包産到戶)이다. 여기에서 농가는 일정 생산비 범위 내에서 생산 임무를 달성하고 노동점수(工分)를 취득하도록 했다. 개별농가가 생산책임을 초과하여 생산한 부분에 대하여는 추가적인 노동점수를 주어 더 많은 배분을 받도록 했으며, 책임을 완수하지 못한 경우에는 반대로 불이익을 가했다. 생산대는 개별농가로부터 수집한 총량에서 농업세와 집단 유보분을 공제하고 난 나머지를 개별농가의 노동점수에 따라 분배했다. 개별농가는 경상투입재를 스스로 공급해야 하나,

〈표 1〉 인민공사의 해체과정 (단위: 개)

	행정-경제기능 결합		행정-경제기능 분리	
	인민공사	생산대대	향진정부	촌민위원회
1982	54,352	0	0	0
1983	40,079	16,252	16,252	199,657
1984	249	91,171	91,171	926,439
1985	0	91,138	91,138	940,617

자료: 『中國統計年鑑』 1983, 86.

작부계획, 수리관개, 역축 및 기계의 이용은 생산대가 통제했다.

둘째는 호별경영책임제(包幹到戶)인데, 이는 생산대의 사후적 분배기능도 제거한 것이다. 여기에서는 개별농가에서 나온 수입은 계약에 따라 국가세수와 집단 유보분을 제외한 후 전부 개별농가에 귀속시킨다. 즉 임무를 완성한 후에 발생한 잉여의 전부를 각 개별농가의 소유로 하는 것이다. 개별농가는 생산대로부터 토지의 사용권만을 부여받지만, 역축 및 생산자재의 경우에는 개별농가에게 소유권까지 분배되었다. 따라서 농가는 노동력을 스스로 편성하고 작부계획과 생산·투자까지 스스로 결정하여 행하게 되었다.

호별생산책임제와 호별경영책임제의 주된 차이점은 노동성과의 분배방법에 있었다. 1980~81년에는 생산과 분배 기능을 농가와 생산대에 분리해서 부여한 호별생산책임제가 먼저 도입되었는데, 1982~83년이 되면 농가에 거의 모든 책임을 부여하는 호별경영책임제가 가장 지배적인 경영형태가 된다. 최초에 책임제가 보급되던 단계에서는 3~5년 동안 경지의 사용권이 개별농가에 보장되었으나, 1984년 1호 문건에서는 사용권을 상한 없이 15년 이상 보장하기로 결정했다. 15년의 사용기한이 다가오자 1993년 11월에 이르러 토지사용 기한을 다시 30년간으로 연장했으며, 황무지에 대해서는 종전과 같이 50~70년의 사용기한을 보장했다.

생산 책임제의 도입과 함께 인민공사도 해체되었다. 1983년에는 향진

(鄕鎭) 정부가 회복됨으로써 인민공사의 정치적 기능이 제거되었다. 중앙 정부는 어느 누구도 생산대와 농민에게 직접적인 생산명령을 내리지 못하도록 했다. 그리하여 1984년에 인민공사의 행정기능과 경제기능의 분리(政社分離)가 완료되었다(〈표 1〉 참조).

2) 농산물유통체제의 개혁

한편 농산물의 수매 및 유통부문에서도 중요한 변화가 나타났다. 1979년에는 식량의 계획수매가격을 평균 인상하는 한편, 계획수매량 이상의 초과수매에 대한 보너스 가격을 이전에는 계획수매가격도 인상했다. 가격 인상의 효과는 금방 나타나서 1979년 이후 식량생산은 급증했다. 생산에 비해 소비 증가가 뒤따르지 못해 1983~84년에 식량 재고가 심한 과잉상태에 이르게 되었다. 이는 국가의 가격인상과 재고부담을 국가재정이 감당해야 하는 상황을 의미했다.

국가재정 부담을 줄이기 위해서는 가격 수준을 낮춰야 했는데, 이러한 필요에 따라 초과수매가격을 폐지하고 단일가격을 적용하게 되었다. 지방 차원의 실험을 거쳐 마침내 1985년 1월 1일 식량, 면화, 유지작물에 대한 계획수매가 전면적으로 폐지되고 새로운 계약수매 제도가 도입되었다. 이에 따라 중국의 농산물 수매는 계약수매를 기본으로 하고 협의수매와 자유시장 유통을 적극 활용하는 체제로 전환했다.

1990년대 들어서는 또 다른 중요한 개혁조치가 시행되었다. 당국은 특별비축 제도나 도매시장과 같은 간접적인 정책수단을 통하여 시장을 조절하고자 했으며, 표준적·합법적·현대적인 식량 도매시장을 확립하는 데에 주력했다. 식량의 소매가격을 인상함으로써 식량 유통시장에 대한 국가의 직접적 통제를 축소했다. 도시민에게 식량과 식용유를 안정적으로 공급해 주던 계획배급 제도가 대부분 지역에서 폐지되었다. 이후 국가에 의한 식량 소매는 급격히 감소했다. 농민들에 대하여도 계약수매에서의 의무적 성격을 제거하고 수매가격을 시장 가격화하는 방향의 개혁조치가 이루어졌다. 또 전국적으로 통일된 계약수매가격을 정하지 않고 시장가격이 하락할 때는 최저보호가격을 공포하도록 했다.

3) 농촌 노동력의 유동화

분권화, 시장화가 진전됨에 따라 농민에게 생산의 인센티브가 높아졌고 생산성이 높아졌다. 노동 생산성의 상승은 중국 농업에서의 인구과잉이 강화되었다는 것을 의미한다. 이로써 농촌 노동력의 유동화 압력이 높아지게 되었다. 이러한 농촌 노동력의 '압출력'에 대한 정책적 대응으로, 1984년 〈농민이 집진(集鎭)에 들어가고 호구를 옮기는 문제에 관한 국무원 규정〉이 공포되었다. 이에 따르면 진(鎭)의 공업·상업·서비스 부문에 종사할 의사와 능력을 보유하고 있고 진에 고정적 주거를 가지면서 그 가족이 향진기업(鄕鎭企業)에 장기적으로 종사하는 경우 진으로의 이주를 허용한다는 것이다. 단 식량배급을 받을 권리는 부여하지 않았기 때문에 식량은 원래의 호적이 있는 농촌으로부터 공급받아야 했다.

이 조치에 따라 농촌인구의 '외부천이'(外部遷移)와 함께 '내부전이'(內部轉移)가 합법화되었다. 농촌인구의 외부천이는 호구 변경수속을 거친 정규의 인구이동을 의미하며, 농촌 노동력의 내부전이는 농촌 내에서 거주지를 변경하지 않은 비농업부문으로의 이동을 의미한다. 그러나 농민의 도시로의 대량 유출은 도시의 식량부족과 취업문제를 야기할 수밖에 없다. 따라서 호적제도를 완전히 폐지할 수는 없었으며, 농촌으로부터 도시로의 호구 변경허가를 얻지 않은 인구이동, 즉 농촌인구의 '유동'(流動, 盲流)은 계속 불법으로 규정되었다(〈그림 1〉 참조).

〈그림 1〉 개혁 후 중국 농촌인구 이동의 기본구조

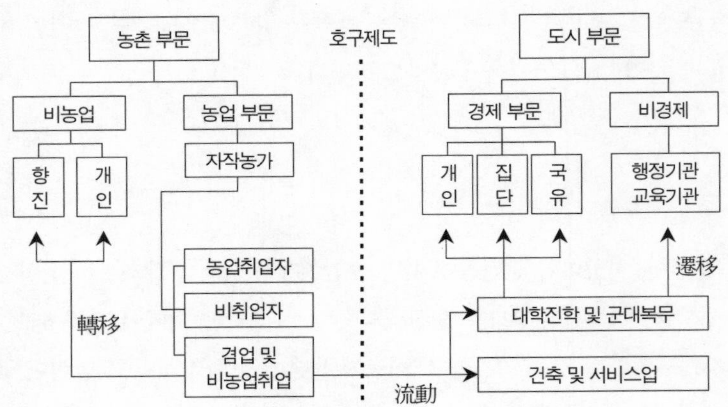

자료: 필자 작성.

3. 중국 농촌개혁의 사회적 영향

중국의 농업·농촌개혁은 국가와 집단의 기능을 축소하고 개인에 대한 인센티브와 시장의 역할을 강화하는 우선하는 방향으로 이루어져 왔다. 이에 따라 중국의 농촌사회에도 변화를 가져왔다(北京師範大學經濟與資源管理硏究所, 2003).

첫째, 통일적이고 집중된 농촌의 사회구조가 다원적이고 분산된 사회구조로 변화하고 있다. 권력과 자원이 집중된 인민공사가 해체됨으로써 농촌 민주화의 수준이 높아졌고 권한과 책임의 다원화가 이루어졌다. 개혁 전에는 대부분 농민들이 식량농업에 종사했고 사회의 평준화 정도가 높았으나, 개혁으로 농촌에 다양한 직업과 역할이 형성되었으며 농민들의 지리적 이동과 직업선택의 기회가 많아졌다.

둘째, 농촌에서 공산당의 역할이나 중요성이 감소되었다. 1978년 이전에 중국공산당은 농촌의 정치, 경제, 사회생활의 모든 방면에 깊숙이 개입했다. 그러나 개혁과정을 통해 당이 농촌의 인민정부와 경제활동으로부터 공식적으로 분리되었다. 당의 통제력이 기본적으로는 유지되고 있다 해도 농촌에서 당의 역할이 줄어드는 추세에 있는 것은 분명하며, 특히 생산 책임제 도입 이후 농민은 독립생산자로서의 지위를 갖게 되었다.

셋째, 농업생산 체제 개혁으로 농촌에 비농업 산업이 발전했고, 그 결과 농민들의 직업과 계층분화가 진전되었다. 중국 농업부 정책연구중심 주관으로 1992년 실시한 중국 농민직업분화 조사결과를 보면, 농업노동자 63.4%, 농민공(農民工) 12.2%, 향촌집체기업관리자 0.9%, 개체 혹은 합작 공상 노동자, 경영자 6.5%, 사영기업주 0.8%, 사영기업의 고용노동자 3.0%, 농업을 영위하지 않는 간부 0.6%, 교육, 과학, 의료, 위생, 문화예술 공작자 1.1%, 가사노동자 8.1%, 기타 노동자 3.3%이다(李强 1993, 93-94). 이러한 농촌의 직업적 분화는 농촌에 새로운 계층구조가 형성되고 있음을 의미하는 것이다.

4. '삼농'문제의 등장

2000년 8월 한 지방 간부[후베이성(湖北省) 젠리현(監利縣) 치판향(棋盤鄕)의 당서기 리창핑(李昌平))]가 국무원에 보낸 서신이 공개되었다. 이 편지에서는 중국 농촌이 당면한 문제를 호소했는데, 편지 중에 나오는 세 개의 구절, 즉 "현재 농민은 정말 어렵고 농촌은 매우 빈궁하며 농업은 실로 위험에 처해 있다"(現在農民眞苦, 農村眞窮, 農業眞危險).라는 표현은, 이후 중국의 '삼농'(농업·농촌·농민문제)문제의 현상을 대표하는 말이 되었다.

1) 농민의 낮은 생활수준

'삼농'문제의 중요한 현상은 역시 농촌주민의 수입문제다. 농민의 생활수준이 낮다는 것은 농민 1인당 평균 수입 증가율의 둔화, 그리고 도시-농촌 간 수입격차의 확대로 표현되고 있다. 1990~2001년 사이 농민 1인당 평균 순수입 증가율은 4.48%로, 1980년대에 비해 성장속도가 거의 절반 수준으로 둔화되었다. 한편 같은 기간 동안 도시주민 1인당 가처분 수입은 매년 7% 증가했는데, 이는 1980년대에 비해 증가속도가 54% 빨라진 것이다.

이렇게 농민 수입 증가속도는 둔화되고 도시주민 수입 증가는 가속화함에 따라 도농 간 수입 격차는 급속히 확대되었다. 도시주민과 농민의 수입 비가 2001년에는 2.9:1에서 2002년 상반기에는 3.5:1로 확대되었다. 농민 내에서의 격차도 매우 커졌다. 2001년 농민 1인당 수입은 상하이(上海), 베이징(北京), 저장(浙江)성이 5,274위안, 4,060위안, 3,941위안이었다. 이는 산둥(山東)성의 4.9배, 3.8배, 3.7배에 해당하고, 간쑤(甘肅)성의 757위안의 6.9배, 5.4배, 5.2배, 시장(西藏)의 723위안의 7.3배, 5.6배, 5.5배에 달하는 것이다(呂世平 外 2003).

한편 중국의 농촌인구 중에서 의료, 실업, 양로보험의 혜택을 받는 사람은 극히 적다. 1998년 전국위생서비스 조사 수치에 따르면 87.44%의 농촌주민은 어떠한 사회보장도 받지 못하고 있다. 즉 7억 5,000만 명의 농민이 사회보장의 혜택에서 제외되어 있다. 도시주민이 향유하는 의료, 복지 등 혜택을 감안한다면, 농민과 도시주민의 실제 수입 비는 5:1을 넘어설 것이다.

도농 간 수입 격차가 커지고 있는데도 농민 부담은 계속 문제가 되어 왔다. 국가통계국의 공식조사에 의하면, 1990~94년간 농민 1인당 순수입은 매년 15.5% 증가했고, 같은 기간 동안 부담은 15.4% 증가했다. 또 1995~98년간 농민 1인당 순수입은 매년 11.1% 증가했고, 같은 기간 동안 부담은 6.4% 증가했다. 즉 공식 통계상으로 농민 부담은 상대적으로 감소하는 추세인 것이다. 그러나 비공식적이고 불합리한 부담은 늘어나고 있었다. 농업부(農民負擔監督管理辦公室)의 통계에 의하면, 1991년의 각종 부담은 순수입의 2.5%를 차지했으나, 지방의 조사결과들은 불합리한 부담이 농민 수입 중 차지하는 비중에 5~7%에 이르는 것으로 보고하고 있다.

농민 수입이 악화되면 농촌 빈곤인구가 증가하게 된다. 중국의 빈곤선 기준은 1인당 수입 625위안으로, 이는 국제기준인 1일 1달러보다 크게 낮다. 따라서 중국에서 파악하는 빈곤인구의 절대 수는 발표된 수보다는 많다. 어쨌든 빈곤인구는 개혁 이후 기본적으로는 감소하는 추세를 나타냈다. 국가통계국의 2001년 보고에 의하면 전국 농촌 빈곤인구는 1978년 2억 5,000만 명에서 1999년 말 3,400만 명으로 감소했고, 2000년에는 3,000만 명 이하로 감소했다.

그러나 농민 수입 증가추세가 둔화되면서 빈곤선에서 벗어났던 농촌인구가 다시 빈곤인구로 돌아가는 경우가 발생하고 있다. 농촌가구조사(農村住戶調査)의 자료에 의한 계산에 따르면, 근래에 빈곤선에서 벗어났던 농촌 빈곤인구가 다시 빈곤인구로 회귀하는 비율이 30% 정도인 것으로 파악된다(劉斌 2004).

2) 농업 생산구조상의 약점

중국의 농업은 1978년 개혁개방 이후 빠르게 발전하여 식량, 육류, 수산품 등에서 1인당 평균 생산량이 이미 세계 평균수준에 도달하거나 초과하게 되었다. 그러나 전통적으로 존재하던 구조적 문제와 함께 새로운 문제들이 나타났고, 이러한 문제들은 WTO 가입 이후 더욱 부각되었다.

중국 농업의 기본문제는 무엇보다도 인구 증가와 식량 증가의 모순이다. 생활수준의 향상에 따라 2030년까지 중국은 매년 1인당 평균 식량 소비량이 350~500kg이 될 것으로 가정했을 때(선진국은 현재 매년 1인당 평균 소비량이 650kg이다), 전국에서 5.68~8억 톤의 식량을 생산해야 한다. 그러나 매년 식량생산이 0.8%의 속도로 증가한다고 할 때, 2030년에 이르면 중국은 6.15억 톤의 식량을 생산할 수밖에 없다. 연간 1인당 소비량이 500kg라고 하면 2억 톤 가까이 부족하게 된다. 세계시장의 공급능력, 대체능력, 중국의 지불능력을 고려할 때, 이러한 차이를 모두 세계시장에 의존할 수는 없다. 중국의 식량안보전략은 기본적으로 자급자족의 방향을 선택하는 것이 불가피한 조건이 될 것이고, 이는 중국 농업에 거대한 압력으로 작용할 수밖에 없다.

그런데 중국의 농업구조는 대단히 취약하다. 현재 중국 농업은 기본적으로 극히 영세한 가족경영 방식으로 경영규모가 아주 작다. 중국의 1인당 평균 경지규모는 0.087ha 수준인데, 이는 세계 평균의 1/3에도 못 미치는 수준이고, 미국의 1/9에 달하는 정도일 뿐이다. 이러한 영세소농 생산방식은 농업 기계화와 농업과학기술을 채용하는 데 저해가 된다. 또한 농업 생산력을 위한 분업의 요구(예를 들면 생산과 가공, 생산과 유통의 분업)에 유연하게 대응하기 어렵다.

게다가 경지는 지속적으로 감소하고 있다. 중국에서 매년 감소하는 경지는 대략 50만 ha에 이르고 있다. 1986~96년 사이에 14.4%의 경지가 감소했고 이러한 추세는 당분간 계속될 전망이다. 중국 관개토지 유실면적은 매년 13%의 속도로 증가하고 있다. 2001년 사막화된 토지면적은 이미 168.9만 ㎢에 이르고 이는 전체 토지면적의 17.6%를 차지한다. 모래 사막대의 형성은 이미 심각한 상황이 되었다. 초원의 퇴화 또한 진행되고 있다. 네이멍구 초원은 원래 초지로 이용 가능한 6,359만 ha를 갖고 있었으나, 퇴화면적이 이미 60%에 이르고 있어 축산업의 발전을 심각하게 제약하고 있다.

수자원 고갈문제도 크다. 1986~96년 사이 중국의 관개면적은 8.3%가 감소하고, 1996~99년 사이에는 6%가 감소했다. 베이징을 비롯한 크고 작은 도시의 지하수위가 내려가고, 황하 하류의 단류 시간이 길어졌다. 호수 면적이 축소되고 날로 가중되는 수계, 수체의 오염은 수자원 용량의 80%를 이용하는 농업에 큰 타격을 주고 있다(呂世平 外 2003).

3) 농촌 노동력의 시장화 문제

현재 중국 농촌에는 잉여 노동력이 1억 5,000만 명에 이르고 있다. 1980년대 중반부터 농촌기업이 급속히 발전하여 대량의 농촌 노동력을 흡수하기 시작했다. 농촌 노동력은 자발적으로 농업 이외 부문으로 취업하여(農轉非) 1992년부터 농촌의 농업 종사자 수가 줄어들고 있다. 농촌 노동력 유출에 따라 비농업 수입은 농민 수입의 주요 원천이 되었다. 일반적으로 1990년대 이래 현(縣)을 떠나 취업한 인구는 5,300만 명 이상, 성(省)을 떠나 취업한 인구는 2,800만 명 내외로 추정되고 있다(劉斌 2004).

호적제도의 점진적 개혁은 농촌의 도시화 속도를 가속시켰다. 호적제도는 도시와 농촌의 노동력 시장을 분할하며 도시와 농촌을 이원화한다. 농업의 잉여 노동력이 농촌에서 대량 전이되어 나오면서 도시와 농촌을 분할하는 호적제도는 시장경제의 요구에 점점 맞지 않게 되었고, 도시와 농촌의 주민들에 대한 차별대우문제가 드러나게 되었다.

그리하여 1992년 사회주의 시장경제를 천명한 이래, 호적제도에도 개혁이 시작되었다. 1993년 11월에는 "점차로 소도시의 호적관리 제도를 개혁하고, 농민이 소도시로 들어와 일하는 것"을 허용했다. 2001년 중국은 호적제도 개혁을 통해 농민도 도시민과 같은 혜택과 거주지 선택의 자유를 누리게 해주었으며, 소도시로 유입한 사람들에게도 창업, 취업, 주택 취득, 자녀 교육, 의료 등의 방면에도 보편적인 서비스를 제공했다. 이에 따라 농촌 노동력 이동이 증가했고, 추계에 따르면 2001년 말까지 각 지역에서 130만 명이 소도시로 호구를 옮겼다(北京師範大學經濟與資源管理研究所 2003).

그러나 농촌 노동력의 이동을 제약하는 요소가 여전히 남아 있다. 무엇보다도 도시-농촌의 이원적 구조가 기본적으로 유지되고 있기 때문에 자유로운 노동력 이동은 불가능하다. 또 외래 노동력의 압력으로 현지 노동력이 소도시로 이동하는 데 제약으로 작용하고 있다. 또 청장년 농촌 노동력의 1/4이 문맹 또는 반문맹에 머무르는 등 교육수준이 낮아 노동력 이동에 근본적인 제약이 있다. 또 2002년 현재 도시화 수준이 38%를 나타내고 있는데, 도시화 수준을 제고하기 위해서는 도시생활 기반, 취업 기회, 혁신능력, 도시화 비용, 도시 경쟁력 등이 확보되어야 한다(劉斌 2004).

농촌의 여러 가지 문제를 해결하기 위해서는 우수한 농촌간부가 필요하다. 그러나 농민 전체의 문화수준이 낮고 농촌 간부의 자질도 높지 않다. 많은 농촌 간부는 정책에 대한 이해 정도가 낮고 법제 관념이 미약하다. 여전히 봉건주의 의식이 잔존해 있고 과학기술 문화지식이 낙후되어 있다. 일부 간부들은 권력을 이용하여 사적인 이익을 도모하고 부패현상이 잔존하여 농민들의 불신감이 높다.

5. '삼농'문제에 대한 대응: '사회주의 신농촌 건설'

'삼농'문제가 표출되는 중요한 양상은 농민 수입문제이다. 농민 생활수준을 높이는 문제는, 단지 농민 1인당 평균 수입 증가율을 높이는 것은 물론, 도시-농촌 간 수입격차, 공공 서비스 격차를 줄이는 것과 관계가 있다. 그러나 이러한 문제는 단기적 요인에 기인한 것이 아니라 장기적이고 심층적인 요인과 관련이 있다. 중국이 WTO 가입으로 중국 내에는 상당한 변화가 강제되게 되었고, 사회적 통합문제는 중대한 과제로 등장했다.

이에 따라 중국공산당은 16대와 16기 3중전회를 통해 삼농문제에 대한 다양하고 폭넓은 논의를 진행했다. 이어 개최된 '중앙농촌공작회의'에서도 삼농문제를 매우 중요한 의제로 다루었다. 최근 들어 중국에서 농촌업무는 당의 전체업무 가운데 매우 중요하게 취급되고 있는데, 이러한 중요성은 중국공산당·국무원이 함께 새해 최우선 과제로 공포한 1호 문건이 2004년부터 4년 연속 농업·농촌문제에 초점을 맞추고 있다는 데에서도 확인할 수 있다.[1] 한편 2006년 3월에는 제11차 5개년 계획(이하 '11·5계획')이 공포되었는데, 필자는 여기에 중국 당국의 삼농문제에 대한 정책적 대응이 종합적으로 제시되어 있다고 판단했다. 그리하여 이하에서는 11·5계획과 그간 1호 문건들을 중심으로 최근 중국 농업정책의 골격을 개관하기로 한다.

1) 농업생산의 현대화와 안정화

중국은 2007년 1호 문건에서 농업 현대화를 제일의 과제로 내세우고 있다. 중국 정부는 농업 현대화의 핵심은 과학화, 특징은 상품화, 방향은 집약화, 그리고 목표는 산업화로 요약하고 있다. 이는 중국이 시장개방이 확대되는 조건에서 경쟁력을 갖춘 농업구조를 형성하고 이에 기초하여 생산의 안정화를 도모하자는 의도인 것으로 여겨진다.

2007년 1호 문건에 제시된 여덟 가지 '의견'은 모두 현대화와 관련된

1 중국공산당과 국무원의 1호 문건은 2004년 '농민의 수입 증대 촉진', 2005년 '농업의 종합생산능력 제고', 2006년 '사회주의 신농촌 건설', 2007년 '농업현대화의 적극 발전과 사회주의 신농촌 건설의 착실한 추진'을 주제로 하여 각각 채택되었다.

것들인데, 그 중에서도 세 가지가 중요한 정책인 것으로 판단된다. 첫째는, 삼농에 대한 투자 강화와 현대농업건설을 촉진하는 투자보장 시스템 구축이다. 이를 위해 농민과 정부 모두 농업부문의 투자를 증가시키고, 종자 및 농기계 구입 보조 등 농업 지원을 확대한다는 것이다. 둘째는, 농업기반 구축의 가속화와 현대농업의 설비 및 장비 수준 제고인데, 수리시설 건설 강화, 농경지 토양의 질 향상(옥토공정) 등이 실천방안으로 제시되었다. 셋째는, 농업과학기술 개발의 추진인데, 개발 체계 구축, 자원 절약형 농업기술 보급, 농업 기계화·정보화의 계획이 포함되어 있다(中共中央·國務院 2007).

이러한 현대화의 추진은 두 가지 목표를 동시에 겨냥하고 있는 것이다. 하나는 중국이 인구 부양을 위해 일정한 식량생산량을 확보해야 한다는 것이며, 또 하나는 그러한 전제 위에서 효율성 높은 농업구조를 형성하고자 하는 것이다.

2006년의 11·5계획에서는 서두에 분명하게 식량생산의 목표를 제시하고 있다. 즉 2010년까지 경지면적 18억 무(畝), 농지면적 16억 무, 식량재배 면적 15.5억 무, 식량생산량 5억 톤의 선을 유지하거나 달성해야 한다는 것이다.[2] 이를 위해 강력한 경지보호제도, 대대적인 농업기술에 대한 투자가 이루어져야 한다는 것이다. 이렇게 해서 식량, 면화, 식물유 등 기본품목에 대한 생산 안정화가 이루어진 전제에서, 부가가치를 더 생산하는 농업구조 조정을 시도하는 것이다. 이를 위해 지역별로 적합한 품목을 특화하고 국내 시장체계를 정비하는 것이 필요하다(박기형 2006a).

농민 수입과 식량안보 간의 관계를 협력적으로 증진시킨다는 것은 이

2 무(畝)는 중국에서 통용되는 토지면적 단위로, 1무는 6.667a로 약 200평에 해당하며, 1ha가 15무이므로 1무는 (1/15)ha가 된다. 미터법 기준에 의한 아르(a)는 '公畝'라고 한다.

미 2004년 1호 문건에서부터 다시 강조되기 시작한 방침이다. 개혁 이후 농가가 선택하는 작목이 다양화되는 경향이 있었고, 2000년대 초 식량생산이 정체·감소하고 있었다. 즉 식량안보와 농민 수입 증가의 과제가 일정하게 모순되는 관계에 있었던 것이다. 이에 따라 2004년 1호 문건에서는 다음과 같은 점을 강조했다. "식량생산 농민의 수입증가를 중시하고 농민 수입 증가에 중점을 둔다. 농민의 식량생산의 적극성을 자극하고 식량생산의 근본을 강조한다. 주산지의 식량생산 능력을 보호, 제고하고 전국 차원의 식량생산을 안정화한다"(中國社會科學院農村發展研究所 2004).

이를 뒷받침하기 위해 중국 재정부는 2004년 식량생산에 대한 보조금으로 116억 위안을 지급한다고 발표했다. 중국 정부는 식량생산 13개 성에 대해 지방 차원의 '식량안정기금'에 102.8억 위안을 배정했고, 16개 성의 지역 내 식량생산 현에도 13억 위안을 배정했다. 이 보조금은 2004년 파종기 이전에 지급되도록 지방정부에 지시했고 보조방식은 각 성이 자체적으로 결정하도록 했다. 표준적인 방식은 재배면적 1무에 약 10위안을 지급하는 것으로 알려지고 있다. 일반적으로 쌀, 밀, 옥수수 등에 대해 보조금이 지급되었고, 유지작물, 면화, 잡곡에는 지급되지 않았다. 어떤 곳에서는 현금을 지급하는 대신 세금을 감면하는 방식이 사용되기도 했다. 미국 농무부 추계에 따르면, 116억 위안의 직접 지불액은 중국 식량생산량의 2%에 못 미치는 금액이다(USDA ERS 2005).

식량생산과 관련하여 향후 주목해야 할 또 한 가지는 중국이 경지보호를 위한 실효성 있는 방안을 마련할 수 있는가 하는 것이다. 2004년 1호 문건에서는 농촌 토지제도 개혁의 심화를 제기하고 있다. 여기에서는 주로 집체 소유 토지가 비농업용 건설용지로 무질서하게 전환되는 데 대해 구체적인 규정을 마련하는 데 중점을 두었다.

현재 중국에서 비농업용으로 공급되는 국유토지의 대부분은 집체 토지를 국가가 수용한 것이다. 현행 〈토지관리법〉에 의하면 이러한 토지수용에 대한 보상비를 해당 경지의 평균 생산액의 10~16배로 하고 최대 30배를 넘지 못하는 것으로 규정하고 있다. 그러나 대부분 지방의 경우 토지보상비는 집체에 20~30%에 유보되며, 향 및 그 이상의 지방정부에 일부분이 돌아간 후, 농민의 수중에는 보상비의 1~10%만이 주어지고 있다. 이러한 문제를 해결하기 위해 여러 가지 실험이 진행되고 있다. 토지수용 시 사회보장으로 전환한다든지[저장성 자씽시(嘉興市)], 건설용지 사용권의 유동화에 따른 수익을 집체경제 주식으로 전환한다든지[광둥성(廣東省)], 집체소유권은 불변으로 둔 채 농민이 토지 유동과정 중에 발생하는 수익을 취할 수 있도록 한다든지[안후이성(安徽省) 우후(蕪湖)] 하는 방법이 모색되고 있다.

2) 농민소득의 증대

11·5계획에서 제시하고 있는 소득 증대방안은 농업소득 증대, 농외소득 증대, 보조 및 감면조치 등 크게 세 가지이다.

농업소득 증대를 위해 가장 중요한 정책 수단은 농업의 산업화를 촉진하는 것이다.[3] 현재 중국 농촌경제의 시장화의 수준은 계속 높아지고 있다. 식량 이외의 대부분 농산품의 유통은 완전히 자유화되었고, 식량 유통에서도 정부 개입은 계속 감소하고 있다. 이러한 시장적 상황에서 농민의 이익을 보호하고 생산의 부가가치를 높이기 위한 수단으로 합작조직에 의한 산업화 경영이 모색되었다.

개혁 이래 농촌의 소규모 경영의 한계 때문에 각종 합작조직이 형성되었는데, 여기에는 전문연구회, 전문기술협회, 전문합작조직, 산업화 경영

3 농업 산업화 추진의 경과와 사례에 관해서는 이 책의 제 6장 참조.

조직'의 몇 가지 유형이 있다. 이 중에서 농업산업화경영조직은 가장 빠르게 발전하여 2000년까지 전국적으로 6만 6,700개를 넘어섰고, 이는 전국 농가의 25%를 포괄한 바 있다(北京師範大學經濟與資源管理研究所 2003).

그러나 농민 합작조직의 발전을 가로막는 장애는 아직도 많다. 첫째, 중국에는 아직도 〈합작사법〉이 제정되어 있지 않아 농민조직의 발전에 법률적 뒷받침이 이루어지지 못하고 있다. 둘째, 정부의 정책적 뒷받침이 부족하다. 정부의 보조금 지급, 감세 등 지원조치는 농업산업화 경영조직 중에서 핵심기업에 주로 집중되었고, 여러 종류의 합작조직에 대해서는 정책적 지원은 거의 존재하지 않았다. 셋째, 농민조직 발전에 필요한 자금 조달에 어려움이 많다. 농민조직이 아직 법인으로서의 합법적 지위를 획득하고 있지 못하여 금융기관으로부터 대출을 받을 수 없는 상황이다. 2004년 1호 문건에서는 이러한 문제에 대하여 지적하고 있는데, 이에 대해 구체적인 정책이 수립되고 그 효과가 나타나는 데에는 상당한 시간이 걸릴 전망이다(中國社會科學院農村發展研究所 2004).

농외소득을 증대하기 위해서는 농촌의 비유기업인 향진기업을 일정 규모 이상의 향진이나 현으로 집중시키고 기본적으로 현 단위의 발전을 추진하는 것을 방침으로 삼았다. 이러한 향진기업 구조조정 방안도 쉽지 않은 과제이지만, 이것이 농외소득을 안정화하는 방향으로 효과를 내기 위해서는 농민공의 합법적 권익을 마련하고 보장하는 것이 전제되어야 한다. 이러한 점을 인식하여 중국 국무원은 2006년 3월 27일 '농민공 문제 해결에 관한 몇 가지 의견'(關于解決農民工問題的若干意見)을 발표했다. 여기에서는 농민공의 임금, 취업, 사회보장, 권익 등 10개 분야에 걸쳐 농민공문제 해결에 대한 전반적인 정책방향을 제시하고 있다(박기형 2006b).

그런데 농민공에 대한 적정임금 지불, 공공 서비스와 사회복지 서비스 공급에는 기업과 공공재정의 역할이 필요하다. 이를 위해 정부의 재정자금 확보와 기업에 대한 정책수단이 마련되어야 하는데, 이는 여전히 문제로 남아 있다.

중국의 농촌 노동력이 4.9억 명이라고 할 때, 향진기업에 종사하는 인원은 1.3억 명, 지역을 넘어 유동하는 농민공은 1억 명 정도인 것으로 추정되고 있다. 그런데 농민공들의 임금은 최저임금 수준에 미달하는 경우가 대부분이고 초과노동시간도 〈노동법〉이 요구하는 매월 36시간을 넘는 경우가 많다. 농민공의 생활여건도 열악하여 2003년 베이징의 건축 공사장 농민공의 경우 방 1개에 수십 명이 생활하고 길거리에서 숙식을 해결하기도 하며 지하실에서 사는 경우가 많다는 보고가 있기도 했다. 농민공은 사회보장 제도의 사각지대에 있다. '농민공 도시'라 불리는 광둥성 둥관시(東莞市)의 경우 호적인구는 154만 명인데, 공안부문에서 파악한 등기 외래인구는 458만 명, 실제의 추정 외래 농민공 600만 명 이상이었다. 그러나 당시 시 당국에서는 공공 서비스에 필요한 예산을 154만 명에 기초하여 책정했다.

1993년 공포된 〈노동법〉의 경우 그 자체로 너누 느슨하여 농민공의 권익을 보호하기에는 미흡하기 짝이 없다. 예를 들면 고용단위는 반드시 노동계약을 체결하도록 요구하고 있으나 계약을 체결하지 않았을 때의 처벌규정이 없다. 산업재해를 입은 경우에도 농민공의 경우 산업재해 확인, 행정소송, 중재, 재해 배상에 이르는 오랜 시간의 소송절차를 거쳐야 한다(中國社會科學院農村發展研究所 2004).

농민소득 증대와 관련해 가장 구체적인 조치는 농업세 폐지문제다. 2004년 1호 문건에서는 "점차 농업세 세율을 낮추고, 동시에 담배 잎을 제외한 농업 특산세를 폐지한다"고 공표했다. 즉 2004년에 3%를 삭감하고 그 후 1년마다 1%씩 삭감하여 5년 안에 농업세를 철폐하기로 했다. 2005년 1월 국무원은 농업세 철폐시한을 앞당겨 31개 성급 정부 중 25개에서 2005년까지 농업세를 폐지한다고 발표했다(中國社會科學院農村發展研究所 2004).

중국 농가는 농지의 생산능력에 따라 부과하는 농업세, 특산세 이외에도 많은 종류의 지방세, 도로건설, 학교 기타 사업에 필요한 비용을 부담해왔다. 그리하여 중앙정부는 지방정부에게 과중한 세금과 비용 부담을 낮추도록 종용해왔으며, 2001년부터는 실험적인 개혁을 실시해왔다(稅費改革). 농업세 부과는 지역마다 양상이 달랐으나, 전형적인 방식은 개별농가가 배정받은 면적에 과거의 평균 생산량과 가격을 곱하여 계산된 생산액에 대해 7%를 징수하는 것이었다. 여기에 마을 운영비를 부가세 형태로 20%를 부과하여 전체 세율은 8.4%가 되었다. 식량이 아닌 특작이나 가축두수에 따라 특산세를 부과하는 것도 허용되었다. 이것이 2005년 안에 대부분 폐지된 것이다.

그러나 농업세와 농업 특산세 폐지로 농민에게 돌아가는 혜택이 그다지 큰 것은 아니다. 2004년 감세된 세금 액수가 118억 위안으로 농민이 8억 명이라고 할 때 한 사람당 절감되는 비용은 15위안에 지나지 않는다. 2003년 국가통계국이 농업세, 가축세, 특산세를 합한 것이 427억 위안이라고 발표했는데, 이는 과소 추정된 것이고 600억 위안은 된다는 주장도 있다. 그렇다고 해도 농업세가 전체 세수에서 차지하는 비중은 2~3% 정도이다(USDA ERS 2005).

제2장

중국 농업정책의 발전단계:

동아시아 국가들과의 비교

1. 문제의 제기

과거 한중일 3국은 지리적으로 인접해 있으면서도 역사적인 문제로 인해 상당한 갈등상태에 있었다. 그러나 세계화 과정에서 발생하는 외환위기와 같은 부작용에 대한 협력의 필요성이 제기된 바 있으며, 한중일 3국, 나아가 아세안까지 포함하는 동아시아 협력에 대한 논의도 꾸준히 이어지고 있다.

지역협력의 진행에서 그 폭과 속도를 결정하는 요소 중 중요한 것은 각국 경제의 내부구조와 그에 따른 무역 패턴이다. 종래 일본과 한국은 국가의 모든 자원과 시스템을 특정 업종 또는 기업에 집중하는(targeting) 중앙 집중적·불균형적 경성산업정책을 실시했다. 또 일본-NICS-ASEAN은 핵심 자본재 및 고부가가치 완성재-범용 자본재 및 완성재-노동집약적 완성재 생산에 특화하여 분업하고 무역했다. 그러나 점차 동아시아 각국의 저숙련 노동집약적인 수출로부터의 빠른 탈출, 고기술 주로 전자산업의 수출에 특화, 강한 지역적인 연계를 그 특징으로 하는 동아시아의 생산과 무역의 구조가 형성되었다(World Bank 1998).

한편 중국이라는 거대 생산자의 존재와 압력은 동아시아의 생산과 무역에서 점점 중요한 변수가 되고 있다. 관련하여 한동훈과 이근(1998)은 중국 경제가 소위 동아시아 발전모델을 건너뛰어서 일본이나 한국식 모델보다는 미국식 모델에 보다 가까운 개방적·시장 지향적 체제로 진화해 갈 가능성이 있음을 주장한 바 있다. 이러한 주장은 중국이 동아시아 협력체계의 틀에서 벗어나서 발전하고 행동할 것이라는 기대를 갖게 한다.

분명히 중국의 경우 WTO 가입과 세계화, 거대한 경제규모와 중앙-지방관계, 높은 외자기업 비중 등의 요인들로 인하여 정부가 산업정책을 실시할 수 있는 능력이 제약되어 있다. 그리하여 개혁 이후 중국의 산업구조와 산업조직의 변화는 정부의 산업정책이 기능을 발휘하는 과정이 아니라 시장화 과정에 주로 의존해 왔다고 할 수 있다(江小涓 1996).

그러나 중국의 발전단계를 감안할 때 향후 중국이 동아시아적 발전 모델을 넘어서 미국식 모델로 전화할 것으로 보는 것은 일면적인 분석으로 여겨진다. 이하에서는 중국이 과연 '동아시아 국가'를 건너뛸 것인가 하는 문제를 보다 구체적인 산업 차원에서 구명하는 작업을 시도한다. 이를 위해 동아시아 국가에 있어 경제발전단계와 산업정책의 성격을 농업부문을 중심으로 고찰하기로 한다.

농업부문은 일국의 경제발전단계와 깊은 관계를 맺고 있고 농업정책의 유형은 경제발전단계에 의해 규정되는 측면이 있다. 그리하여 이하에서는 먼저 동아시아 각국 농업의 현황과 정책의 발전단계를 고찰하고, 이와 비교하여 중국의 농업 및 정책의 유형과 성격을 분석한 후 향후의 발전과정을 전망하기로 한다.

2. 동아시아 국가의 발전단계와 농업정책 유형

1) 동아시아 국가 농업의 전체적 추세

그간 동아시아 3국은 공통적으로 매우 빠른 속도의 경제성장을 이룩했으며 수출에 의존한 경제발전을 추진했다. 이러한 과정에서 제조업은 급성장한 반면 농업은 저성장함으로써 산업구조의 변화가 일어났다. 경제발전은 농업생산 내부에도 큰 변화를 가져왔는데, 이는 〈표 1〉의 농업생산액 구성의 변화에서 분명하게 드러난다. 즉 3국 모두 식용 밀과 사료용 곡물의 수입이 급증했으며, 생산에서 곡물의 비중이 저하하는 가운데, 축산과 야채·과수의 비중이 증가했다.

이런 가운데 작목별 차이는 있으나 3국의 농업보호수준은 경향적으로 급속하게 상승했다. 일본에서는 보호수준이 이미 1960년대부터 급속히 상승했다. 한국과 대만의 경우 쌀을 중심으로 파악할 때, 1950년대에는 마이너스(−)의 보호 내지 착취 상태에 있었으며, 1970년대부터 플러스의 보호로 전환하기 시작하여 이후 1980년대 전반까지 보호수준이 급속히 상승했다. 그 결과 〈표 2〉에서 보는 바와 같이 3국 모두 쌀에 대해서는 과잉기조가 형성되고 있으며, 그밖에도 돼지고기, 계란 등에는 선진국형의 높은 보호가 이루어지고 있다(辻井博 1998, 45).

각국별로 농업정책의 발전과정을 보다 구체적으로 검토해 보자. 전체 식량수급을 기준으로 할 때 일관되게 자급률이 하락하고 있지만, 3국이 특히 중시하는 것은 쌀의 자급문제이다. 이하에서는 쌀을 중심으로 3국의 농업정책의 발전단계를 살펴보기로 한다.

〈표 1〉 동아시아 3국의 농업 총생산액 구조 (단위: %)

	연도	곡물	축산	채소과일	기타
일본	1955~59	58	12	17	13
	1960~64	50	18	20	12
	1965~69	46	20	21	13
	1970~74	37	25	26	12
	1975~79	38	26	26	10
	1980~84	34	29	25	13
한국	1955~59	n.a.	n.a.	n.a.	n.a.
	1960~64	78	7	6	9
	1965~69	60	13	13	14
	1970~74	57	14	15	14
	1975~79	53	16	22	11
	1980~81	48	21	24	7
	1982~84	43	28	20	9
대만	1955~59	56	20	7	17
	1960~64	55	22	9	14
	1965~69	46	26	13	15
	1970~74	39	33	18	10
	1975~79	34	36	20	10
	1980~84	28	39	25	8

자료: 辻井博(1998, 49).

2) 일본

일본의 경우에는 20세기 초부터 쌀의 수급 밸런스를 중시하여 농업보호를 실시했다. 이미 1904년에 일본은 쌀에 대해 수입관세를 부과한 바 있다. 1918년 쌀 소동 이후에는 쌀 자급을 위해 증산과 생산보호수준 제고를 본격적으로 추진하기 시작했다. 증산을 위해 농업연구와 보급에 대한 지출을 크게 증가시켰다. 생산보호를 위해 제국 내, 즉 일본 내지, 식민지 조선과 대만에 쌀값을 균등화하고 수입에 대해서는 관세와 수량제한을 통해 제국 내 쌀값을 제국 외에 비해 높은 수준으로 지지했다. 이러한 보호정책의 결과 1930년대에는 일본 소비의 1/6 이상의 쌀을 조선과 대만으로부터 이입하여 자급을 달성하기에 이르렀다(辻井博 1998, 45; 48).

전후 일본 경제는 급격한 자본 축적을 위해 농업보호정책을 일정 정도

〈표 2〉 동아시아 3국의 식량 자급률 (단위: %)

	연도	쌀	밀	옥수수	콩
일본	1955~59	99	37	15	34
	1960~64	97	33	4	20
	1965~69	109	20	1	8
	1970~74	95	7	0	4
	1975~79	108	5	0	4
	1980~84	95	11	n.a.	5
한국	1955~59	99	38	54	82
	1960~64	100	28	22	89
	1965~69	95	21	40	94
	1970~74	89	9	15	81
	1975~79	98	3	6	66
	1980~81	75	4	6	33
	1982~84	97	4	3	25
대만	1955~59	108	13	60	29
	1960~64	107	11	83	29
	1965~69	106	6	24	20
	1970~74	99	0	5	9
	1975~79	109	0	5	5
	1980~84	124	0.3	4	0.8

주: 자급률 = {생산/(생산+순수입+재고감)} × 100.
자료: 辻井博(1998, 49).

포기했다. 패전 직후 일본 경제는 수입된 중유의 철강, 석탄생산의 우선적 투입, 중점산업과 대기업 우선의 금융정책, 저임금·저미가 정책 등 '경사생산방식'을 실시한다. 이와 함께 농촌에서는 소작농민의 반체제화를 막기 위해 농지개혁이 실시되었으며, 농민에 대한 비농민세력의 지배를 막기 위해 협동조합법이 제정되었다. 식량 확보를 위해 시장을 강력히 규제하는 여러 조치가 시행되었고, 최대한의 공출과 낮은 미가 설정이 이루어졌다(차홍균 1993, 206-213).

그러나 1950년대 전반 농산물 수입에 따른 외화 사용, 높은 수입가격을 보전해야 하는 재정부담, 한국전쟁에 의한 식량불안 등이 문제가 되면서, 식량관리제도의 완화, 미가산정방식의 변화 등이 모색된다. 1950년대 후반에는 GATT에 가입하면서 국제경쟁을 염두에 두고 농업을 육성하려는 사업이 벌어지게 된다(차홍균 1993, 214-219).[1] 그리하여 1950년대 후반부터는 다시 일본농업의 보호수준이 급속히 상승했다. 1959~63년에 일본의 쌀 수입은 거의 사라지게 되었으며, 1956~66년은 1920년대부터 추진한 쌀 자급을 달성한 시기로 평가할 수 있다. 1967~82년에는 쌀의 과잉재고가 누적되어 3조 엔의 재정자금이 소요되는 등 쌀 과잉기가 형성되었다.

한편 1995년부터 UR 합의에 의해 최소시장접근(MMA : Minimum Market Access) 방식에 의한 쌀 수입이 시작되었다. 이후 연속된 풍작으로 1998년 초 400만 톤의 과잉재고가 누적되기에 이르렀으며, 일본 정부는 생산조정을 위해 조수입보험제도, 생산조정보상금제도를 도입함으로써 쌀의 적정한 자급균형의 회복을 추진하고 있는 상황이다. 이렇게 일본의 쌀 생산은 높은 보호수준에 의해 과잉기조를 유지하고 있으나, 매우 극단적으로 진행된 노동력 고령화, 지속적인 경지 감소 등을 고려하면, 일정 시점에서 생산기반이 크게 쇠퇴할 가능성도 안고 있다.

3) 한국

한국의 경우 쌀의 자급률 변동을 중심으로 정책단계를 구분할 때 1945~68년을 쌀 농업 착취의 단계, 1969~78년을 농업보호 강화 및 쌀 자급 달성의 단계, 1979~93년까지 쌀 자급 유지의 단계, 1994년 이후 쌀 시장 개방 논의의 단계로 파악할 수 있다.

미 군정기에는 강력한 식량통제가 계속되었으며 정부 수립 후 1949년

---

1 일본은 1955년 GATT에 가입하기 위한 가입조건의정서에 조인했으며, 1956년 신농산어촌건설종합대책사업을 개시했다.

에서야 자유시장을 인정하는 형태로 통제가 일부 완화되었다.[2] 1950년대에는 한국의 농업과 농민에게는 무거운 부담이 지워졌다. 전비조달, 전후 복구과정에서 정부는 쌀을 강제 징수하여 정부미를 확보하는 정책을 채택했다. 이 과정에서 농민에게는 부과된 고율의 현물 농지세, 농지개혁으로 분배된 농지에 대한 고율의 현물 상환금은 자작화된 농민을 재소작화하는 요인이 되었다.

그러나 1960년대 말에 이르러 한국의 농업정책은 고미가정책으로의 전환을 시도한다. 그간의 경제발전에 따라 농공 간 소득격차가 확대되었으며, 1967년 미국의 곡물원조가 없어지고 식량수입을 위한 외화도 불충분해졌다. 이에 증산과 소득격차의 축소가 중요한 과제로 등장하게 된 것이다. 그리하여 1968년부터 쌀의 정부수매가격이 급속히 인상되기 시작했으며, 1970년부터 수매가격이 방출가격을 상회하여 정부의 재정부담이 발생하기 시작했다.

수매가격의 인상에 따라 1970년대에는 쌀의 국내 생산이 증대하기 시작했다. 1976~78년에는 외국으로부터의 쌀 수입은 감소하여 전후 최초로 쌀 자급이 달성되었다. 1974~80년 동안 쌀의 수매와 방출로 인한 적자가 증가하여 정부의 재정부담이 누적적으로 증대되었다. 이에 1970년대 말부터 쌀 정책의 전환이 시도되었다. 수매가격을 억제하고 수매량을 축소함에 따라 소득격차가 확대되어 1979~84년에 쌀 자급은 달성되지 못하게 되었다.

그러나 1985~88년에는 자급상태가 회복되었으며, 농민의 정치력이 강화된 1987~88년 이후 쌀 생산에 보조는 다시 증가했으며 그 결과 1989

2 쌀의 유통구조는 1950년 2월 양곡관리법 제정에 의해 정부미시장과 자유시장이 병존하는 부분통제의 구조가 형성되어 현재까지 지속되고 있다.

~93년에는 과잉상태가 되었다. 1993년 이후 일시적으로 부족상태가 되었다가 다시 곧 자급기조를 유지하고 있으나, 1995년 이후 일본과 마찬가지로 최소시장접근 방식에 의해 국영무역에 의해 쌀이 일부 수입되기 시작했다.[3] 이러한 가운데 생산의 중점은 급속히 다른 부문으로 이동하고 있다. 전체 식량수급 밸런스는 1970~95년 동안 생산이 정체 또는 체감하는 중에, 사료수입이 급증하고 자급률은 급격히 하락하는 과정에 있다.[4]

요컨대 1960년대 말에 자원 이전의 흐름이 종래의 농업 → 공업으로부터 공업 → 농업으로 전환하는 정책전환이 이루어지고, 이후 1990년대 중반 WTO 결성과 함께 새로운 구도의 논의가 이루어지고 있다. 개방화의 흐름은 농업보호라는 자원흐름이 전환되는 것이라기보다는 보호의 방식의 변화를 강제하는 것이라고 할 수 있다.[5]

4) 대만

대만의 경우에도 쌀 자급률, 쌀의 자급률 변동을 중심으로 정책단계를 구분할 수 있다. 이에 의하면 1945~71년을 쌀 농업 착취의 단계, 1972~76년을 농업보호 강화 및 쌀 자급 달성의 단계, 1977년 이후 쌀 자급 및 수출기조 유지의 단계로 볼 수 있다. 즉 대만의 쌀 농업의 경우 1970년대 초에 자원이전의 흐름이 순유출에서 순유입으로 전환하는 정책전환이 이루어졌다.

3 수입된 쌀은 가공용으로만 이용되기 때문에 시중에 바로 유통되지는 않는다.

4 이러한 경제발전에 따른 농업의 변모란 점에서 한국은 선진국 중에서는 일본에 가장 가까운 모습을 지니고 있다. 그러나 한국의 농업취업자 비중이 일본보다 훨씬 높다는 발전단계의 차이에도 불구하고 식량 자급률은 30% 수준으로 두 나라 사이에 큰 차이가 없다(박진도 1993, 322-323).

5 생산과 연계된 보조를 금하는 방식(decoupling)으로의 전환을 의미하는 것이다.

1943년까지 인구 659만의 대만에는 1949년 국민당 정부의 이주로 200만 명 정도의 대륙인구가 이주했다. 인구의 대량이주로 식량의 국내 수요가 급증하여 국내 증산의 필요성이 제고되었다. 이에 따라 특히 쌀의 작부면적이 확대되고 관개시설이 확충되었으며, 농지개혁에 의한 생산성 증가도 증산에 기여했다. 쌀은 임금재인 동시에 정치재였으므로 안정적인 공급이 매우 중요한 과제로 등장했다. 이에 따라 자유시장을 온존시키면서 1950~60년대에는 농가의 총 판매량의 50~73%에 달하는 쌀을 강제적으로 농가로부터 징수했다(Chen and Hsu, Mao 1975, 403-417).

대만 농업은 1960년대까지 비농업부문의 발전에 많은 공헌을 했다. 농민은 막대한 군대(당시 약 60만 명)와 공무원을 포함하는 군사재정의 일단을 부담해야 했고, 쌀과 사탕의 수출에 의해 외화를 획득하여 공업에 지원했으며, 낮은 가격으로 안정적인 식량공급을 행함으로써 저임금체제를 지지했다. 이로써 농업은 대만의 전후 부흥과 경제성장에 공헌했다(隅谷三喜男 外 1992, 78-79).[6]

그러나 장기적인 농민수탈의 결과 1969년을 계기로 농업생산, 특히 쌀생산이 급락했으며, 쌀과 사탕을 재배하는 농민들의 위기가 고조되었다. 1960년대 이후 급속한 공업화에 따라 농공 간 소득 격차가 확대되었으며, 이를 축소할 필요성도 제기되었다. 그리하여 도농 간 소득 격차를 축소하고 쌀의 국내 공급을 확대하기 위해 1972년 '농촌개발가속계획'(加速農村開發計劃)을 실시했다. 또 1973년에는 농민들의 원성이 높았던 미곡·비료교환제도와 지조에 부가된 교육세를 철폐했다. 이로써 1970년대 전반부터 농업부문(주로 쌀)은 보호받는 방향으로 전환하기 시작했다(隅谷三喜男 外

6 농업으로부터의 자금 순유출은 1950~60년대에 농업총생산액의 13~22%로 추정되기도 한다 (Lee 1972, 394-418).

1992, 79; 辻井博 1998, 52).

농산물의 정부수매가격은 1973년 이후 급속히 인상되었으며, 특히 쌀의 경우 더욱 현저히 인상되었다. 1972~75년 동안 도매물가는 1.6배 증가했는데, 쌀값은 2.5배 인상되었다. 그 결과 쌀 생산은 1976년 사상 최대를 기록했고, 1979년부터 매년 20~30만 톤의 과잉재고가 발생되기 시작했다. 1977년부터 생산량이 조금씩 감소하기 시작하지만 소비량이 더욱 감소하여 쌀 자급 및 수출기조에는 변동이 없다.

다른 한편 1973년부터 농산물의 순수입국이 되어 콩, 옥수수, 밀의 자급률이 급감했다. 곡물의 경우 쌀과 같은 단계성이 나타나지는 않으나, 생산은 전 기간 동안 체감하고 있으며, 사료곡물 수요의 급증으로 곡물 전체의 자급률은 크게 감소하고 있다. 경종작물 생산은 정체하고 있고, 야채·과수 생산은 급속히 확대되었다. 농산물 무역은 1971년에 균형을 이룬 이후 수입이 급증하여 1990년에 이르면 수입이 수출의 2배를 넘어서고 있다. 단 쌀, 고구마, 근채류, 바나나, 돼지고기, 가금육, 난류, 어류 등의 자급률이 100%를 넘고 있으며, 상당 수 품목이 60~100%의 자급도를 나타내고 있으므로(『臺灣農業年報』 1998), 대만의 경우 일본, 한국보다는 생산기반이 덜 약화된 것으로 평가할 수 있다.

5) 소결론

제2차 세계대전 후 최근까지 동아시아 3국에서의 쌀·곡물수급과 정책의 전개과정을 볼 때 다음과 같은 공통의 단계를 설정할 수 있을 것이다.

첫째, 쌀 농업 착취의 단계이다. 2차 대전 직후 및 한국전쟁 직후 쌀을 비롯한 곡물가격을 정책적으로 낮은 수준으로 유지했다. 강제수매로 공급량 부족의 현상이 나타났고 수입을 위한 노력이 전개되었다. 경제발전을 위해 빈약한 농업부문으로부터 노동력, 자금, 기타 자원의 강제적 공급이

〈표 3〉 동아시아 3국에 있어 쌀 수급·정책의 발전단계

	일본	한국	대만
1. 쌀 농업 착취	1945~55	1945~68	1945~71
2. 농업보호 강화·쌀 자급 달성	1956~66	1969~78	1972~75
3. 쌀 자급·과잉 유지	1967~	1979~	1976~
4. 개방압력의 강화	1995~	1995~	1995~

자료: 필자 작성.

진행되었다.

둘째, 농업보호 강화 또는 쌀 자급 달성 단계이다. 공업화에 따라 고도성장이 이루어졌으나, 낮은 쌀·곡물가격에 의해 농공 간 소득 격차가 확대되었다. 이러한 문제를 해결하기 위해 농업보호수준을 제고하여 쌀 자급을 달성했다. 그러나 사료곡물 수요의 급증과 미국을 중심으로 한 수입 요구에 따라 곡물 수입이 급증했으며 쌀 이외 곡물의 자급률이 급속히 저하했다.

셋째, 쌀 자급 또는 과잉의 유지 단계이다. 쌀이 동아시아 국가에서 지닌 특별한 정치적·사회적 지위를 반영하여 높은 보호수준이 설정됨으로써 쌀 자급은 상당 기간 유지되었다. 그러나 보호수준의 적정성이 유지되지 않아 과잉문제가 발생했고, 재고의 처리, 생산제한, 정부의 유통개입에 따른 재정부담 문제가 심화되었다.

넷째, 쌀 시장 개방 압력의 단계이다. GATT와 WTO의 무역자유화를 강제하는 국제적 규범이 설정되고 전체 농산물의 자유화가 진행되었다. 농산물의 수입 증가에 따라 국내 가격이 저하하고 국내 생산이 정체 또는 감소하고 있다. 경영규모 확대가 지연되고 농가의 겸업화·고령화·여성화가 진행되고 있다. 이로써 식량 자급률은 지속적으로 감소하고 국민의 식량안전보장에 대한 불안이 증가하고 있으며, 농업·농촌의 붕괴에 대한 우려가 높아지고 있다.

3. 중국의 발전단계와 농업정책 유형

1) 개혁 이전: 저가격하의 증산 추구

개혁 전 중국은 다른 사회주의 국가와 마찬가지로 중공업을 우선 발전시킴으로써 선진공업국을 추월하고자 하는 정책의지를 가지고 있었다. 그리하여 중국은 "영국을 추월하고 미국을 따라잡기 위해"(1958. 5. 8기 전인대 2차회의) 중공업 우선성장과 수입대체를 추구하는 발전전략을 채택했다. 이러한 경제발전전략하에서는 대량의 자본이 필요하나 부존자원은 부족하고 농촌의 비중이 엄청나게 큰 것이 당시 중국의 현실이었다. 이러한 모순을 해결하기 위하여 요소가격, 생산재 가격, 소비재 가격을 억압하는 거시정책, 고도로 집중된 자원배분 제도, 국가계획에 의해 통제되는 미시경영 메커니즘이 형성되었다(林毅夫 外 1996).

이러한 집권적 계획경제 체제는 농업·농촌부문에도 수립되었다. 소비재 가격을 억제하기 위해 저농산물 가격정책이 시행되었다. 농촌·농업부문에서 형성된 잉여를 국가가 효과적으로 관리하기 위해 1953년 이후 '계획수매·계획배급' 제도가 확립되었으며, 면화·유료작물·당료작물 등 '경제작물'을 중심으로 '협상가격차'(鋏狀價格差) 체계가 구축되었다. 또 인민공사로 대표되는 농업집단화를 추진하여 농업잉여의 확충과 흡수를 도모했다. 인민공사는 농민의 무상 집단노동에 의한 수리시설의 대규모 건설을 시도했는데, 이는 농민이 무보수로 농촌의 고정자본 형성의 역할을 담당한 것이다. 이와 같이 농촌과 농민은 사회주의 공업화를 위한 '원시적 축적'의 주요한 담당자가 되었다.[7]

7 프레오브라젠스키(Preobrazhensky)는 사회주의 공업화를 추진함에 있어 농업이 수행하는 역

한편 개혁 전 중국의 농촌과 농민은 높은 인구압력하에서 인구–식료 자원의 밸런스를 유지하도록 하는 역할도 맡아야 했다. 잉여 노동력의 취업과 과다한 인구 부양을 위해 '식량생산 제일주의'(以糧爲綱)가 채택되었다. 농촌호구를 지닌 주민의 도시이동을 막는 호구제도를 통하여 농촌은 도시화를 저지하는 방파제 역할을 수행했다. 이에 따라 형성된 농촌의 과잉인구와 농업에의 노동력 다툼에 의해 토지 생산성은 극대화되었다.

그러나 노동 생산성은 1978년 이전까지 장기 정체상태에 빠져 있었다. 또 결국에는 '착취'와 '증산'이 장기적으로 양립할 수는 없었다. 농민에 불리한 가격체제와 과다한 국가수매량의 설정은 생산대 농민의 소득을 제약했으며, 집단적 경영체제에 의한 평균주의는 생산증대의 유인을 박탈했다. 생산이 증가하더라도 농민 소득은 증대되지 않은 상황('增產不增收')은 농민의 생산의욕을 감퇴시킴으로써 만성적인 농업생산 정체를 구조화시켰다.

2) 1970년대 말~1980년대 전반: 수매가격 인상과 시장개방

1978년 이후 중국 농업에는 급속한 개혁이 단행되었다. 농민에 대한 생산 유인의 제공은 크게 두 가지 방향에서 이루어졌다. 첫째, 농가를 생산의 주체로 삼는 생산 책임제가 도입되었으며 인민공사 체제는 법적·실질적으로 해체되었다. 즉 미시경영조직상의 탈집단화는 이 시기에 신속하게 완료되었다. 둘째, 농산물에 대한 저가격 설정정책과 유통의 국가독점

할을 유명한 두가지 명제에 의해 요약한 바 있다. 그에 따르면, 첫째로 사회주의 공업화를 위한 '원시적 축적'의 주된 담당자는 농촌 또는 농민이며(잉여의 원천에 관한 명제), 둘째로 잉여를 흡수하는 방법으로는 과세, 국채, 은행제도와 함께 가격정책이 있다는('원시적 축적' 방법에 관한 명제) 것이다.

체제는 점차 완화되었다.

이 시기의 농산물 수매가격 인상 및 유통시장의 점차적 개방의 과정을 개괄하면 다음과 같다. 1979년에는 식량의 계획수매 가격을 평균 20.86% 인상하는 한편, 계획수매량 이상의 초과수매(超購)에 대한 보너스 가격을 이전의 계획수매가격의 30% 수준에서 50%로 인상했다. 또 생산자와 지방의 국가 상업기구가 합의하여 가격을 결정하는 협의수매(議購) 제도가 본격적으로 운영되었다.

이와 같은 개혁조치에 따라 1978년 이후 중국의 식량생산은 파종면적의 감소에도 불구하고 그 이전에 비하여 빠른 속도로 증가했다. 특히 높은 수매가격이 유지되던 1978년부터 1984년까지의 시기에 생산 증가추세가 두드러졌는데, 1978년 3억 톤 남짓 생산하던 데에서 1984년에는 4억 톤 이상을 생산하기에 이르렀다.

1978~84년의 제도 및 정책개혁은 농업 및 식량생산에 크게 기여했으나, 다른 한편으로는 더 이상 종래와 같은 발전모델을 유지하기 어렵게 했다. 즉 이 시기 농산물 가격의 대폭 인상으로 가격차를 통한 자본축적 메커니즘은 붕괴되었으며 인민공사의 해체로 대중동원에 의한 노동축적의 방법도 소멸했던 것이다. 중국은 새로운 축적자금의 원천을 구해야 했으며, 경제특구를 통해 외국자본을 도입하는 조치를 취하기 시작했다.

3) 1980년대 후반: 수매가격 억제와 시장조절

1980년대 전반까지 탈집단화와 가격인상·시장개방을 통하여 이룩된 생산 증가는 종전과는 다른 새로운 문제를 발생시켰다. 무엇보다 심각한 것은 재정부담의 문제였다. 1980년대 전반까지 수매가격이 배급가격을 상회하는 상태에서 수매량과 배급량이 함께 증대했다. 1984년에 도시 배급분 집행에 대한 보전 지출액이 200억 위안에 이르렀고, 국가 식량부문이 관할하는 식량기업에 대한 보조액이 200억 위안을 넘어섰다(『中國統計年鑑』 1989; 1991).

이에 따라 1983~84년에는 계획수매·계획배급 제도의 모순을 해결하기 위한 다각적인 방안이 논의되고 실험되었다. 1985년 1월 1일을 기하여 전국 차원에서 식량, 면화, 유지작물에 대해 계획수매 제도를 폐지하고 계약수매(合同定購)를 실시하기로 함으로써 농업의 상업화에 박차를 가하는 획기적인 농산물 유통체제 개혁을 실시했다.[8]

이로써 수매제도는 종래 국가가 계획수매량을 정하고 이를 초과하여 국가수매에 응하는 경우 프리미엄 가격을 지불하던 체제에서 단일한 계약수매가격으로 수매하는 제도로 개편되었다. 한편 낮은 가격으로 도시에 식량을 공급하기 위해 배급체제는 그대로 유지했기 때문에 국가는 식량수매를 담당하는 국유기업에 가공·수송·보관비용 및 수매를 유인하기 위해 농민에게 지불하는 프리미엄을 보조해야 했고, 배급을 담당하는 도시부의 상업기업에도 일정하게 보조금을 지급해야 했다.

이러한 1980년대 중반의 제도개혁은 곧 이은 식량생산 정체로 대부분의 식량품목에 있어서 시장화의 진전으로 귀결되지는 못했다. 1985~88년 사이에 식량생산은 감소 또는 정체했고, 수급모순이 첨예해짐에 따라 자유시장에서의 식량가격이 크게 상승했는데, 특히 1986년, 1988년에는 전국적으로 가격폭등 현상이 나타났다.

국가와의 계약수매가격은 억제되고 자유시장가격은 상승하는 상황에서 국가수매가 이루어지기 위해서는 계약수매에 의무공출적인 성격이 부여될 수밖에 없었다. 이 시기에는 식량유통의 일부를 행정적 수단에 의해

8 식량의 경우 단일가격을, 종전 계획수매가격을 30%, 초과수매가격을 70% 반영하는 '도삼칠'(倒三七) 비례가격으로 설정했다. 한편 1985년 식량 수매량은 전년에 비해 25% 감소된 양으로 계획되었다.

직접관리하여 도시주민에 식량을 안정적으로 공급하고 나머지 식량은 시장에서 자유롭게 유통되도록 하는, 소위 '쌍궤제'(雙軌制)가 성립했다. 이러한 쌍궤제는 1986년부터 성립되어 1992~93년 전국 여러 지역에서 식량유통이 자유화되기까지 계속되었다.

4) 1990년대 전반: 배급·수매가격 인상과 시장개방

1980년대 후반의 생산 정체에서 벗어나면서부터 국가에 의한 시장통제를 철폐하고 전면적인 시장유통으로 이행하고자 하는 개혁 구상이 다시 추진되기 시작했다. 이 시기 제도·정책개혁의 초점은, 첫째, 수매가격과 배급가격 간의 역전에 따른 재정부담을 해소하는 문제, 둘째, 중앙이 식량관리의 일부를 지방에 청부한 결과 발생한 계획 외 유통을 축소하는 문제, 셋째, 자유시장 유통을 허가하는 문제에 놓여 있었다.

1989년부터 생산이 회복되고 1990년 식량이 전년에 비해 약 4,000만 톤이나 증산됨에 따라 식량가격은 폭락했고 농가는 다시 심각한 '식량 판매난'에 직면하게 되었다.[9] 그리하여 1991년과 1992년에는 2차례에 걸쳐 식량배급 가격을 인상했는데, 그 인상폭은 합계 140%에 달했다. 1991년 5월 이루어진 평균 67%의 배급가격 인상은 1965년의 가격인상 이래 26년 만에 이루어진 획기적인 사건이었다. 이어 1992~93년에는 식량배급 제도 자체가 전국 각지에서 순차적으로 폐지되었다. 1993년 3월 1일 당국은 전국 차원에서 식량의 가격자유화를 선언했다. 이후 국가에 의한 식량 소매

9 1989~90년에 식량생산은 상당히 증가하여 4억 5,000만 톤 생산에 육박했으나, 이러한 생산 증가는 시장 및 가격유인에 의한 것이라기보다는 투입재의 증가, 파종면적의 확대와 함께 양호한 기상 및 생육조건에 힘입은 것이었다.

〈표 4〉 중국의 식량 생산자가격 동향 (단위: 원/kg, 1985=100)

	쌀		밀		옥수수		콩		농촌 소비자 물가지수
	계약 수매	협의 수매	계약 수매	협의 수매	계약 수매	협의 수매	계약 수매	협의 수매	
1985	0.35	0.36	0.43	0.43	0.31	0.33	0.67	0.76	100.0
1986	0.36	0.44	0.44	0.51	0.32	0.40	0.70	0.88	106.1
1987	0.38	0.51	0.44	0.55	0.33	0.44	0.74	0.93	112.7
1988	0.40	0.61	0.47	0.63	0.34	0.47	0.75	1.03	132.4
1989	0.48	0.87	0.51	0.89	0.37	0.64	0.78	1.40	157.9
1990	0.51	0.82	0.51	0.85	0.38	0.63	0.83	1.33	165.1
1991	0.51	0.73	0.51	0.77	0.38	0.55	0.88	1.26	168.9
1992	0.55	0.65	0.59	0.73	0.42	0.55	0.91	1.48	176.8
1993	0.62	0.74	0.66	0.75	0.46	0.64	1.04	1.84	201.0
1994	0.89	1.14	0.89	1.04	0.69	0.90	1.54	2.13	248.0
1995	1.09	1.72	1.08	1.53	0.86	1.38	1.81	2.42	291.4
1996	1.33	1.71	1.31	1.65	1.06	1.39	1.95	2.92	314.4
1997	1.48	1.45	1.46	1.43	1.23	1.10	2.28	3.09	323.2
1998	1.46	1.34	1.44	1.30	1.23	1.17	2.23	2.82	-

자료: 「中國農業發展報告 '99」.

는 급격히 감소했다. 그리하여 소비자 측에서 보면 1990년대 중반까지는 식량유통이 완전 자유화되었다(USDA 1994, 13-14; 日中經濟協會 1998, 70).[10]

한편 생산자에 대하여는 1991~96년 사이에 대폭적인 계약수매가격 인상이 이루어졌다. 〈표 4〉에서 보는 바와 같이 1994년의 계약수매가격 수준은 1993년의 협의수매가격을 크게 넘어섬으로써, 계약수매가격을 억제했던 종전과는 다른 가격조건이 형성되었다. 결국 1990년대 들어서는 수매와 판매에 있어 모두 높은 가격을 설정하면서 시장화를 진전시키는

10 종래의 계획배급(統銷)은 국가가 소비자에게 낮은 가격으로 일정의 배급량을 보증하는 제도이다. 식량의 경우 농촌의 식량 부족 농가 및 식품공업·음식업 등에는 1953년부터, 도시주민에 대해서는 1955년부터 이 제도가 실시되었다.

조치가 이루어지게 되었다. 그러나 이러한 고가격하의 시장화 개혁은 재정부담과 생산 및 가격의 파동을 수반하며 결국은 중국의 축적 메커니즘에 부담을 주게 된다는 점에서 지속성을 지니기는 어려운 것이었다.

5) 1990년대 중반 이후: 증산을 위한 시장조절과 과잉기조

1990년대 중반에는 인플레 압력과 식량생산의 일시적 정체에 따라 식량부문에 강력한 국가 개입이 다시 등장했다. 1994년, 1995년에는 사상 최대의 인플레가 발생했는데, 이는 1993년 11월 광둥성의 쌀값 급등으로부터 시작되었다. 더욱이 1994년에는 식량생산이 2.5% 감소하게 되자 농산물 가격의 급등을 통제하기 위해 1995년에는 1,867만 톤의 식량을 순수입하는 상황으로 전환했다.[11]

이에 중국 정부는 1995년에 강력한 수급안정 정책을 실시하게 된다. 이는 '식량 자루'(米袋子, grain bag) 성장책임제(省長責任制)로 표출되었는데, 증산 대상으로 쌀뿐만 아니라 식량 전체에 대해 적용되었다. 이 제도는 각 성(省)·자치구(自治區)의 행정 지도자에게 식량 파종면적, 단위수량, 총 생산량에 대한 책임과 함께 중앙정부가 하달한 수매임무, 재고임무를 부과하는 것이다(日中經濟協會 1997, 60-61; USDA 1997, 20-21).

그러나 이러한 강력한 증산정책이 시행되자 수급상황은 다시 과잉기조로 전환했다. 이에 따라 1996년부터 식량의 자유시장가격은 서서히 저

11 미국의 환경보호단체 '월드워치'의 레스터 브라운이 1994년 가을 중국의 장기적인 식량수급에 관해 매우 비관적인 전망을 내놓은 이후 중국 국내의 곡물 시장가격의 급등과 국제 곡물 수급 밸런스의 악화가 겹치면서 중국의 식량수급문제는 전 세계적인 관심사로 떠오른 바 있다. 브라운은 세 개의 시나리오를 제시한 후 2030년에 중국은 2.16~3.78억 톤을 수입하게 될 것이라는 충격적인 결과를 발표했다.

하하기 시작했다. 1996년 가을 이후 시장가격은 계약수매가격보다 낮은 수준으로 하락하여 국영 식량부문의 판매난이 다시 심각해졌다. 즉 계약수매가격이 시장가격보다 높기 때문에 국영부문의 소매가격을 시장가격보다 높게 설정하게 됨으로써 재고가 증가하게 되었다.

이렇게 되자 당장 재정부담 문제가 발생하게 되었다. 우선은 다소 모순에 찬 대증요법이 등장했다. 1998년에 제시된 〈식량유통체제개혁을 일층 심화하는 데 관한 결정〉은 국유 식량비축기업만이 농촌에서 수매를 행할 수 있고 또 국유 식량기업은 보호가격으로 농민의 잉여 생산량을 무제한 수매하도록 한다는 것이다. 이는 국유 식량기업의 특권적 지위를 보증함으로써 수매가격보다 낮은 가격으로 판매하지 않을 수 있도록 뒷받침하는 조건이기도 하다. 이러한 가격유지를 위한 장치는 식량의 증산을 보증하고 농가소득을 증대시키면서도 재정부담은 회피하려는 정부의 의도를 반영한 것이다(中國社會科學院·國家統計局 2000, 72; 日中經濟協會 1999, 95-97).[12]

6) 소결론

개혁 이전은 중공업화를 위한 투자자금을 농업·농민으로부터 흡수하는 착취의 시기였다. 이를 위하여 주요 농산물의 유통을 전면 통제했으며 생산과정은 집단화함으로써 농업잉여를 흡수하는 통로를 확실히 구축했다. 그러나 개혁 이후에는 농업·농촌부문으로부터 자금을 이전하는 자본축적 메커니즘은 더 이상 유지될 수 없었다. 그렇다고 식량증산 및 자급의 목표까지 포기할 수는 없었다. 높은 인구압력 조건하에서 식량수입을 위

12 1999년에는 보호가격수매의 범위와 수매가격의 부분적 조정, 재정보조 축소를 위해 국유 식량기업이 유통마진 확보 촉구 등의 조치가 있었다.

해 외화를 사용해야 한다면 축적률 수준을 도저히 유지할 수가 없다. 따라서 개혁 후에는 증산 및 자급수준 유지를 위하여 가격유인을 제공하는 방식으로 전환하는 한편 행정적 조치를 병행했다. 이에 따른 결과는 농업 또는 식량부문에 대한 보호 정도의 증가였다.

특히 1995년부터는 농업보호적 성격의 정책이 강화되었다. 즉 개혁 이후 농촌 인프라 건설이 방치되고 생산비가 상승하여 국제경쟁력이 약화되며 농공 간 소득격차가 확대되는 등 문제점을 개선하는 차원에서 재정으로부터의 농업투자가 크게 확대되었다. 또 보호가격을 설정하여 시장가격이 보호가격을 하회하는 경우 그 가격으로 무제한 수매하는 정책을 실시했다.[13]

1970년대 말~1990년대 말의 20여 년간 중국의 정책개혁은 한국과 대만에서의 1960년대 말 또는 1970년대 초의 정책전환과 유사한 성격을 지니고 있다. 즉 농업 → 공업으로 자원이 이전되는 발전모형으로부터의 공업 → 농업으로 자원 흐름이 변화시키는 과정을 밟아오고 있다. 가격정책, 시장정책, 보조정책은 기본적으로 자급 확보를 위한 정책수단으로 기능했다. 중국의 주요 식량의 공급능력은 다른 동아시아 국가들에 비해서는 견고한 수준에서 유지될 수 있었다(〈표 5〉).

그러나 다른 한편으로 중국의 보호정책으로의 전환 속도는 동아시아 3국에 비하면 대단히 완만히 진행되었다고 할 수 있다. 정책전환의 속도는 그에 필요한 자금의 확보상태에 제약된다고 할 수 있다. 즉 중국의 느린 전환속도는 비교적 낮은 발전단계에 기인하는 것이다. 이러한 상황에서 1999년 11월 미국과 중국은 중국의 WTO 가입을 위한 농업협상을 타결지

13 이러한 보호적 성격의 농정에 따라 재정에 의한 농산물 가격 보전액은 1995년 253억 위안에서 1998년 591억 위안으로 급속히 증가했다(「中國統計年鑑」 1999).

〈표 5〉 중국의 식량 자급도 (단위: %)

년도	쌀	밀	옥수수	콩
1982	100.3	83.5	97.6	97.7
1983	100.3	88.1	97.1	103.7
1984	100.7	89.8	101.2	109.5
1985	100.6	94.1	110.9	112.2
1986	100.6	93.6	107.7	110.2
1987	100.6	86.7	103.1	113.0
1988	100.2	85.4	105.2	112.9
1989	100.2	85.9	104.5	112.9
1990	100.1	88.7	103.2	109.3
1991	100.3	88.6	108.6	112.9
1992	100.5	90.6	112.2	105.5
1993	100.8	94.3	112.1	101.8
1994	100.6	93.3	109.7	105.3
1995	99.1	89.8	95.7	100.7
1996	99.7	93.0	99.8	93.5
1997	100.3	98.5	106.8	85.0
1998	101.8	98.7	103.5	83.3

주: 자급도= 100 × 국내 생산량 / (국내생산량+수입량−수출량)
자료: 「中國農業發展報告 '99」에서 계산.

었다. 상대적으로 견고한 농업의 공급능력, 낮은 보호 수준, 약한 정부 재정능력은, 중국 정부가 개방 확대를 선택하도록 결심하는 조건이 되었다.

4. 결론에 대신하여: 개방화와 중국의 농업정책

현재 중국에서는, 한국·대만이 1960년대 말~1970년대 초에 농업 → 공업에서 공업 → 농업으로 자원 이전의 흐름을 전환하던 시기와 유사한 정책전환이 이루어지는 과정에 있다. 그러나 보호정도의 상승에 따라 재정 압박문제가 발생하게 되면서 시장화의 속도를 조절하거나 행정적 조치를 확대하는 조치가 나오고 있다. 즉 목표는 자급도를 유지한다는 것이지

〈표 6〉 중국의 식량 자급도와 정책·제도의 변화

	1980년대 전반	1980년대 후반	1990년대 전반	1990년대 후반
식량 자급도	↗	—	↗	↗
가격보조 정도	↗	↘	↗	↗
정책개혁 방향	수매가격 인상	수매가격 억제	배급·수매가격 인상	가격유지
시장개방	시장조절	시장개방	시장조절	

주: 가격보조의 정도는 농업재정지출 대비 가격보조재정의 비율.
자료: 필자 작성.

만, 이를 위해서는 재정부담과 시장화의 지체를 감내해야 했다(〈표 6〉 참조). 이러한 상황에서 중국은 개방 확대를 통한 시장화 촉진을 선택했다.

그간 중국의 농업보호 정도가 상승하는 중에 있지만, 동아시아 3국 또는 미국과 비교할 수 있는 것은 아니다. 중국과 같은 거대한 국가규모, 인구규모, 그리고 교섭력을 고려할 때 재정력의 빈곤과 국제화의 압력에도 불구하고 일본, 한국과 같은 정도로 생산기반을 붕괴시킬 가능성은 크지 않은 것으로 보인다. 또한 양호한 자연조건, 정교한 정책수단을 함께 갖춘 미국 등 수출국과는 너무나 조건이 다르다. 동아시아 3국 중에서도 대만의 경우 쌀과 채소, 육류 등이 여타 품목에 비해 국제 경쟁력을 가진 수출부문이라는 점, 쌀의 보호수준도 일본, 한국에 비해서는 상당히 낮은 편이라는 점에서 그 중에서는 비교적 중국의 보호수준구조와 유사한 것으로 볼 수 있다.[14]

---

14 산업정책 실시의 초기조건에서도 중국은 동아시아 3국 중에서는 그래도 대만과 가장 유사한 조건을 지니고 있다고 볼 수 있다. 대만의 경우, 국가자본 특히 공기업이 산업정책의 주요 대상이 되었으며, 국가가 금융 시스템의 실질적인 운영자였으며, 특히 공기업에게 많은 은행자금을 투하했다. 일본, 한국이 남미에 비하여 외국인직접투자를 비교적 적게 이용했으나, 대

농업무역에서의 관세화와 보조 폐지라는 국제화·시장화의 방향은 미국, 유럽 등 고도의 보호체계를 갖춘 수출국들을 중심으로 하여 합의한 것이다. 중국은 일본이나 한국만큼도 보호정책의 수립과 집행을 가능하게 했던 전제조건들을 충족시키지 못하고 있는 상황이다. 중국의 인구압력을 감안하면, 자급도의 유지는 절대 포기할 수 없는 과제임이 틀림없다. 국제화·시장화의 추진은 이로써 얻어지는 상당한 발전의 대가가 전제될 때에만 지속적으로 추진될 수 있을 것이다.

현재 동아시아 3국 및 중국의 농산물 시장에서 경쟁성이 강화되고 있는 것은, 이들의 정책유형이 미국형으로 경사하고 있기 때문이라기보다는 변화된 여건에 대한 이들 국가의 공통적인 대응방식 때문이라고 할 수 있다. 그러나 발전단계의 차이, 규모의 차이 때문에 반응은 다르게 나타날 것이다. 중국은 동아시아 3국보다는 훨씬 높은 수준으로 자급도를 유지해야 한다는 입장을 당분간 견지할 것이다. 중국의 경우 당분간 보호의 삭감이 크게 문제되지는 않으며, 오히려 자재공급, 생산, 유통, 무역을 통일적으로 관리하는 강력한 정부기관의 설립이 농업정책의 가장 중요한 과제가 될 것이다.

만은 외국인직접투자에 보다 적극적이었다. 특히 미국의 산업정책에서는 연구개발이 중요한 역할을 차지했으나, 발전단계의 차이로 모방·추종하는 입장이었던 한국, 대만은 연구개발의 비중이 낮을 수밖에 없었다.

제2부

농업구조의 변화

제3장

중국 농업경영 제도개혁의 재평가:

구소련과의 비교

1. 서론

1980년대 말 이후 사회주의 각국의 전통적인 집권적 계획경제(traditional centrally planned economy)[1]로부터 시장경제(market economy)로의 체제전환이 본격화되었지만, 이러한 체제전환의 가장 성공적인 사례로 여겨지고 있는 것이 중국의 농업제도 개혁이다. 중국에서는 러시아 및 동유럽과는 달리 농촌에서부터 개혁을 개시하여 이를 도시에 점차 확산시키는 '점진적'인 개혁 방식을 채택했다. 즉 1978년 이후 농가생산 책임제의 도입, 농산물 수매가격 인상 등 조치를 취한 후 1980년대 후반에야 부분적인 가격·유통개혁, 기업개혁을 통해 농업·농촌개혁의 성과를 도시부문으로 확대하고자 했던 것이다.[2] 이러한 1970년대 말 이래 중국 농업부문의 변화를

1 전통적인 계획경제체제는 명령경제(command economy), 압박경제(pressure economy), 중점경제(priority economy), 외연적 발전(extensive development), 폐쇄경제(closed economy)를 핵심요소로 하는 체제이다(Brown and Neuberger 1989, 264-266).

2 동유럽에서는 1989년 가을 이후에, 러시아에서는 1991년 쿠데타 실패 이후 대체로 '급진적'인 시장경제로의 이행이 이루어졌다. 즉 헝가리를 제외하고는 가격·무역 자유화, 통화가치의 대폭적 인하, 적자기업에 대한 보조금 삭감, 재정적자 축소 등 '쇼크요법'을 통하여 시장경제의

밀턴 프리드먼은 개인행위의 제한에 대한 철폐가 급속하고도 즉각적인 생산증가를 가져올 수 있음을 보여 주는 사례로 제시하고 있다(Putterman 1993, 1).

그러면 정말 중국의 농업개혁은 그처럼 성공적인 것인가? 중국 농업에서 '시장경제'는 완벽히 승리했으며, '계획경제'는 철두철미 소멸했는가? 중국 농업개혁의 앞날은 과연 밝기만 한 것일까? 이러한 문제를 보다 면밀하게 검토하는 의미에서 이하에서는 중국의 집단농업경영의 구조, 집단농업으로부터 가족농 체제로의 전환과정, 가족농 체제의 영세성을 극복하려는 구조개선의 노력 등에 대하여 비교론적 고찰을 전개하고자 한다.

2. 평가를 위한 가설적 모형

체제전환의 정책 내지 과정에는 여러 가지 유형이 있을 수 있다. 전환의 주체 면에서 국가 주도의 '계획형' 전환과 민간 주도의 '시장형' 전환으로 나눌 수 있으며, 전환의 속도에 따라 '점진형'과 '급진형'으로 나눌 수 있다. 전환의 순서(sequence)에 있어 안정화 우선론에서부터 구조개혁 우선론 내지 병행론 등 다양한 주장이 있을 수 있다. 또 전환의 방향에 있어 순수한 시장형 경제를 지향하는 방향이 있는가 하면, 새로운 제3의 길을 모색하는 시각도 있다.

이러한 체제전환의 정책에 영향을 주는 변수로는 관련된 경제학 이론 및 학설이 있는데, 여기에는 신고전파 경제학과 비주류 경제학으로 나누

기반을 구축하고자 했다(佐藤經明 1992, 290-293).

〈그림 1〉 사회주의 농업제도 개혁의 분석모형

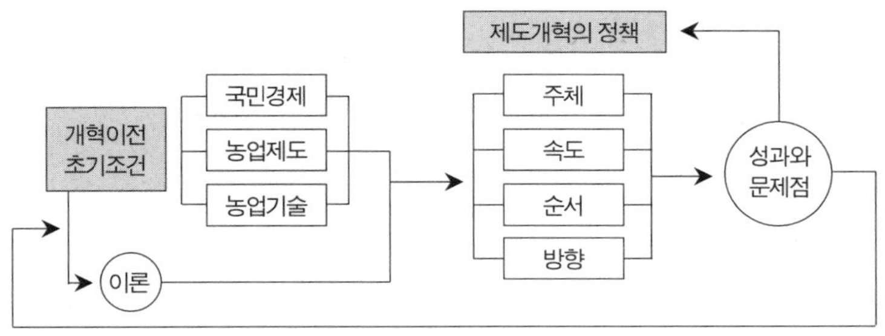

자료: 필자 작성.

어 볼 수 있다. 그러나 체제전환을 시도하는 국가의 초기조건(initial condition)은 전환정책 자체에 영향을 미치는 중요한 변수가 된다. 초기조건은 또 기존의 여러 가지 경제학 이론 및 학설의 형성과도 관련되어 있다. 초기조건과 이론이 전환정책에 직접 영향을 주며 전환정책은 입안과 실행과정을 거쳐 전환의 성과를 낳는다. 전환성과는 다시 기존 이론과 전환정책에 영향을 주어 수정과정을 거치게 한다(박제훈 1997, 99-100).

전반적인 체제전환의 이론으로부터 농업제도의 개혁이라는 문제에 한정된 분석의 모형을 다음과 같이 설정하고자 한다. 농업제도의 개혁정책은 개혁 이전의 초기조건에 구속을 받으며, 개혁의 이론·학설에 영향을 받는다. 개혁 이전의 초기조건은 농업제도 요인뿐만 아니라 농업기술 요인, 전체 경제발전 단계 등 국민경제 요인과 같은 이외의 물적 여건을 포함하는 경제 시스템[3]을 의미한다(〈그림 1〉 참조).

3 Kornai(1971)는 경제 시스템을 구성하는 요소로서, 조직의 집합, 생산물의 집합, 정보 타입의 집합, 제어역(control sphere)의 반응함수 시스템, 실행역(real sphere)의 반응함수 시스템 등을 거론하고 있다. 中兼和津次(1975)에 의하면, 협의의 경제 시스템을 경제활동(정보·재를 투입하여 산출하는 활동)이 행해지는 토대인 제도·조직 시스템으로 파악될 수 있고, 광의의 경

샤방스에 의하면 전통적 사회주의경제체제는 "전통적 시스템 → 시스템의 개선 → 래디컬한 개혁 → 시스템의 해체"라는 과정을 경과한다. 이때 '시스템의 해체'가 왜 필연적인가? 샤방스는 이를 "시스템의 타성" 때문이라고 말한다. 집권적 시스템은 관료적 비효율성, 가격기능의 왜곡, 미시적·거시적 비효율성으로 인한 낮은 생산성, 만성적인 부족(shortage)과 연성예산 제약(soft budget constraint)의 문제를 회피할 수 없다. 따라서 전통적 사회주의경제체제의 문제를 해결하는 방법은 시스템의 해체 이외에는 없다.[4]

이러한 관점에서 보면 중국의 경우도 '시스템의 해체' 과정을 밟아가고 있는 중이라고 할 수 있다. 중요한 것은 시스템의 해체 과정에서의 정책주체, 해체의 속도, 순서 등의 문제이지만, 이러한 해체과정 또는 체제전환과정 전반을 규정하는 것은 경제 시스템의 초기조건이다. 특히 농업경영과 관련하여 중요한 초기조건인 국민경제의 발전 정도, 농업의 사회주의적 제도화의 수준, 농업 기계화의 수준 등과 가족농장의 형성 정도는 일정한 상관관계가 있을 것으로 판단된다. 이하에서는 중국의 농업개혁에 있어 초기조건과 가족농 형성과정의 관계를 구소련의 경우와 비교하여 검토하기로 한다.

제 시스템은 여기에 일정 기술의 체화인 재의 투입·산출시스템으로서의 재·기술 시스템이 결합된 것이며, 최광의의 경제 시스템은 가치·규범 시스템까지 포함하는 것을 의미한다.

4 샤방스는 '전통적 시스템'을 '복합체 시스템'과 '복합체 시스템 이외의 요인'으로 구분하고, '복합체 시스템'을 다시 '제도적 기반'(국가소유와 단일정당)과 '중앙계획화'(관리의 하이어라키, 계획목표의 분해, 투입물의 행정적 할당, 행정에 의한 가격결정, 이윤의 재분배, 임금기금의 거시경제적 통제, 단일은행)로 구분한다. 그리고 '복합체 시스템 이외의 요인'이란 집단농업, 외국무역의 국가독점, 사적 부문의 제한, 전제적인 기업관리를 의미한다. '시스템의 개선'이란 '복합체 시스템 이외의 요인'의 개선을 의미하며, '래디컬한 개혁'이란 '중앙계획화'와 '복합체 시스템 이외의 요인'을 대폭 수정하는 것이다. '시스템의 해체'란 '제도적 기반' 자체까지를 부정하는 단계이다(박찬억 1997, 748-749).

3. 초기조건의 비교분석

1) 국민경제의 시스템과 발전단계의 검토

구소련의 스탈린은 일국 사회주의의 건설을 위하여 중공업 위주의 급속한 공업화·경제성장이라는 목표를 수립했다. 이러한 목표를 달성하기 위하여 구소련은 고율의 저축·투자율의 실현, 농업의 희생에 기초한 공업화, 농업 및 기타 부문의 제도적 변혁, 자본집약적 공업기술의 편향적 선택 등과 같은 정책수단을 채택했다(Eckstein 1977, 61-65).

이러한 스탈린적 발전전략은 중국에 있어서도 기본적으로 계승되었다. 제1차 5개년계획(1953~57) 개시 이래 중국 경제의 중핵은 중공업부문이었는데, 농업부문은 중공업에 대한 투자와 도시 식량수요를 뒷받침해야 했다. 이에 1953년 이래 '계획수매·계획배급' 제도를 확립함으로써 국가가 유통시장을 전면 장악했다. 또 국가가 농민노동을 조직하고 농민에의 분배에도 지배력을 행사하기 위해 인민공사로 상징되는 농업집단화가 진행되었다. 이와 같이 농업잉여를 도시의 중공업부문에 이전시키고, 나아가 농업잉여 자체를 지속적으로 확대하는 시스템이 인민공사에 의해 형성되었다.

한편 이 시스템의 완성을 위해 또 하나의 조건이 필요했다. 중국 농촌에 엄청난 규모로 존재하고 있는 과잉 노동력의 자유로운 이동을 허용한다면 도시 노동력의 급증으로 임금기금이 일거에 확대되어야 했기 때문에 노동이동의 금지에 의해 농촌과 도시를 인위적으로 '격리'했다. 노동력 이동을 저지하기 위한 기본정책 수단으로 호적제도를 확립하고, 또한 식량배급 제도와 노동취업 제도로 이를 보완했다. 이러한 노동력 격리정책은 동시에 농촌 노동력을 흡수하기 위해 농업 이외의 어떤 생산주체를 형성해야 하는 압력을 형성했고, '농촌공업화'가 점차 중국 경제정책의 중요한

〈표 1〉 중국, 구소련의 인구 및 노동력 구성 (단위: %)

	인구		노동력고용	
	농촌	도시	농업	비농업
중국 (1978)	82.1	17.9	70.5	29.5
중국 (1990)	73.6	26.4	60.1	39.9
구소련(1990)	34.0	66.0	18.2	81.8

자료: 『中國統計年鑑』(1994).

과제가 되었다.

무엇보다도 중요한 것은 중국과 구소련의 국민경제 발전단계의 차이이다. 〈표 1〉에서와 같이 중국의 농촌인구 및 농업 노동력의 비중을 구소련과 비교해 볼 때, 개혁을 전후한 중국의 산업화 수준은 구소련에 비하여 매우 낮은 수준이다. 중국의 경제구조 역시 소비에트형 발전전략을 좇아 근대공업부문의 급속한 성장을 추구했으나, 산업화된 경제구조와 인구의 비중은 그리 높지 않은 수준이었다.

한편 국민경제의 발전단계는 해당 국가에 있어 농업문제의 중요성과 깊은 관련이 있다. 중국의 경우 막대한 인구를 부양하기 위해서는 반드시 농업생산성이 획기적으로 증가되어야만 했다. 반면 구소련의 식량문제는 더 나은 영양 수준을 요구하는 도시인구에 식품을 공급하는 차원의 문제였다. 또 러시아공화국의 다수 지역에서는 오히려 이출(移出)에 의한 농촌인구 감소가 문제였으나, 중국의 경우에는 농촌의 절대적 과잉인구가 중요한 문제였다. 따라서 개혁에 대한 절박성은 중국이 구소련에 비하여 훨씬 더 심각했다(Atta 1990, 149-150).

2) 농업제도 요인의 검토

(1) 토지개혁의 방식과 토지소유의 형태

구소련은 러시아 혁명 직후 실시한 토지개혁을 통하여 대토지 소유지를 철폐하고 토지 국유화를 실현했다(大崎平八郎 1960, 41-54). 한편 구소련에서는 노동계급을 시급히 육성하고 선진 자본주의 국가를 '추격 발전'하기 위하여 급속한 공업화를 추구했다(Saith 1985). 이의 일환으로 1929년경 전면적인 농업집단화가 실시되면서 부농의 자산을 완전 몰수하여 콜호즈에 귀속시키고, 지방행정기관에 부농을 이주시키는 권한을 부여했으며, 부농의 선거권을 박탈하는 등 '부농정벌'(раскулачивание)을 단행했다(大崎平八郎 1960, 167-188).

중국의 토지개혁과 부농에 대한 정책은 구소련보다는 낮은 사회화 수준을 전제로 진행되었다. 사회주의 혁명 이전의 중국 경제는 농업·농촌이 압도적인 비중을 차지하고 있었다. 중일전쟁(1937) 이전에 중국 국내총생산의 6할 정도를 농업부문에서 생산했고, 공업은 20% 이하의 비중을 나타낼 뿐이었으며, 그 중에서도 공업의 근대부문은 3~7%에 지나지 않았다(Eckstein 1977, 17).

또한 중국에서는 심각한 인구압력이 경제발전 전략을 수립하는 데 있어 기본여건이 되었다. 한대(漢代)~명대(明代)까지 1400년간 인구가 일정하다가, 명(明) 성립(1368) 이후 600년 동안 인구는 8~10배 증가했으나 경지는 4배만 증가했던 것이다. 그리하여 중국은 사회주의 혁명 이후 인구·식료자원 간의 모순을 해결하기 위해 획기적으로 농업 생산성을 증대시키는 방안을 강구해야 했다(Eckstein 1977, 19).

이에 따라 중국의 토지개혁은 비교적 농촌·농민의 잠재력을 확대하는 방향으로 시행되었다. 중국공산당은 1947~52년 사이에는 3억의 빈농 및 토지 없는 농민에게 4,600만ha의 농지를 전면 분배했다. 이에 따라 농촌의

〈표 2〉 토지개혁 방식의 비교

	구소련의 방식	중국의 방식	자본주의 방식
토지의 처리	토지의 몰수	토지의 몰수	유상매수·소유상한
새로운 소유제	국가소유	농민적 소유	자작농화
지주·부농 처리	체포·유배·축출	집단농장 가입 허용	공민권은 이전과 동일
산지·하천·저수	모두 국유화	농민의 사용권 인정	이전 상태를 인정

자료: 小島麗逸(1989, 113), 崔義中·王甫永(1991, 29)을 참조로 필자 작성.

착취계급이었던 지주층은 소멸했으며, 지주층으로 집중된 국부가 해외로 유출되는 통로가 차단되었다. 농민의 입장에서는 소작료, 고리대, 조세, 협상가격차 등 각종 부담이 대폭 경감되었으며, 지주의 소비생활을 지탱하기 위해 투입되었던 부역도 폐지되었다.

이와 같이 중국에서는 구소련의 경우와 마찬가지로 지주의 토지를 무상 몰수했으나, 이를 국유화하지 않고 농민적 소유로 함으로써 구소련의 토지개혁과는 다른 독자적인 방식을 취했다(小島麗逸 1989, 113). 또 구소련과 달리 부농소멸정책과 함께 부농개조정책을 동시에 실시했다. 즉 부농의 재산을 몰수하되 이들을 축출·배제하지 않고 이들이 합작사의 정식 사원이 될 수 있도록 허용했던 것이다(崔義中·王甫永 1991, 29). 이러한 중국과 구소련 토지개혁 방식의 비교 결과가 〈표 2〉에 요약되어 있다.

(2) 집단농업경영에 있어 집권화의 정도

다음으로는 집단농업경영의 기본제도에 나타나는 집권화의 정도를 비교해 보자.

구소련의 농업경영은 스탈린 시대에 집단화 정책이 전면적으로 수행된 이래 콜호즈(колхоз: коллективное хозяй ство)와 솝호즈(совхоз: советская хозяй ство)라는 두 가지 형태를 기본구조로 하여 전개되었다. 구소련에서는 솝호즈가 콜호즈에 맞먹는 비중을 지니고 있었다. 구소련에서는 완전한 국가소유에 기초한 솝호즈가 콜호즈보다 이론적 측면에서 선호되었으며, 실제로도 사회화 경영의 발전을 목표로 하는 정책방향에 따라 솝호즈의 역할이 상대적으로 더 중시된 측면이 있다. 이는 콜호즈적·협동조합적 소유를 보다 고도로 사회화된 국가적·전 인민적 소유로 '접근', '융합'시키기 위한 것이었다.[5]

1950년대 중반에 추진된 중국의 농업집단화는 1958년에 이르러 인민공사화로 진전되었다. 인민공사 체제하에서는 소수의 가축을 제외한 모든 생산수단이 인민공사의 소유가 되었다. 그리고 인민공사 내에서 이루어지는 농·공·상·학·병 등 일체의 행위에 대해 통일적으로 계획이 수립되고 집행되었다. 인민공사하에서는 작업량에 의해 소득이 분배되지 않고 무상노동이 행하여졌다. 공사는 사원 전체에 대하여 일정의 식품 소비량을 공공식당에서 무상으로 공급했으며, 일부 잔여 부분에 한하여 노동일에 따라 분배했다(Walker 1965, 16).

인민공사는 향 정부와 기존의 합작사 집행부가 융합하여 설립되었는데, 인민공사 집행부의 위계는 인민공사, 생산대대, 생산대, 생산조의 순서로 설정되었다. 인민공사의 의사결정은 공사인민대표대회를 통하여 이루어졌다. 공사인민대표대회는 지방 각급 계통(省·直轄市, 地區·市·縣)의 말단을 형성하며, 상설기관으로 30~40명으로 구성된 공사혁명위원회를 두었다(熊代幸雄·若代直哉 1975, 65-68).

한편 1960년 여름이 되자 중국 농업과 대중의 생활, 특히 농민의 생활은 심각한 위기적 상황을 맞게 되었다. 마침내 그때까지의 인민공사정책을 수정하여 〈표 3〉에서 보는 바와 같이 인민공사의 규모를 축소하는 한편 많은 권한을 하부 단위에 이양했다. 삼급소유·관리제도가 실시되어 생

5 이에 대한 자세한 논의는 宮鍋幟(1961) 참조.

〈표 3〉 인민공사의 기본상황

		1958	1965	1970	1975	1978	1980
인민공사	조직 수	23,630	74,755	51,478	52,615	2,781	54,183
	농가 수	5,443	1,810	2,948	3,126	3,287	3,262
	인구 수	23,706	7,909	13,595	14,770	15,218	14,967
생산대대	조직 수		64.8만	64.3만	67.7만	69.0만	71.0만
	농가 수		208.8	236.0	243.0	251.4	248.9
	인구 수		912.4	1088.4	1147.9	1164.1	1142.2
생산대	조직 수		541.2만	456.4만	482.6만	481.6만	566.2만
	농가 수		25.0	33.3	34.1	36.0	31.2
	인구 수		109.2	153.3	161.0	166.8	143.2

주: 여기에서 농가 수, 인구 수는 1개 조직이 포괄하고 있는 수를 의미함.
자료: 『中國農村統計年鑑』(1989, 33).

산대가 기본채산단위가 되었다. 이 시기 중국에서는 인민공사 아닌 생산대가 독자적으로 회계를 행했고, 이윤과 손실에 대하여 스스로 책임을 지며, 생산을 조직하고, 소득을 분배하는 기능을 수행했다.

아울러 좀 더 많은 간부가 하부의 기초생산단위에 투입되었으며, 농업계획에 있어 생산대와 생산조에 더 많은 권한이 부여되었다. 분배에 있어서도 하부 관리층에 분배 권한을 더 많이 부여했으며, 식품의 무상공급을 철폐했다.[6]

또한 이 시기에는 자류지(自留地)[7]가 확대되거나 생산 책임제가 일부 지역에서 실시되는 움직임이 나타나기도 했다. 그리하여 당시에 자류지, 책임전, 개간토지를 합해 사적으로 경작된 '자유 소토지'(small freedom lands)가 전체 경지의 1/3에 달했으며, 일부 생산대에서는 전체 경지의 1/2을 넘어서기까지 했다고 한다(Chen and Ridley 1969, 18; 99).

6 그러나 작목 선택 등 생산계획에 대한 결정권은 계속 상부의 제약을 받고 있었다.
7 농가생산 책임제가 도입되기 이전 집단농장이 소유한 토지의 일정 비율을 소속 농가가 사용하도록 허용한 토지로, 여기에서 수확된 생산물의 전부를 농가가 지배했다.

결론적으로, 구소련의 콜호즈에서는 시종일관 콜호즈 집행부가 작업을 전반적으로 관리하는 책임과 권한을 지니고 있었으며, 솝호즈가 지속적으로 확대·강화되었다. 반면 중국의 인민공사 체제는 1960년 이후부터는 생산대가 기본회계단위가 되었으며, 비사회주의적 요소가 존재할 수 있는 여지도 구소련에 비하여는 넓었다고 할 수 있다. 즉 중국 집단농업경영의 집권화 정도는 구소련에 비하여 낮은 편이었던 것이다.

3) 농업기술 요인의 검토

농업집단화는 농업기술 단계와도 일정한 관련을 가지면서 전개되었는데, 상대적으로 높은 기술 수준을 지닌 구소련 농업에서는 "기계화를 수반한 집단화"로 나아갔다. 구소련의 집단농업경영에는 MTS와 RTS 같은 기계작업집단이 중요한 역할을 수행했다. MTS(машинно-тракторная станция)는 집단화와 동시에 콜호즈에 대하여 기계작업을 제공하는 특수한 국영기업으로서 설립되었다. MTS가 기계작업을 해주는 대신, 콜호즈는 MTS에게 국가가 정한 일정 비율의 현물을 지불해야 했다. 1958년 MTS는 RTS(ремонтно-техническая станция)로 개편되었다. 즉 MTS는 콜호즈에 대하여 기계를 판매하고, 콜호즈는 매입한 MTS의 수리공장을 기반으로 RTS라는 기계수리소를 창설하도록 한 것이다(Miller 1970, 321-331). 이와 같은 기계작업집단이 농업노동과정에 개입함으로써 구소련에서는 가족농이 독립적으로 존재할 근거가 결정적으로 소멸했다.

한편 중국의 경우 북부, 서부, 북서부에 집중되어 있는 1년 강수량 400㎜ 이하의 건조 지대가 총 경지면적의 약 45%에 달하고 있다. 이러한 강수량 부족의 제약은 수리시설을 정비함으로써만 돌파될 수 있었다.

사회주의 성립 이후에도 수리면적에서 중국 전체 농업생산의 2/3와 현금작물 및 공업원료 생산의 3/4이 공급될 만큼(IBRD 1991, 75-76) 수리건

〈표 4〉 개혁 전 구소련·중국의 집단농업경영의 비교

	구 소 련	중 국
토지소유	① 국가소유하에 콜호즈가 영구사용	① 생산대에 기초한 삼급소유제
	② 국가소유가 지속적으로 강화	② 위기마다 자류지, 책임전 부각
경영관리	① 콜호즈~브리가다~즈베노	① 인민공사~생산대대~생산대
	② 콜호즈 집행부에 권한이 집중	② 생산대를 기본 회계단위로 함
	③ 기계화 중심의 집단적 경영	③ 수리건설 중심의 집단적 경영

자료: 필자 작성.

설을 통한 토지개량의 의의는 여전히 중요한 의의를 가지고 있었다. 급격한 공업화를 목표로 했던 대약진운동은, 농업부문에서는 농촌대중동원에 의한 대규모 수리건설, 포장정비 사업의 형태로 전개되었고, 이는 곧 인민공사화로 귀결되었다.

이와 같이 중국의 집단농업경영은 아시아 농업에서 중시되는 수리건설, 유기비료 확보를 효과적으로 추진하기 위한 체제였으나, 여기에서 직접적 생산과정의 분업화 수준이 크게 높아진 것은 아니었다. 즉 중국의 "기계화 없는 집단화"는 직접적 생산과정을 혁신하기보다는 그의 소농적 성격과 타협하는 방식으로 전개되었다고 할 수 있다.[8]

요컨대 〈표 4〉에서 보는 것처럼 개혁 이전 구소련에는 국가소유제하에 콜호즈·솝호즈가, 중국에는 집단소유제하에 인민공사 체제가 기본제도로 확립되었다. 콜호즈·솝호즈는 직선적으로 확대·강화되었으나, 인민공사 체제는 기본적으로는 생산대를 기본단위로 한 삼급소유제가 관철되는 가운데 정세에 따라 나선적인 변동을 경험했다. 또 기계화에 따라 농업

8 마르크스는 생산수단을 '골격·근육계통'과 '혈관계통'으로 구분한 바 있는데, 스탈린이 생산용구를 '골격·근육 계통'으로 규정함으로써, 기계화 중심의 생산력의 발전을 추구했다고 한다면, 마오쩌둥은 수리의 의의를 강조함으로써 '혈관계통' 차원에서 노동수단의 발전을 도모한 것으로 해석할 수 있다(Marx 1867, 230-231).

경영상 분업이 급격히 진행된 구소련의 경우와 비교해 볼 때, 중국 집단농업경영의 제도화 수준은 상대적으로 '느슨한' 것이었으며, 이에 따라 집단화에 기인한 왜곡의 정도도 덜한 편이었다.

4. 탈집단화 과정의 비교분석

구소련의 경우 1980년대에는 농민에게 생산유인을 부여하기 위하여 여러 가지 형태의 청부제(подряд)를 도입하기도 했으나, 콜호즈 집행부는 생산과 분배에 관한 중요 기능을 포기하지 않았다(Wädekin 1989, 32; Atta 1990, 143; 山村理人 1987, 155-156; 山村理人 1989a, 78-81; 山村理人 1989b, 79-100). 그러나 구소련은 1991년 8월 보수파의 쿠데타 실패 이후 연방 해체와 급진적인 체제전환의 길에 들어서게 되었다. 1991년 12월 공포된 〈토지개혁 수행에 관한 긴급조치〉라는 러시아 연방 대통령령은 콜호즈와 솝호즈를 개편하고 농민에게 일정 면적의 토지를 분여하도록 규정했다(川浦孝惠 1994, 43).

이에 따라 1930년대 이래 소멸했던 사영농장이 공식적으로 부활되었다. 그리하여 1994년 중엽 러시아 연방에 있어서는 1개 농장당 평균 42ha 규모의 28만 6,000개 가족농장이, 총 파종면적의 약 20%에 해당하는 1,200만ha를 경작하기에 이르렀다.[9] 그러나 가족농장은 과거 대농장으로 존재할 때에 비해 생산비용 조달의 곤란, 생산물 판매의 애로, 생산자재 가격의 상승이라는 심각한 어려움에 직면했다. 이에 따라 농민들이 토지

9 USDA ERS, *Former USSR Update*, 1994. 11. 10.

의 경작을 방기하는 경우가 나타났으며, 1994년 말에는 실제로 가족농의 수가 감소하기 시작했다(OECD 1995, 141).

한편 대부분의 콜호즈와 솝호즈는 '지분결합농장'(joint-stock farms)으로 재조직되었다. 즉 콜호즈와 솝호즈는 농장의 구성원, 즉 농민 또는 농업노동자, 연금수령자, 농장영역 내의 학교, 단체, 병원과 같은 '사회적 자산'에 속한 노동자들에게 동일한 토지 지분을 정했다. 즉 자산을 물리적으로 분배하지 않으면서 자산의 지분을 형식적으로 분배한 것이다(OECD 1995, 139-140).

이와는 달리 중국에서는 청부제의 도입과 가족농의 발전이 비교적 성공적으로 이루어졌다. 1978년 중국공산당 제11기 3중전회에서는 인민공사제도의 틀 내에서 농업발전을 도모하는 방향에서 생산대의 자주권을 확대하는 방침이 결정되었다. 이어 1979년에는 각종 형태의 생산 책임제를 도입하고, 변경지역에 대하여 호별청부제를 실시할 것을 결정했다. 생산책임제란 생산대의 생산과정을 분할하여 소그룹, 개별농가, 개인노동 등에 청부하는 제도를 일컫는 것이다.[10] 이미 생산 책임제는 1978년 가을부터 안후이 등지에서 부활하기 시작했으나, 당시 당 지도부는 이에 대하여 상당히 신중한 자세를 견지했다. 당 제11기 3중전회에서는 생산 책임제 중 생산대에 대한 농작업 청부(包工到組)와 생산량 기준의 보수지급(聯產計酬)만을 긍정했다(李云河 1991, 9).

이 시기의 생산 책임제는 대체로 다음과 같은 여러 가지 형태로 이루어졌다. 청부대상이 농작업(包工)인 경우에는 미리 정해진 노동점수를 부여함으로써 보수를 계산했고(定額計酬), 생산량(包產)이 청부대상일 경우에

---

10 여기에서 '청부(請負)'란 기능적으로는 자본주의하에서 행해지는 '임대(賃貸)'와 유사한 의미이지만, 사적 소유를 전제하지 않는다는 점에서 임대와는 결정적으로 구분된다.

는 생산량을 기준으로 보수를 계산했다(聯産計酬). 특정 농작업을 농민에게 청부하는 형태는 특히 축산물 생산을 전문으로 하는 개별농가를 중심으로 크게 확산되었다(專業承包). 이는 전문화된 농가가 집단으로부터 임의의 생산부문의 수행을 청부받거나 농가부업의 전문성을 강화한 결과로 나타난 것이었다(川村嘉夫 1989, 40; 孫潭鎮 1991, 59-60).

한편 식량생산에 있어서도 생산대가 경작을 행하면서 파종과 수확을 개별농가에 위임하는 방식이 확대되었다(包産到勞). 이는 공업원료 작물을 중심으로 일부에서 적용되어 오던 것이 이 시기에 식량생산에 확대 실시된 것이다. 여기에서는 과제수행 여부에 따라 장려금과 벌금이 부과되며, 주요 생산수단은 생산대가 소유했다. 생산과제는 농가가 이용하는 토지에 따라 규정되며, 규정된 생산과제에 따라 농가의 노동점수가 계산되었다(川村嘉夫 1989, 40).

그러나 정액에 의한 노동점수 계산이 농민에게는 복잡한 것으로 인식되었다. 또 이는 생산량에 연계되지도 않았는데, 농민들은 노동성과가 수입으로 직접 연계되는 방식을 선호했다. 마침내 1981년 12월 개최된 전국농촌공작회의를 거쳐 1982년 4월에는 호별생산책임제와 호별경영책임제가 사회주의 집단경제의 책임제 형식이라고 정식으로 인정되었다(孫潭鎮 1991, 60).

호별생산책임제의 기본적 내용은 다음과 같다. 생산대는 가구규모(人口分地), 가구별 노동력(勞動分地), 인구-노동력 비율에 따라 집단소유의 토지를 분배받았으며, 일부 토지는 생산대가 직접 경작하기 위해 남겨 놓았다. 쌍방 간에 체결된 계약에 따라 개별농가는 일정 생산비 범위 내에서 생산 임무를 달성하고 노동점수를 취득하도록 했다. 개별농가가 생산책임을 초과하여 생산한 부분에 대하여는 추가적인 노동점수를 주어 더 많은 배분을 받도록 했으며, 책임을 완수하지 못한 경우에는 반대로 불이익을 주었다(中國農業百科全書編輯部 1991, 4).

〈표 5〉 생산 책임제의 보급상황 (단위: 천 개, %)

	1980.1.	1981.6.	1982.6.	1983.12.	1984.12.
합계	4,796 (100.0)	5,880 (100.0)	6,028 (100.0)	5,890 (100.0)	5,692 (100.0)
책임제 실행	4,070 (84.8)	5,594 (95.1)	5,981 (99.2)	5,863 (99.5)	5,690 (99.9)
호별경영책임제	1.087 (0.0)	662 (11.2)	4,041 (67.0)	5,764 (97.8)	5,630 (98.9)
호별생산책임제	49.27 (1.0)	995 (16.9)	298 (4.9)	-	-
책임제 미실행	725.0 (15.2)	286 (4.9)	47 (0.8)	27 (0.5)	2 (0.1)

자료: 『農業經濟資料(1949~1983)』 pp. 78-79; 『中國農業年鑑』(1984; 1985).

생산대는 개별농가로부터 수집한 총량에서 농업세와 집단유보분을 공제하고 난 나머지를 개별농가의 노동점수에 따라 분배했다. 개별농가는 경상 투입재를 스스로 공급해야 하나, 작부계획, 수리관개, 역축 및 기계의 이용은 생산대가 통제했다. 또 노동점수의 가치는 생산대의 총 생산량에 의하여 결정되었다(Riskin 1987, 287-288; 孫潭鎮 1991, 60).

〈표 5〉에서 보는 바와 같이 호별생산책임제는 1981년 1월 전국 농촌의 1%의 생산대에서 실시되었다가 같은 해 6월에는 19.9%까지 증가했다. 이후 호별생산책임제는 점차 감소하여 1982년 6월 4.9%에 이르게 되었다. 대신 호별경영책임제가 급속히 확산되어 1982년 6월에는 전국 생산대의 67%에. 1983년 말에는 98.3%에 보급되었다. 그리하여 1983년 이후 중국의 농업경영은 호별경영책임제가 지배적인 형태가 되었다.

호별경영책임제는 생산대가 토지를 개별농가에 분배하고 여기에서 나온 수입은 계약에 따라 국가세수와 집단유보분을 제외한 후 전부 개별농가에 귀속시키는 것이다. 토지분배의 기준으로는 생산대의 필요에 따라 노동력, 인구–노동력 비율, 노동력의 강약, 기술수준의 차이 등이 다양하게 적용되었다. 청부기간은 15년 이상으로 했고, 생산주기가 긴 과수원,

〈표 6〉 구소련(러시아)·중국 농업의 제도개혁 비교

	구 소 련	중 국
토지소유	① 1990년대 들어 토지소유권 분배	① 1980년대 초에 토지사용권 분배
	② 급속한 변동으로 혼란이 극심	② 집단소유 유지로 안정을 도모
경영관리	① 소집단을 단위로 청부제 실시	① 가족경영을 단위로 청부제 실시
	② 콜호즈체제가 기본적으로 유지	② 인민공사 체제가 전면 해체
	③ 가족농 창설이 부진	③ 영세가족경영체제가 성립

자료: 필자 작성.

임지(林地), 황지(荒地) 등에 대해서는 청부기간을 더 연장할 수도 있도록 했다. 생산대와 개별농가는 국가에 대한 농업세의 납부, 집체에 대한 축적기금 및 기타 유보임무 계약을 체결하고, 임무를 완성한 후에 발생한 잉여의 전부를 각 개별농가의 소유로 하는 것이다(中國農業百科全書編輯部 1991 4; 李云河 1991, 4-5).

또 개별농가는 생산대로부터 토지의 사용권만을 부여받지만, 역축 및 생산자재의 경우에는 개별농가에게 소유권까지 분배되었다. 따라서 농가는 노동력을 스스로 편성하고 작부계획과 생산·투자까지 스스로 결정하여 행하는 등 한층 더 독립적인 경영권을 갖게 되었다(Riskin 1987, 288; 孫潭鎭 1991, 60).

이러한 호별경영책임제는 호별생산책임제 형식이 발전한 것으로 양자의 주된 차이점은 노동성과의 분배방법에 있다. 즉 호별경영책임제를 행할 때에는 노동점수를 계산하지 않고, "국가 및 집체에 대한 임무를 수행한 후의 잉여는 모두 자신의 것으로 한다."는 원칙하에서 분배했다. 이렇게 농가에 더 많은 경영상의 자주권을 부여하고 농가의 물질적 이익과 경영성과 간의 관계를 명확히 함으로써 대중적인 환영을 받게 되었던 것이다.

한편 집단농업경영의 구조는 1982년 말 〈중화인민공화국 헌법〉의 수정을 계기로 하여 그 제도적 틀마저 붕괴되기 시작했다. 새 헌법에서는 인

〈그림 2〉 사회주의 농업제도 개혁의 유형설정에 관한 가설

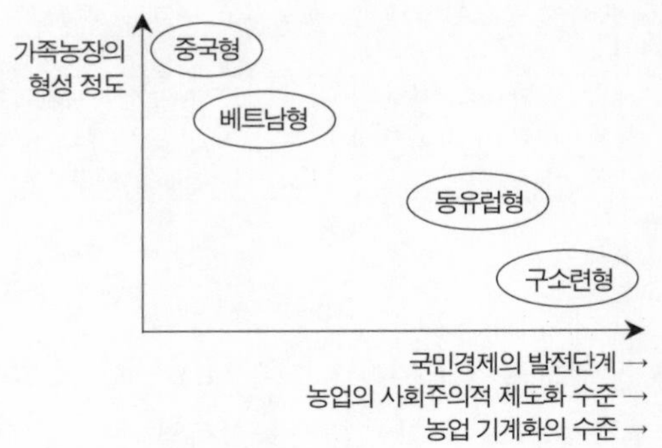

자료: 필자 작성.

민공사에 통합되어 있던 경제조직과 국가기관의 기능을 분리하여 향·진 인민정부와 촌민위원회를 설치할 것을 규정했다. 이러한 헌법규정에 따라 1983년 이후 단기간 내에 향진 정부와 촌민위원회가 설치되었으며, 1984년 중에 인민공사의 정사분리가 완료되었다. 이에 따라 인민공사의 해체는 법제적으로나 실제적으로 확인되었다.

요컨대 1980년대 들어 개혁의 필요성이 제기되었음에도 불구하고 구소련의 집단농업 체제는 기본적으로 유지되었고, 1990년대 들어서야 탈집단화(脫集團化)가 급격히 시도되었으나 가족농업경영의 정착은 순조롭지 않은 상황이었다. 반면 중국의 집단농업 체제는 1980~82년 사이에 생산책임제가 지방에서부터 급속히 보급되면서 아래로부터 붕괴했으며, 가족농업체제가 확립되었다(〈표 6〉 참조).

이상과 같이 중국과 구소련을 비교할 때, 구소련에 비해 첫째, 국민경제의 발전 정도가 낮고, 둘째, 농업의 사회주의적 제도화의 수준이 낮으며, 셋째, 농업 기계화의 수준이 낮은, 중국에 있어 가족농의 형성이 보다 순조롭게 진행되었다는 사실을 확인할 수 있다. 이들 여러 요인들 간의 인과

관계를 확립하기 위해서는 보다 세밀한 변수분석(variable-oriented analysis)과 사례분석(case-oriented analysis)이 요구된다. 다만 지금까지 진행된 전제적 논의를 통해 농업제도 개혁의 유형이 크게는 중국형과 구소련형으로 구분되고, 이들 두 나라 사이에 베트남, 동유럽 등 여러 나라의 유형이 〈그림 2〉와 같이 위치한다는 가설을 제시할 수 있다.[11]

5. 탈집단화 이후의 문제

1) 가족농업경영의 성과와 한계

중국공산당 제11기 3중전회 이후 실시된 일련의 개혁조치는 농민의 생산의욕을 자극했고, 이에 따라 농업생산은 크게 증대되었다.[12] 1975~80년에 농업생산액 증가는 16.9%(매년 3.2%)에 그쳤으나, 집단농업경영을 가족농업경영으로 대체하는 농업개혁이 활발하게 전개된 1980~85년에 농업생산액은 48.3%(매년 8.2%)의 높은 증가율을 나타냈다.

그 중에서도 식량생산은 1982~83년에 연 9% 이상 증가하여, 1984년 초에는 4억 톤이라는 당시로서는 사상 최고의 생산량을 기록했다. 그러나

11 베트남의 경우에도 1988년을 계기로 합작사와 국영농장의 수가 크게 감소하고, 합작사의 기능도 종전과는 달리 서비스 부문에 국한되었다. 그러나 중국과 달리 1990년대 중반까지도 종전의 절반 정도에 해당하는 합작사와 국영농장이 기본형식을 유지하고 있었다.

12 이러한 생산 증가의 요인으로 꼭 생산 책임제만을 상정할 수 있는 것은 아니다. 생산 증가에는 이러한 제도적 요인뿐만 아니라 수매가격의 인상과 같은 정책적 요인, 자연재해 등 자연적 요인, 순수한 기술진보 요인, 수요 측면의 요인 등을 상정할 수 있다. 이러한 요인들에 대한 계측은 Putterman(1993, ch.7), 李日榮(1996) 등을 참조.

〈표 7〉 중국 식량생산의 추이

연도	파종면적 (천ha)	생산량 (만 톤)	단수 (kg/ha)
1952	123,979	16,392	1,322
1962	121,621	16,000	1,316
1970	119,267	23,996	2,012
1978	120,587	30,477	2,527
1980	117,234	32,056	2,734
1981	114,958	32,502	2,827
1982	113,463	35,450	3,124
1983	114,047	38,728	3,396
1984	112,884	40,731	3,608
1985	108,845	37,911	3,483
1986	110,933	39,151	3,529
1987	111,268	40,298	3,622
1988	110,123	39,408	3,579
1989	112,205	40,755	3,632
1990	113,466	44,624	3,933
1991	112,314	43,529	3,876
1992	110,560	44,266	4,004
1993	110,509	45,649	4,131
1994	109,544	44,510	4,063
1995	110,060	46,662	4,240
1996	112,548	50,454	4,483

자료 :『中國統計年鑑』.

1985년부터는 예상보다 일찍 농업생산의 정체국면이 시작되었다. 농업생산액은 1984년 12.3% 증가했던 것이 1985년 3.4%, 1986년 3.4% 증가에 그쳤다. 더욱이 식량생산량의 경우에는 1985년에 오히려 6.9% 감소하기까지 했고, 1989년까지 심각한 정체현상을 나타냈으며, 토지 생산성 역시 1985~89년 동안 감소 내지 정체했다(〈표 7〉 참조).

이와 같이 1985년 이후 생산력이 정체하게 된 요인으로는 개혁 이후 농업에 대한 투자가 감소했다는 점, 1980년대 중반 이후 농산물 수매가격이 정체했다는 점, 급속하게 발전한 농촌 내 비농업부문이 농업 노동력을 대거 흡수했다는 점, 토지의 소유권, 사용권, 양도권 등에 관한 구체적인 규정이 미비했다는 점 등을 들 수 있다.

그러나 보다 근본적인 문제는 앞서 검토한 농업경영과 관련된 초기조건과 가족농장의 형성 정도와 관련되어 있다. 보다 순조로운 탈집단화를 가능케 한 조건으로서의 낮은 국민경제 발전단계, 낮은 농업의 사회주의적 제도화 수준, 낮은 농업 기계화의 수준 등이 다시금 '구조문제'를 등장시켰다. 일반적으로 농업구조정책이란 농산물 가격 또는 농가소득 지지 등 단기적으로 정책효과를 기대할 수 있는 정책수단의 범위를 넘어 농업생산의 효율을 높이며 생산비 절감을 추구하는 장기적 정책수단을 포괄하는 개념으로 정의된다. 이와 관련하여 선진 자본주의 국가에서는 만성적인 과잉생산에 따른 가격하락이 중요한 문제이므로 농업부문에 고용되어 있는 과잉자원을 타부문으로 이전하는 것을 내용으로 하는 '구조조정'(structural adjustment)이 주요 정책과제이지만, 아시아 농업과 같은 소농체제의 경우에는 경영규모의 영세성으로 인해 생산능률이 낮기 때문에 규모확대를 통한 '구조개선'이 주요한 정책과제가 된다(정영일 1993, 341).

1978년 이후 일거에 개방된 농민의 생산의욕과 전통적 생산기술이 1980년대 중반 이후에는 영세소농 체제의 생산력적 한계에 부닥치게 되었다. 개혁 이후 경지는 대체로 가구원 수를 기준으로 하여 개별농가에 균등하게 조각조각 작은 땅으로 분산되었다.[13] 이와 같이 평등한 조건에 의한 토지분배에 따라 일시적으로 개별경영의 적극성을 유도하여 생산을 크게 자극했으나, 장기적으로는 영세경영의 문제점이 노출될 수밖에 없다. 근대적 농업의 토대가 되는 농업의 규모와 조직을 일순간에 해체함으로써

13 Hinton(1990, 16))은 이를 극단적으로 "ribbon land" "spaghetti land" "noodle land"라고까지 표현했는데, 이는 수레의 오른쪽 바퀴는 자신의 토지를 지나지만 왼쪽 바퀴는 다른 사람의 토지를 지나지 않을 수 없을 정도로 토지가 세분화된 상황을 의미한다.

관개면적은 개혁 이후 1985년까지 약 10만ha가 감소했다.[14] 또 경지가 무수히 세분됨에 따라 기존에 광범하게 진행되고 있던 기계화와 생산기반 투자가 중단되는 경우가 많았다.

이에 중국 정책당국은 농지의 유동성 제고와 집단경제조직의 정비 등 새로운 제도 및 기술적 조건의 창출을 통하여 '구조문제'에 대응하는 것을 목표로 설정하게 된다.[15]

2) 농지의 유동성 제고

그리하여 1980년대 중반에는 가족농업경영을 안정시키면서 그 영세성을 극복하기 위하여 농지의 유동성을 제고함으로써 경영규모를 확대하는 방안이 모색되었다. 이에 따라 당국은 토지의 재청부(又請), 즉 토지 사용권·경작권의 대여를 허용했다. 이는 생산 책임제 도입 직후부터 제기된 토지분배의 불합리성 문제를 조정하기 위한 수단으로 이용되었다. 그리하여 청부권의 양도라는 형태로 농가 간의 토지 사용권에 대한 임대차 관계가 출현했는데 이를 '재청부'(轉包)라고 일컬었다.

1993년 11월 발표된 중공중앙·국무원의 〈당면의 농업·농촌발전에 관한 약간의 정책〉에서는 집단(村) 소유를 유지하면서 농지 사용권을 유동화시킴으로써 능력 있는 농가에 경지를 집중하는 것을 정책목표로 제시했

14 특히 안후이, 허난(河南), 쓰촨(四川)의 3개 성에서 이러한 관개면적의 감소가 집중되어, 1980~86년의 감소분 중 56%가 이 지역에서 나타났다(Stone 1988, 775).

15 1995~96년에 이르러 다시 식량생산량이 증가했는데, 이는 제도적·기술적 정비의 효과라기보다는 성장(省長)책임제의 직접적 효과가 나타난 것으로 보인다. 1995년 초 중국 정부는 새로운 식량정책을 실시했다. 즉 각 성(省)의 책임자들로 하여금 ① 식량작물의 재배면적을 적정 수준으로 확보할 것 ② 농업투입재에 대한 투자를 보증할 것 ③ 일정량의 식량을 재고로 비축할 것 ④ 식량의 성내·성간 이전을 원활히 할 것 ⑤ 대도시에 식량·식용유를 충분히 공급할 것 ⑥ 식량·식용유 가격을 안정시킬 것을 의무적으로 이행하도록 했다.

다. 이에 따라 1984년 15년으로 규정한 토지사용기한을 30년간 다시 연장했으며, 황지, 황산, 하천부지는 50~70년의 사용기한을 보장했다. 또 가족 수가 증가하거나 감소해도 경지의 조정·재분배를 하지 않기로 했으며, 토지 사용권의 전매를 가능하도록 했다. 아울러 경제가 발전한 지역에서는 토지 사용권 유동화를 더욱 진전시킴으로써 규모경영을 유도하기로 했다. 이러한 조치는 중국의 토지소유 제도가 실질적인 사유화의 방향으로 일보 진전했음을 나타내는 것이다.

한편 생산 책임제를 안정화하기 위해 경지의 청부기간을 연장한 결과, 인구가 변동하여도 토지사용이 탄력적으로 조정되지 못하는 상황이 발생하게 되었다. 이러한 문제점을 시정하고 토지이용의 경쟁기제를 더욱 강화하는 방편으로, 지역에 따라 호별경영책임제 시행시 토지분배의 방법으로 이용되기도 했던 '양전제'(兩田制 또는 雙田制)가 새로운 차원에서 보급되기 시작했다(紀永茂 1989, 33).

이 제도하에서는 집단의 토지를 '구량전'(口糧田)과 '상품전'(商品田 또는 '承包田', '責任田')으로 구분했다. 구량전은 자가소비용 식량을 충당하기 위한 토지로 그 사용권을 인구수를 기준으로 하여 균등하게 배분했는데, 어저우시(鄂州市)의 경우 1인당 0.3~0.5무씩 배분되었다(陳海清 1992, 37). 구량전에 대하여는 토지 사용료와 국가수매 임무를 부담시키지 않고 농업세만을 납부하도록 했다.[16] 상품전에 대하여는 노동력, 기능, 자금, 물자 등을 고려하여 능력 있는 자에게 경쟁입찰 형식으로 배분했다. 상품전의 경우 국가에 대해서는 농업세와 수매계약 임무를 부담하고 집단에 대해서는 순수입의 30~40%를 토지 사용료로 납부했다(魏景瑞·鄒書良 1992, 33).

이러한 양전제는 전국적인 차원에서 비교적 신속하게 보급되었으나,

---

16 산둥성 핑두시의 경우 양전제 실시 초기 구량전 1무에 3~3.5위안의 농업세가 부과되었다.

이 제도가 보편적·장기적으로 적용되는 제도라기보다는 과도적·단계적 선택인 것으로 판단된다. 이 제도는 농지가 희소한 지역에서는 적용하기 어렵고 또 결국은 농지 이용권의 유동화와 집중에 새로운 장애가 될 가능성이 많기 때문이다(綦好東 1998, 20).

이 때문에 향후 중국 농업경영의 기본적 모형으로 중요하다고 판단되는 것은 '적정규모 경영'(適度規模經營)이다. 이는 보다 적극적으로 대규모의 농업경영체를 형성하도록 하는 것이다. 적정규모 경영이 형성되기 위해서는 농지 이용권의 유동화가 선행되어야 했는데 여기에는 여러 가지 방식이 채용되었다. 예컨대 농가가 배분 받은 농지 이용권을 집단에 '역청부'시키는 방식, 촌을 넘어 이용권을 청부하는 방식, 농가의 농지 이용권을 주식 소유권으로 전환하는 방식 등이다. 또한 적정규모 경영의 경영형태도 규모확대 경영농가, 가족경영농장, 촌영집단농장, 농기계스테이션(農機站)이 경영을 청부한 농장, 촌의 농지경영을 수행하는 촌영농촌기업 내부의 농업생산부서 등 여러 가지로 나타났다(中國農業部 1995, 231).

3) 집단경제조직의 정비

생산 책임제의 도입 이후 인민공사가 해체되고 각지에 향진정부와 촌민위원회가 설립되었다. 그러나 인민공사가 경제조직으로 존재하던 때 존재했던 공사, 생산대대, 생산대 사이의 경제관계를 어떻게 처리하고 각각의 기능을 어떻게 배분할 것인가와 같은 구체적인 문제는 해결되지 않았다. 그리하여 농업경영과 농촌운영에 필수적인 향과 촌의 집단경제조직까지 약체화 또는 붕괴되는 사태가 초래되었고, 이에 따라 농가청부경영에도 어려움이 발생했다.

이에 1988, 1989년부터는 중앙정부 차원에서 집단경제조직의 역할이 다시 강조되기 시작했다. 1990년 말에 이르러 당 중앙과 국무원은 〈1991년 농업·농촌공작에 관한 통지(通知)〉를 통하여 각급 위원회와 정부에 생산책임제를 안정시키는 동시에 건전한 농업관련부문 조직을 건립할 것을 요구했다(中共中央政策硏究室農村組 1992, 570).

인민공사 해체 이래 급격히 소멸했던 지역단위 집단경제조직(地區性合作)은 과거 인민공사에 대한 농민의 혐오감을 고려하여 농업생산합작사, 농업생산연합사, 경제합작사, 농공상연합사, 농공상연합공사 등 새로운 명칭으로 다시 조직되었다.

이들 지역단위 집단경제조직의 활동내용은 지역에 따라 편차가 있었다. 농업 전업지역에서는 청부토지의 관리, 수리(水利), 작물 보호, 과학기술 보급, 농업 생산자재의 제공 등과 같은 기능을 했고, 겸업자가 많은 지역에서는 협동경영 사업, 기업경영, 재청부토지의 관리, 공공축적의 진행 및 그 자금관리를 행했다. 향진기업이 발전하여 비농업 전업자가 많은 지역에서는 농업의 집약적 전업화(專業化)를 촉진하거나 집단청부제를 실시했다(小島麗逸 1991, 16-17; 小島麗逸 1992, 12-13).

지역단위 협동경제조직은 지역단위와 성원구성을 볼 때 인민공사나 생산대와 큰 차이가 없지만 내부 경제관계와 기능은 크게 변화했다. 인민공사하에서는 조직이 노동력을 배치하고 노동점수를 기입하며 통일분배를 행함으로써 농가는 단순노동자의 위치에 있었다. 그러나 새로운 조직하에서는 대부분의 농가가 토지 이외의 생산수단을 소유하면서 자주적으로 경영을 행하는 상대적으로 독립된 상품 생산자인 것이다.

한편 전문적 협동경제조직(專業合作)도 진전되었다. 이는 "2개 또는 2개 이상의 개인이나 단위가 공동의 이익을 목적으로 자원호리(自願互利) 원칙에 따라 자신의 노동·기술·생산자료를 가지고 연합하여 생산·경영·자문·지원을 행하는 조직"을 의미한다. 이러한 전문조직에는 그 형태와 기능에 따라 생산경영체, 농업관련부문 조직, 협회적 조직이 있다. 이 중에서도 가족경영의 안정과 이를 통한 구조개선이라는 취지에 가장 부합되는 것이 농업관련부문조직이다. 이는 개별농가의 힘만으로는 행할 수 없는 생산·교환·분배·소비 등 경제행위와 관련된 서비스를 제공하는 조직을 의미한다. 이 조직의 발전으로 농가가 시장에 진입하는 정도를 높이고 분산경영의 단점을 보강하려 하고 있다(中共中央政研室 1992, 38).

6. 결론

이상에서 고찰한 바와 같이 개혁 직전 중국은 구소련에 비해 국민경제의 발전 정도가 낮고, 농업에 있어 농업의 사회주의적 제도화의 수준이 낮으며, 농업 기계화의 수준이 낮은 초기조건에 직면해 있었다. 이러한 초기조건은 중국에 있어 가족농의 형성이 보다 순조롭게 진행될 수 있는 배경이 되었지만, 다른 한편으로는 경영규모의 영세성으로 인한 생산능률의 저위라는 '구조문제'를 형성하게 되었다. 이에 중국은 1980년대 말부터 농지의 유동성 제고와 집단경제조직의 정비 등 새로운 제도 및 기술적 조건의 창출을 통하여 이러한 문제에 대응하려 하고 있다.

린이푸(林毅夫) 등(1994, 263-272)은 중국의 개혁의 특징으로 "파이의 크기를 증대하는" 효과를 가져 왔다는 점, 시장 메커니즘이 자산 증가분의 배치에 대해 기능하도록 하는 "총량증가 방식의 개혁"(增量改革)이라는 점, "실험 후 확산" 방식을 취했다는 점, 개혁의 수단과 목표에서 비급진적이라는 점 등을 들었다. 그러나 이와 같은 중국 경제개혁의 특징은 1970년대 말 현재 중국이 가지고 있던 초기조건으로부터 상당부분 규정된 것이다. 당초부터 구소련과 동유럽의 체제전환이 "구조조정의 문제"였다면, 지금까지 중국의 시장화는 "고전적인 경제발전의 문제"였던 것이다(Sachs and Woo, 1994).

탈집단화와 가족농화의 중국 농업경영의 제도개혁이 '성공적'이었다고 하나, 그것은 '절반의 성공'일 뿐이다. 그 이후에는 중국 농업도 '구조조정의 문제'에 맞닥뜨리고 있으며, 이 문제는 쉽게 해결하기 어려운, 만만치 않은 상대인 것이다.

제4장

중국 농업에 있어 '쌍층경영'의 형성과 분화: 베이징시 근교의 사례연구

1. 서론

흔히 중국 경제개혁의 중요한 특징은, 첫째, 미시경영 메커니즘의 개혁이 전체 개혁의 시발점으로 이를 토대로 신속하게 성장한 부문이 개혁의 주도부문을 담당했다는 점, 둘째, 실험 후 확산, 점진적 개혁의 방식으로 개혁과정의 위험성을 감소시키고자 했다는 점이 제시된다(林毅夫 外 1995, 255-283). 중국 농업의 변화는 이러한 중국 경제개혁의 중요한 특징이 고스란히 반영된 부문이다. 중국 농업은 인센티브 제고를 위한 여러 조치로부터 시작되어 급속한 성장을 시현했으며, 기존 제도하에서의 다양한 실험을 통한 점진적 개혁이 지속적으로 진행되는 사례로 알려져 있다.

1980~82년에 집단소유의 토지 사용권이 대거 개별농가에 분배되었지만, 그렇다고 기존 제도인 집단의 기능이 완전히 소멸된 것은 아니다. '쌍층경영'이라는 용어의 등장은 이러한 사정을 웅변하고 있다. '쌍층경영'이란 집단의 통일경영기능과 농가의 개별분산경영을 상호결합을 의미하는 것이다.[1] 이 용어가 정식으로 사용된 것은 1986년 1호 문건에서부터였으나, 이러한 개념이 명시된 것은 1982년 1호 문건으로 소급될 수 있다. '쌍층경영'이 농가생산 책임제를 다른 각도에서 파악한 것에 지나지 않는다

는 점에서 '쌍층경영'의 형성은 농가생산 책임제의 도입과 동일한 시기에 이루어진 것으로 볼 수 있다(白石和良 1994, 11-27). '쌍층경영'이라는 용어의 등장과 관련된 이러한 해석이 정립되는 과정 자체가 농업경영조직의 개혁에 있어 실험 후 확산, 점진적 개혁의 방식을 나타내는 것이다.

농업부문 전체로 볼 때에도 전화의 과정은 일순간에 일직선상으로 이루어진 것은 아니고 여러 단계를 거치고 다양한 양상을 띠면서 이루어졌다. 개혁의 전개과정은 보통 다음과 같은 4단계로 나누어지는 것으로 인식된다. 첫째, 농가가 경영주체로서 지위를 확립하고 농업이 전례 없는 성장을 이루는 단계(1979~84), 둘째, 농산물의 '통일수매', '할당수매' 제도의 개혁이 진행되고 농촌의 산업구조가 급격히 변화하는 단계(1985~88), 셋째, '경제조정' 정책의 실시와 농업에 있어 '생산이 늘어도 생산성은 늘지 않는'(增産不增收) 현상이 발생하는 단계(1989~91), 넷째, 농촌 시장경제체제 정비의 모색단계(1992~)가 바로 그것이다.

특히 넷째 단계에 경영 및 소유제도의 측면에서 이루어진 중요한 조치는 다음과 같다. 농지의 청부기간을 15년에서 30년으로 연장하고 농지 사용권의 유동화 촉진 메커니즘을 확립한다는, 농지제도의 확립에 관한 기본적인 틀이 이 시기에 처음으로 제기되었다. 또한 연해지역에서는 '적정규모 경영'이라 칭하는 대경영을 육성하고 중서부 지역에서는 농촌의 이용되지 않는 황지(荒地)의 사용권을 경매에 부쳐 배분하기로 했다. 아울러 집단경영의 농촌기업에 '주식합작제'와 임대, 설비의 경매 등 여러 가지 소유권의 재편방식에 관한 실험이 시도되었다(中國農業部 1995, 36).

이러한 과정을 거쳐 중국 농업에는 다양한 경영형태가 형성되었다. 국외에서는 중국 농촌에 관한 실태조사가 특히 1970년대 말 개혁 이래로 꾸

1 이 개념과 관련된 자세한 논의는 이하 2절에서 서술했다.

준히 이루어져 왔다.

개혁 이후 중국 국내의 연구자와 연구기관에 의해서 이루어진 실태조사의 선구는 '중국농촌발전연구소'(中國農村發展研究組)가 행한 조사로, 그 결과는 4권의 『농촌경제사회』(農村經濟社會)로 출간된 바 있다(中國農村發展問題研究組 編 1985; 1986). 중국 내에서 농촌조사의 전기를 이룩한 것은 중앙당 서기처 농촌정책연구실이 주도하여 실시한 대규모의 '농촌사회경제전형조사'(農村社會經濟典型調査)이다. 이는 1984년 겨울부터 1985년 봄까지 전국 28개 성·시·자치구의 당위원회가 8,680명의 조사대를 조직하여 71개 현, 93개 향, 272개 촌, 37만 422개 농가에 대한 조사를 수행했다(中共中央書記處農村政策研究室資料室 編 1988). 이후 이러한 대규모의 조사가 전국적으로 전개되지는 않았지만, 농업부와 중공중앙정책연구실에 의해 각지의 관측점에 대한 조사가 해마다 이루어졌다.

서구의 경우 홍콩에 유입된 난민을 대상으로 개혁 이전 광둥성 농촌사회에 대하여 조사한 패리시와 화이트(Parish and Whyte 1978)의 연구가 나온 이후 중국 본토에 대한 실태조사가 본격화되었다. 그 중에서도 광둥성 둥관현을 조사한 술라미스와 포터(Sulamith and Potter 1990), 허베이성(河北省) 라오양현 우궁(五公)에 관해 역사적 조사를 행한 프리드먼과 피코비츠, 셀던(Friedman, Pickowicz and Selden 1991), 허베이성 훠루현(獲鹿縣) 다허진(大河鎮)을 조사한 퍼터만(Putterman 1993)의 연구가 주목할 만하다.

일본의 연구자들도 실태조사를 꾸준히 전개했다. 이시다 히로시(石田浩, 1991; 1993; 1996)는 상하이 교외의 한 농촌의 장기적·역사적 변화를 지속적으로 관찰하고 있다. 남만주철도주식회사(滿鐵)의 '화북농촌관행조사'의 연장선상에서 나카오 가쓰미(中生勝美, 1990)는 산둥성의 렁수이거우촌(冷水溝村)을 문화인류학적 관점에서 조사했으며, 미타니 다카시(三谷孝, 1993)는 베이징시 팡산구(房山區) 우뎬촌(吳店村)에 대해 포괄적으로 조사했다. 다지마 도시오(田島俊雄, 1993; 1996)은 산둥성 우청현(武城縣) 외 9개

지역을 농업구조·농업경영에 초점을 맞추어 조사했다. 나카가네 카츠지(中兼和津次)를 중심으로 한 '중국농촌연구회'는 중국농업부 농촌경제연구중심, 중국사회과학원 농촌발전연구소 등과 공동으로 8개 성(省) 8개 현에 대하여 정치·풍속·관습·의식 등 비경제적 측면까지 포함한 대량의 자료를 수집했다(中兼和津次 1997).

한국의 경우 중국 농촌에 관한 실태조사는 1992년 한중수교 이후에야 비로소 가능하게 되었다. 본 연구는 그간의 실태조사 연구 공백을 메우는 한편, 농업경영조직의 다양성을 미시적 차원에서 고찰하고 나아가 중국 경제개혁의 성격을 구체적으로 인식하는 기초를 마련한다는 목적으로 이루어졌다. 사례분석의 대상지역으로는 집단조직의 경제력과 개별경영의 역동성이 모두 강한 마을을 선택함으로써 향후 중국 농업구조 변동의 중요한 흐름을 가늠할 수 있도록 했다.

이하 논문의 구성은 다음과 같다. 제2절에서는 사례조사를 위한 전제적 논의로써 농업경영과 관련된 중요한 개념에 대하여 정리하고 이에 대한 전국 차원의 동향을 고찰했다. 제3절에서는 본 연구에서 수행하는 사례조사의 개요를 서술한다. 제4절에서는 조사대상 마을이 속한 현의 농업경영 상황을 고찰했다. 제5절에서는 사례마을의 개황, 농지조정, 집단경영과 개별경영의 현황에 대한 조사결과와 마을 내 경영분화에 관한 분석결과를 제시했다.

2. 중국 농업경영의 기본구조

1) '연산승포'와 '쌍층경영'

1970년대 말 이래 중국의 농업경영 체제가 집단농업으로부터 가족농업으로 이행했다는 것은 이미 잘 알려진 사실이다. 그러나 보다 엄밀히 말하자면 집단경영방식에서 '쌍층경영'(雙層經營) 방식으로 전환했다고 표현해야 할 것이다.

중국농업부가 발간한 『중국농업발전보고(中國農業發展報告) '95』[2]에 의하면, 1979년 이래 중국 농업경영제도의 개혁의 핵심은, 농가생산청부책임제(家庭聯産承包責任制)를 주체로 하는 생산 책임제의 실시, 그리고 집단의 통일경영과 농가의 분산경영을 상호결합하는 '쌍층경영' 제도의 실시를 추진하여 농촌경제의 미시적 토대를 구축한 것이다(中國農業部 1995, 30).

여기에서 농가생산청부책임제는 농지의 집단소유제를 전제로 농가에 대해 농지 사용권을 분배하여 경영하도록 하는 방식을 의미한다. 이는 구체적으로 호별생산책임제, 호별경영책임제 등의 방식으로 행해지는데, 일반적으로는 농가가 집단경제조직과 농업생산청부계약(承包合同)을 체결하여 매년 일정의 농지청부비(土地承包費)를 납입하고 자주적으로 경영을 행하는 호별경영책임제를 채용하고 있다.[3]

2 이는 행정기관이 행정기관의 명칭으로 간행한 최초의 중국 농업의 개설서라 할 수 있는데, 중국 농업정책의 내용과 그 평가에 관한 농업부의 공식견해로 파악할 수 있다는 점에서 큰 의미가 있는 문헌이다.

3 생산 책임제 개혁이 시작되던 당시, 가족경영의 두 가지 형태가 거의 동시에 출현했다. 첫째는 호별생산책임제로, 개별농가는 집단소유의 토지를 분배받아 독립적인 경영을 행하지만, 생산대가 모든 생산물을 수합한 후 생산책임을 초과 달성한 개별농가에 대하여 그만큼 추가적으로 배분해주는 제도이다. 둘째는 호별경영책임제인데, 여기에서 생산되는 토지를 개별농가에 분

이러한 생산책임제가 채용됨에 따라 종래의 집단경제조직에서는 농업생산자재의 공급, 기계작업·방제·관개 등 농작업의 조직적 지원 등을 행하는 집단의 통일경영기능이 강조되게 되었다. 그 결과 현재 농촌의 농업경영 체제는 집단의 통일경영기능과 농가의 개별분산경영을 상호결합하는 '쌍층경영' 체제로 불리는 것이다(中國農業部 1995, 292).

형식논리적으로 농가생산청부책임제는 '쌍층경영' 체제의 일부분이라고 할 수 있으나, 농가생산청부책임제의 실시가 집단경제의 기능을 배척하는 것이 아니라 전제하고 있었다고도 해석되고 있다. 이렇게 보면 농가생산청부책임제와 '쌍층경영' 체제는 내용상 완전히 동일한 것으로, 하나의 실체를 서로 다른 각도에서 파악한 것일 뿐이다. 개념적으로 '연산승포'(聯産承包)가 농업생산 책임제의 실시에 강조점을 두는 표현이라면, '쌍층경영'은 농업경영의 주체에 중점을 두는 표현일 뿐이라는 것이 공식적인 해석이다. 물론 실제에 있어 '연산승포'는 농가의 분산경영을 강조하는 뉘앙스가 강한 표현이며, '쌍층경영'이라는 표현에는 집단의 통일경영을 중시하는 경향이 내재해 있는 것도 사실이다(白石和良 1994, 6-7).

필자의 견해로는, '연산승포'라는 개념이 종래의 집단경영방식으로부터의 전환이라는 내용은 잘 표현하고 있지만 인민공사 체제의 해체가 완료된 현재 중국의 농업경영 체제의 여러 가지 측면을 포괄적으로 나타내는 데에는 미흡한 점이 있다고 여겨진다. 현 단계 중국 농업경영 체제의 핵심적 요소가 토지의 소유권과 경영권의 분리에 있다는 점, 그리고 인민공사는 해체되었지만 농촌 집단경제조직의 기능이 완전히 소멸된 것은 아니고 새로운 형태로 재편되고 있다는 점 등을 고려하면, '쌍층경영'이라는

배하고 여기에서 나온 수입은 계약에 따라 국가세수와 집단유보분을 제외한 후 전부 개별농가에 귀속된다. 보다 자세한 내용은 이 책의 제3장 참조.

〈그림 1〉 중국 농업경영 체제 개혁의 기본구도

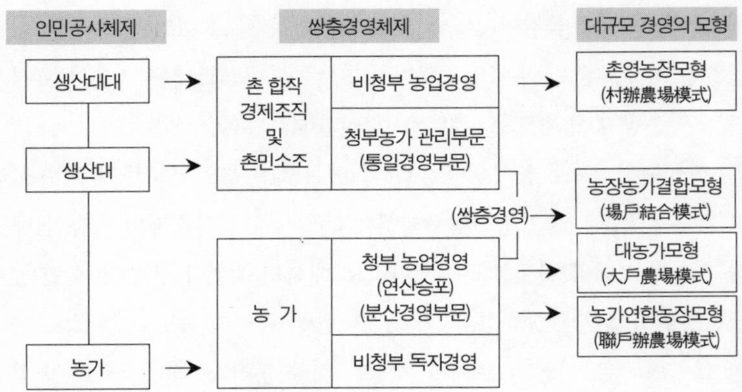

자료: 白石和良(1994), 潘耀國 外(1995)의 서술을 토대로 필자 작성.

용어를 사용함으로써 상당한 장점을 취할 수 있다고 본다(〈그림 1〉 참조).

2) 규모 확대를 위한 다양한 경영형태의 등장

농가가 농지의 청부경영권과 사용권을 획득한 이후 농업경영에는 다음과 같은 과제가 제기되었다. 첫째, 농가가 토지경영에 대하여 안정된 전망을 갖도록 하여 단기적인 시점에서 약탈적 경영활동을 행하는 것을 막으면서 경지가 세분화되는 현상을 효과적으로 억제하는 것이다. 둘째, 농지자원의 효과적인 재분배를 촉진하여 토지 생산성 향상과 농업생산의 안정화를 도모하면서 농지를 지니지 못한 농촌인구도 농지경영의 권리를 획득할 수 있는 방도를 마련하는 것이다. 이에 농가생산청부책임제라는 제도적 기반을 유지하면서 자원배분을 합리화시키는 방안으로 농지사용권의 유동화를 추진하는 것이 중대한 과제로 등장했다.

『중국농업발전보고 '95』는 농지사용권을 유동화시키는 방식으로 '양전제', '적정규모 경영', 농촌의 미(未)이용 황지(荒地) 사용권의 경매 등 크게 세 가지를 제시했다(中國農業部 1995, 229-233).

먼저 '양전제'와 관련하여, '양전'이란 바로 자가소비용 식량을 생산하는 '구량전'(口糧田)과 국가수매 및 시장판매를 위한 '책임전'(責任田)을 의미한다. '구량전'은 자가소비용 식량을 생산하는 곳으로 종래와 같이 가구원 수에 따라 분배하고, '책임전'은 국가수매 및 시장판매를 위한 곳으로 가구원 수, 가구의 노동력 수에 따라 분배하는 것이 보통이다(中國農業部 1995, 230).[4]

'양전제'는 전국적인 차원에서 비교적 신속하게 보급되었으나, 이 제도가 보편적·장기적으로 적용되는 제도라기보다는 과도적·단계적 선택이 될 가능성이 많다. 이 제도는 농지가 희소한 지역에서는 적용되기 어렵고 또 결국은 농지 사용권의 유동화와 집중에 새로운 장애가 될 가능성이 많기 때문이다(綦好東 1998, 20).

한편, 농촌 미이용 황지 사용권의 경매라는 농지자원의 유동화방식도 주로 중부·서부의 경제 미발달 지역, 예컨대 산시(山西), 산시(陝西), 헤이룽장(黑龍江), 윈난(雲南), 후난(湖南) 등지의 구릉지역과 산간지역에 적용되는 방식이라는 점에서 중국 전체 차원에서 보편적 의의를 갖는 것으로 보기는 어렵다(中國農業部 1995, 232).

현 단계 중국 농업의 기본과제가 중국 인구를 부양할 수 있는 식량생산의 확보와 영세소경영체제의 한계를 극복하는 것이라고 할 때, 향후 중국 농업의 구조개혁과 관련하여 '적정규모 경영'[5]으로 칭하여지는 대규모

4 보다 자세한 내용은 이일영(1995, 1997), 문순철(1996) 참조.

5 농가생산청부책임제의 도입으로 중국에는 호당 0.4ha를 경작하는 영세소농체제가 형성되었다. 이에 따라 적정규모의 경영을 육성하는 것이 과제로 등장하는데, 이는 단순히 노동 생산성

경영[6]의 의의는 매우 크다고 할 수 있다.

중국에 있어 대규모 경영은 농지 사용권을 유동화시키는 방식에 따라 여러 가지 방식으로 이루어진다. 1987년 조건이 갖추어진 지역에 대해 농지의 집약적 경영을 계획적으로 실현하도록 모색한다는 방침이 제기되었고, 1992년 이후에는 특히 연해의 경제발달지역과 국무원이 지정한 '농촌개혁실험구'(農村改革實驗區)를 중심으로 농지사용권의 유동화와 대규모경영의 발전을 가속화했다. 장쑤성(江蘇省) 우시시(無錫市), 창수시(常熟市), 우현(吳縣)의 3개 현·시, 산둥성 핑두시, 베이징시 순이현(順義縣), 광둥성 난하이시(南海市) 등이 이의 성과를 나타내는 대표적인 사례이다(中國農業部 1995, 231).

이러한 각지의 '적정규모 경영'이 형성되기 위해서는 농지사용권의 유동화가 선행되어야 했는데 여기에는 여러 가지 방식이 채용되었다. 예컨대 농가가 배분 받은 농지사용권을 집단에 '역청부'시키는 방식, 촌을 넘어 사용권을 청부하는 방식, 농가의 농지 사용권을 주식 소유권으로 전환하는 방식 등이다(中國農業部 1995, 231).

저장성 러칭시(樂淸市)에서는 토지의 유동화를 실현하기 위한 방법으로 토지에 소유권·청부권·사용권 등 3권을 설정했다. 소유권을 지닌 행정촌은 세수를 획득할 수 있다. 농업세는 국세로 중앙정부에 귀속되지만 행정촌에서는 각종비용을 징수할 수 있으며, 이는 모두 소유권에서 발생하는 지대로 이해할 수 있다.[7] 청부권은 청부된 경지를 제3자에게 대여할 때

향상을 통한 도·농 간 균형소득을 실현하는 것뿐만 아니라, 경영규모의 영세화와 겸업화에 따른 토지이용 집약도와 토지 생산성의 저하, 그에 따른 정부 식량수매량의 감소를 막기 위한 것이기도 하다.

6 흔히 '소경영', '대경영'이란 고용노동의 유무를 기준으로 구별되는 개념으로, 중국에서 논의되는 '적정규모 경영'과는 다른 맥락에서 사용되는 것이다. 그러나 '적정규모 경영'에서 노동력 고용이 일반적으로 행해지고 있다고 보이므로, '대규모경영'의 일종으로 파악해도 좋을 것 같다.

의 임대료로 청부자가 취득하는 권리이다. 사용권으로부터 발생하는 가치는 경작자가 얻는 수익이다(日中經濟協會 1997, 83-85).

'적정규모 경영'은 양호한 자연조건, 비농업 취업기회를 제공할 수 있는 향진기업의 발달, 우세한 경제력, 촌 간부의 집약적 경영의식이 갖춰진 연해지구를 중심으로 형성되었는데, 판야오궈 등(潘耀國·崔傳義, 1995)은 그 경영모형을 다음과 같이 크게 네 가지로 유형화했다.

첫째, 장쑤성 우시시 첸차오진(錢橋鎮) 성펑촌(勝豊村)의 촌영농장모형에서는 토지조정을 통하여 책임전을 촌영농장에 집중시켰다. 둘째, 우시시 난시장촌(南西漳村)에서는 농장 통일경영하에서 부분 작업을 농가나 노동력에 청부시키는 농장농가결합 모형을 채택했다. 셋째, 원저우시(溫州市)의 대부분에서 채택되는 방식은 대농가 모형이다. 여기에서는 가정경영을 위주로 하되 농번기에는 임시고를 고용하며, 일부 대규모 농가는 상시고를 고용하기도 한다. 넷째, 산둥성 서우광시(壽光市)의 농가연합농장모형에서는 촌 간부가 적극적으로 나서서 농업 이외 부문에 취업한 겸업농가의 토지를 집중시키고 이를 일부 농가에 재청부했다(〈그림 1〉 참조).

7 농지는 명목적으로 향촌집체의 소유로 행정촌(行政村)의 각종비용이 이 소유권에 대한 지대라는 것은 비교적 분명하게 이해될 수 있다. 한편 농업세는 국가가 농업생산에 종사하고 농업수입을 얻는 단위나 개인에게 징수하는 것으로 중국에서 가장 유구한 역사를 지닌 세종(稅種)의 하나이다(張浩·馬艾德 1991, 56). 이 농업세의 부과 기준이 과거나 현재 모두 농업소득이라고 보기는 어렵다. 따라서 토지소유권의 지대를 향촌의 각종비용과 국가의 농업세로 분할하는 것으로 파악할 수 있다.

3. 사례조사의 개요

미국, 일본 등의 중국 농촌에 대한 조사에서는 대량의 양적·질적 데이터가 수집될 수 있었다. 이들은 중국 측의 연구기관과의 지속적이고도 긴밀한 협력하에 다수의 훈련된 현지조사원을 이용하여 조사했다. 이들의 조사지역이 중국 전역을 망라하고 있으며 또한 광범위한 조사항목을 포괄할 수 있는 것은, 상대적으로 오랜 현지조사의 역사와 풍부한 경험의 축적, 지속적인 연구비의 뒷받침 때문이라고 할 수 있다.

그러나 우리의 경우 중국과 오랫동안 미수교상태에 있었으며 따라서 본격적인 중국 연구의 역사가 시작된 지 얼마 되지 않았다. 그리하여 각 부문에 있어서 미시적 접근은 이제 막 시작되었다고 할 수 있으며, 아직 많은 비용이 사용되는 조사활동을 지속적으로 행할 수 있는 여건을 갖추지는 못했다. 따라서 비교적 적은 비용으로 접근이 가능한 곳을 조사지역으로 선정하여 향후에도 지속적으로 실태 변화의 추이를 관찰할 수 있도록 하는 것이 우리의 실정에 맞는 것으로 판단했다. 아울러 조사지역은 한편으로는 현재의 정책변화와 관련하여 중요한 의미를 가지면서도 다른 한편으로는 정책당국의 전시효과만을 나타냄으로써 중국 농촌의 보편적 상황으로부터 완전히 벗어나 있는 곳도 피해야 했다.

본 연구를 통하여 접근하게 된 농촌마을은 중국 정책당국이 강조하고 있는 적정규모경영을 실행하고 있는 지역 내에 존재하지만 정부의 정책지원이 집중되고 있는 곳은 아니다. 따라서 한편으로는 중앙정부에서 입안된 정책이 기층단위에서 어떻게 실현되는가를, 다른 한편에서는 정부정책으로 제시된 농업경영의 기본구조 안에서 다양하게 변화하는 경영의 자율적 양상을 관찰할 수 있는 장점이 있다고 판단했다.

구체적인 조사지역의 선정은 1996년도 한국농촌경제연구원의 연구과제(사회주의 농업의 체제전환과 북한농업의 전망)를 수행하던 과정에서 이루어졌다. 이 과제를 수행하면서 필자는 4개 마을의 개괄적 현황을 살펴볼 기회를 가졌는데, 본 연구에서의 조사지역에 대한 예비적 고찰이 이를 통해 이루어진 셈이다. 1997년 8월에 다시 이 지역을 방문할 기회가 있어 구체적인 조사계획을 해당 마을의 간부들과 논의했으며 1998년 2월 본격적인 조사가 이루어졌다.

조사는 다음과 같은 3가지 차원에서 이루어졌다. 첫째로는 베이징시 순이현에 대한 조사로 기존에 출간된 문헌이나 통계를 수집하는 방법으로 이루어졌다. 둘째는 해당마을의 전체 동향에 대한 조사로 이는 준비된 조사표를 가지고 마을간부들과 인터뷰하는 방식으로 이루어졌다. 셋째는 마을의 가구들에 대한 기본적인 경영상황 조사이다. 준비된 조사표의 내용을 마을간부 및 유력자들과의 인터뷰를 통해 조사했다. 미비하다고 생각된 점은 마을의 행정자료와의 대조를 통해 보완했다.

4. 베이징시 순이현의 농업경영

베이징시의 기후는 대륙성기후에 속해 여름은 고온다습하고 겨울은 한냉건조하다. 그리하여 1996년 평균기온은 12.7℃, 1월 평균기온 -2.2℃, 7월 평균기온 25.5℃를 기록했다. 1996년 강수량은 700.9㎜로 반건조지역에 해당한다.

베이징시 외곽 동북쪽에 위치한 순이현의 1996년 현재 총면적은 980㎢, 상주인구는 53만 5,000명, 인구밀도는 546명/㎢이고, 현 전체에 16개 진, 11개 향, 426개 행정촌이 있다.[8] 총인구는 55만 7,000명으로 17만 4,000호인데, 그 중 농가가 13만 7,000호, 비농가 3만 7,000호를 차지하고 있다. 전반적인 농가의 겸업화와 비농업의 발전에 따라 향으로부터 진으로의 승격이 잇따르고 있다. 총 경지면적은 4만 8,000ha로 이 중에서 식량 작물 경작에 사용되는 경지는 4만ha이고, 채소경작에는 7,407ha가 이용되었다. 즉, 순이현의 농업은 식량생산을 주로 하면서 베이징시에 채소를 공급하는 역할을 점차 늘려나가고 있다(『北京統計年鑑』 1997).

순이현은 해발 25~45미터의 평원이 95.7%를 점하고 있고, 경지는 극소수 논(水田)도 존재하지만 대부분은 밭으로 구성되어 있다. 순이현은 지표수와 지하수를 이용한 관개시설이 발달한 지역으로 밭에도 대부분 관개가 이루어지고 있다.

토지와 수자원의 손실이 큰 수로식 관개에서 점차 스프링클러를 이용한 방식으로 전환하고 있기 때문에 건지농법(乾地農法)의 제약이 완화되었다. 이에 따라 작부방식은 대형기계의 도입을 계기로 밀과 옥수수의 2모작 체제로 완전히 이행했다. 즉 종래에는 작기의 경합으로 2년3작 또는 간작이 이루어졌으나, 대형 트랙터와 소형 콤바인의 도입에 따라 여름 노동피크기에 적기작업이 가능하게 되고 토지이용도가 향상되었다. 완전한 2모작이 시행된 곳이 1986년 1만 8,000ha에서 1987년 2만 7,000ha, 1988년 3만 2,000ha로 증대되었으며, 1991년에는 곡작용지 전체에 이모작이 실시되게 되었다(田島俊雄 1996, 325).

농업경영제도의 개혁은 1979년 이후 전개되었다. 1979년부터 작업조 단위의 분익소작이라 할 수 있는 '연산승포도조'(聯産承包到組)가 도입되었으며, 1981~83년에 개별노동을 대상으로 생산을 청부하는 제도(聯産承包到勞)로 전환했고, 1984~86년에야 경지를 전면 분할하여 개별농가에 의한 경영을 추진했다.[9]

---

8 베이징의 도시 영역 확대로 순이현은 순이구(區)로 승격되었는데, 조사 당시의 명칭을 따라 이하에서는 순이현으로 표기한다.

9 포도조(包到組, 組단위 청부), 포도로(包到勞, 개인단위 청부)는 보통 포도호(包到戶, 농가단

한편 산업구조 역시 현저하게 변화했다. 1980년대 이전에는 농기구수리공장, 농기구부품공장을 중심으로 약간의 공업이 존재할 뿐이었으나, 1980년대 들어 향진기업이 급속하게 발전했다.[10] 그리하여 1988년에 벌써 순이현 향진기업의 생산액이 15억 위안, 이윤액 3,016만 위안, 종업원 2만 명에 달했다(閻崇年 1991, 11). 1996년에 순이현 향진기업의 기업 수는 1,225개, 종업원 수는 9만 3,000명, 총수입액은 46억 5,000만 위안, 이윤액 2억 1,616만 위안에 이르렀다(『北京統計年鑑』 1997).

순이현의 농촌공업기업의 발전은 농촌의 취업구조를 크게 변화시켰다. 『중국분현농촌경제통계개요(中國分縣農村經濟統計概要) 1990』에 의하면, 1990년 순이현의 농촌 노동력은 20만 6,000명, 농촌공업노동력은 6만 6,000명이었다. 즉 이 시기에 이미 향진공업과 촌 및 촌 이하의 공업기업에서 일하는 노동력이 전체 농촌 노동력의 32%를 차지했던 것이다.

그러나 『97 베이징통계연감(北京統計年鑑)』에 의하면 순이현의 1996년 농촌 노동력은 18만 8,000명, 향진기업 종업원 수는 9만 3,000명으로 나타나 있다. 즉 향·진 단위의 기업만을 포괄하는 향진기업의 종업원이 전체 농촌 노동력의 50%를 차지하고 있는 것이다. 사대기업(社隊企業)이 향진기업으로 전환하기 시작한 후 10년 남짓의 기간 동안 순이현의 향진기업은 노동력의 주요한 취업선으로 자리하게 된 것이다.

이와 같이 농가생산청부책임제가 실시되고 향진기업이 급속하게 발전함에 따라 농업노동력은 향진기업 쪽으로 급속하게 유출되었다. 이와

위 청부) 이전에 등장하는 책임제 형식이다.

10 향진기업은 1984년에 이르러 다음과 같은 여러 가지 형태의 기업을 포괄하는 것으로 새롭게 정의되었다. 첫째, 향영기업(鄉辦企業)과 촌영기업(村辦企業) 등 농촌 행정단위가 운영하는 향촌기업(鄉村企業), 둘째, 농민 간의 협동조합기업(聯戶企業), 셋째, 경영주를 포함하여 종업원 7명 이하의 개인기업(個體企業), 넷째, 각 소유제 간에 출자하여 만들어진 기업(聯營企業)이 바로 그것이다.

관련하여 식량생산에는 다음과 같은 문제가 발생했다(田島俊雄 1996, 325-327).

첫째, 농가생산청부책임제 실시 당시 4만 7,000ha의 경지에 대한 사용권이 12만 호의 농가에 분산됨에 따라 호당 경지면적은 약 0.4ha에 불과하게 되었다. 이와 함께 농가의 겸업화가 진행되면서 농가의 식량생산은 자급생산 이상의 의미는 없게 되었으며, 국가에 대한 수매임무를 달성하기도 어려워졌다.

둘째, 포장(圃場)에서의 작업이 개별화됨에 따라 기존의 대형농기계의 이용이 곤란해졌다. 기계화를 행할 수 없기 때문에 경영면적이 자가노동력 공급의 한계를 넘어서는 경우 고용에 의지할 수밖에 없다.

셋째, 현 및 향진정부는 식량증산을 유도하기 위해 1983년부터 1985년까지 농가에게 비료·기계구입, 대형기계작업, 식량판매장려금 등 보조금을 지급해야 했다(以工補農). 이는 생산비 보상을 위한 마이너스의 지대로 그 액수는 매년 평균 3,000만 위안, 10a당 60위안에 달했다. 그러나 각종 보조금이 농가의 생산과 판매에 미치는 인센티브 효과는 별로 크지 않았다.

이러한 문제를 해결하기 위해 순이현에서는 1984년 2,900호의 식량생산 전업호를 창설했는데, 이들이 현 내 경지의 11.5%인 5,400ha의 경지(호당 1.9ha)를 청부받았다. 그러나 1~2년 내에 경지사용권을 반납하는 농가가 속출하여 1987년에는 2,345호만이 남게 되었다. 이에 현 정부에서는 '개별농가'의 차원에서 '대규모경영'을 발전시키는 것의 한계를 인식하게 되었다.

그리하여 순이현에서는 1986년 당위원회 농촌공작부의 지도하에 '적정규모 경영'의 실험을 개시했다. 당시에는 현 내 433개의 행정촌 중에서 170개 촌이 실험구로 지정되었다. 그 이듬해에는 405개 촌으로 실험을 확대하여 집단농장 설립이 본격화했다(菅沼圭輔 1989, 97).

〈표 1〉 순이현 농업개황

	농촌 노동력 (만 명)	파종면적 (만 ha)	식량생산량 (만 톤)	채소생산량 (만 톤)	과일생산량 (톤)	계란생산량 (톤)	우유생산량 (톤)
1985	22.0	9.9	42.7	12.7	6,174	19,500	1,700
1990	20.6	10.0	55.5	38.2	16,999	33,421	2,055
1995	18.9	9.3	45.1	77.4	35,047	n.a.	n.a.
1996	18.8	9.3	42.7	83.1	26,400	26,748	1,506

자료: 『北京統計年鑑』.

순이현 농업의 집단농장을 통한 규모 확대는 농업의 기계화와 병행하여 이루어졌다. 1986~90년에 스프링클러 관개 및 배수시설 등 농업고정자본투자에 2억 8,000만 위안이 투입되었다. 기경, 정지, 파종은 기계화되었으며, 방제는 비행기로 통일적으로 실시했다. 수확의 경우 기계화가 상대적으로 뒤처진 편이었다. 쟈무스(佳木斯)제 밀 수확기와 소련으로부터 수입된 옥수수 수확기가 보급되었으나, 1990년 단계에도 옥수수 수확면적의 60%는 수작업에 의존하는 상황이었다.

농기계는 기본적으로 촌의 집단소유에 속하여 1984~86년의 개별경영화의 시기에도 기계는 집단소유를 유지했다. 현재의 집단경영은 물론이고 개별경영의 경우에도 기계작업은 촌에 조직된 전업적인 '농기계작업대'(農機隊)에 의한 임작업을 통해 이루어진다. 또 기계장비가 불충분한 경우는 향 차원의 '농기계스테이션'에 작업을 위탁하기도 했다(田島俊雄 1996, 327-328).

1980년대 후반 순이현 농업은 집단농장을 중심으로 한 규모확대를 통하여 농촌 노동력이 감소하는 가운데에서도 파종면적을 유지하면서 식량생산을 증가시킬 수 있었다. 그러나 1990년대 들어와 순이현의 농업생산구조도 새로운 변화의 양상을 나타내고 있다. 1990년대 중반 식량생산은 다시 1980년대 중반 수준으로 감소한 반면 채소와 과일생산량은 계속 증가하여 10년 동안 5~7배 수준으로 증대되고 있다(〈표 1〉 참조).

이는 1990년대 들어 심각하게 나타나는 농공간의 소득격차를 극복하려는 개별농가들의 노력 때문인 것으로 추측된다. 정부차원에서도 1993년경부터 수익성이 높은 농업을 모색하는 경향이 나타나기 시작하여 3~4년의 실천을 거친 끝에 1996년부터 시작되는 제9차 5개년 계획에서는 '농업의 산업화'라는 방침으로 제시되었다(日中經濟協會 1996, 76-79; 日中經濟協會 1998, 1). 순이현에서도 이러한 흐름을 배경으로 식량증산 위주에서 고수익 작물의 증산으로 방향을 전환하고 있는 것으로 여겨진다.

5. L진 C촌의 사례

1) 조사촌의 개황

C촌은 농업 이외의 산업이 발달하고 농외취업기회가 풍부하여 상당수 농촌주민은 농업으로부터 이탈함으로써 대규모 경영이 창출될 수 있는 조건을 갖춘 곳이다. 이에 따라 인접한 다른 마을과 마찬가지로 C촌의 경우에도 당국에 의해 식량생산을 집중적으로 발전시키는 정책이 적용되어 식량생산을 위해 집단농장이 조직되었다.

그러면서도 C촌은 농촌개혁실험구인 순이현 안에서도 당국의 정책의지가 경영에 비교적 덜 작용하며 경제적 논리에 의해 경영변동이 이루어지는 곳이라 할 수 있다. 촌 서기는 상부로부터 개혁실험에 관한 특별한 자금지원이나 정책지도가 현재는 존재하지 않는다고 밝혔다. 또 C촌은 재정수입 확충을 위하여 2명의 외국인(한국인)에게 70무라는 상당히 넓은 면적의 토지경영을 청부했다.

당정조직은 당지부와 촌민위원회, 경제합작사가 있으며 이의 간부로

〈표 2〉 C촌의 취업구성

	전업농	겸업농	비농가경제활동	전 체
가 구 수 (호)	6	8	60	74
평균 가구원수 (명)	3.50	3.63	3.22	3.28
평균 취업자수 (명)	2.17	2.13	1.92	1.96

자료: 필자 작성.

5명이 재직했다. 이밖에 촌의 다른 사업단위는 존재하지 않으며, 기업단위로는 집단농장이 있다. '베이징시 C농장'이 정식 명칭인 이 농장은, 순이현의 다른 지역보다 늦은 1991년에 설립되어 조사 당시 14명의 종업원을 두었다.

C촌 당서기는 당정조직과 경제합작사는 서로 독립된 조직이라고 말하고 있으나, 이는 형식상·원칙상의 이야기일 뿐인 것으로 생각된다. 친인척 관계로 얽혀 있고 서열이 분명한 마을 분위기로 보아 '당-촌민위원회-경제합작사'가 마치 하나의 조직처럼 운영되고 있다고 보는 것이 오히려 사실에 가까운 것으로 보인다. 그러나 경제적 의사결정의 경우 상대적으로 젊고 역동적인 촌민위원회와 경제합작사 간부들이 주도하는 측면도 있다는 점에서, 이러한 관계가 '당-촌민위원회-경제합작사'의 수직적 위계질서를 의미하는 것은 아니라고 할 수 있다.

수리조직은 촌 단위에는 존재하지 않으며, 현에서 통일적으로 운영했다. 이에 따라 C촌에서는 1997년에 물 사용료로 7,000위안을 납부했다. 그리하여 수리시설의 관리는 당연히 현 수리스테이션(水利站)의 소관이나, 수리시설이 촌 구역 내에서 파손된 경우 촌 단위에서 책임지고 수리하도록 했다. 농업기술 관련 조직은 현과 향 단위에서 존재했다. 향진기업의 경우에도 촌내에는 없으나, L진 내에 복장제조공장 3개, 강철제품공장 2개, 화학공장 1개, 전기제품공장 1개, 제사공장 1개가 운영되었다.

1998년 초 현재 C촌의 경지면적은 690무로 수전은 전혀 존재하지 않았다. 촌내에 87호의 가구가 거주했으며, 인구는 286명으로, 그 중 남자가 142명, 여자가 144명이었다. 가구별 취업구성을 살펴보면 〈표 2〉와 같다. 즉 전업적으로 영농에 종사하는 가구가 6호, 가구원 중 일부는 농업경영을 영위하나 일부는 비농업부문에 취업하고 있는 가구가 8호가 있다. 전적으로 비농업부문에 종사하고 있는 가구가 60호, 경제활동을 전혀 행하지 않는 가구가 11호이며, 외국인 농장도 2호 있다.

비경제활동 가구의 가구원 수는 1명 아니면 2명으로 대부분 노인가구이다. 이들을 제외한 C촌 가구의 평균 가구원 수는 3.28명, 취업자 수는 1.96명인데, 농업에 종사하는 가구의 가구원 수, 취업자 수는 평균치를 상회하고 있었다.

2) 농지의 분배·재분배와 집단농장 대경영

C촌에서는 1985년 인민공사가 해체되었으며, 1986년에 농가생산청부책임제가 도입되었다. 다른 곳에서는 일반적으로 농가생산청부책임제가 먼저 도입되고 그 결과로 인민공사가 해체되었으나, C촌의 경우 그 반대의 순서를 밟았다. 즉 농가생산청부책임제가 행정명령에 의해 실시된 것이다. 농지의 분배방식은 인구수 기준(按人口分地)으로 50%, 노동력 기준(按勞動力分地)으로 50%가 이루어졌다. 인구수에 의해 분배된 토지는 구량전으로, 노동력 기준으로 분배된 토지는 책임전으로 분류되었다. 이에 따라 인구 1명당 0.6무, 노동력 1명당 1.0무가 각 농가에 일률적으로 분배되었다. 이때 청부기간은 15년으로 계약되었으며, 농지는 대체로 2군데 정도에 분산되어 있었다.

C촌에서 토지의 재청부(轉包, 轉讓)에 대해서는 상당히 개방적으로 인식되고 있었으나 실제로 그렇게 광범하게 이루어지지는 않고 있었다. 재청부의 동기는 크게 두 가지이다. 첫째, 이곳에서는 토지경영의 수익성이

〈표 3〉 C촌 농가의 호당 경지면적과 그 격차

	전업농	겸업농	합 계
경영면적 (무)	13.92	8.88	11.04
변 동 계 수	1.62	1.05	1.43

주: 변동계수=표준편차/평균.
자료: 필자 작성.

낮은 것으로 인식되고 있기 때문에 가능한 한 농외취업을 시도하는 경향이 있다. 둘째, 사망이나 질병으로 농업경영을 계속하기 어려운 경우이다. 이러한 경우 청부 토지를 촌에 반납하거나 다른 농가에 재청부하게 된다. 개인에 재청부하는 경우에도 특별한 수속이나 계약의 절차는 이루어지지 않고 다만 청부비만 승계하는 방식으로 이루어지고 있었다.

C촌 농가의 호당 경지면적은 11.04무, 즉 1.47ha로 당시 중국 평균치를 크게 상회했다. 그 중에서도 전업농의 경우 호당 경지면적은 13.92무, 1.86 ha에 이른다. 농가 간 경지분배도 흔히 중국에서 행해지는 것처럼 인구나 노동력을 기준 일변도로 행했다기보다는 경영능력을 상당히 중요시하고 있는 것으로 판단되었다. 표준편차를 평균으로 나눈 결과로 나타나는 변동계수는 관찰치 사이의 격차구조를 알 수 있게 해 준다. 호당 경지면적의 변동계수는 1.43에 이르는 것으로 조사되었으며, 특히 전업농의 경우 경지면적의 격차가 더욱 큰 것으로 나타났다(〈표 3〉 참조).

한편 C촌의 경우 집단농장은 앞에서 언급한 바와 같이 1991년에 출현했다. 여기에서는 상급단위에서 식량 전업화(專業化)를 위한 집단농장의 형성을 제의하자 바로 이를 수용하는 형식을 취했다고 한다. 촌 당국은 1986년에 분배된 모든 농지를 1991년에 회수했는데 향진기업의 발전으로 농외취업기회가 확대되어 이러한 조치가 비교적 순조롭게 이루어질 수 있었다고 한다. 이렇게 다시 회수된 농지는 취업기회를 잡지 못한 가구에 대하여 노동력 1인당 2무씩 재분배한 후 모두 집단농장에 귀속시켰다.

집단농장은 C촌 식량생산을 전담하고 있다. 350무의 농지에 밀과 옥수수를 이모작하여 1997년의 경우 밀 32만 8,000근, 옥수수 15만 근을 생산했다.[11] 이밖에 나머지 농지는, 60무는 채소를 심는 농가에, 60무는 과수농가에, 70무는 외국인에게 청부했으며, 임지로 50무, 극빈가구에 대한 무상대여에 20무를 사용하고 있으며, 나머지는 양어장으로 이용하거나 방치하고 있었다.

1997년 초까지 C촌의 집단농장은 현지인 13명의 노동력으로 구성되었는데, 20대 2명, 30대 2명, 40대 8명, 50대가 1명이다. 학력은 초중(初中) 졸업이 대부분이고 고중(高中) 졸업은 없었다.[12] 이 중 4~5명은 트랙터 등 기계작업에 종사하고, 3~4명은 그때그때 필요한 일을 수행하는데, 전체적으로 업무 분장이 명확한 것은 아니었다. 급여는 월 500~700위안 수준이었다.

C촌 집단농장은 대형트랙터 3대, 소형트랙터 2대, 관배수용 동력기 4대, 수확기 2대, 농업용 트럭 1대, 동력분무기 1대를 보유했다. 이는 1991년 당시 농촌신용사(農村信用社)로부터 대출한 자금으로 구입한 것이다. 농가가 집단농장의 트랙터를 사용하여 임작업할 때, 75마력의 경우 8시간 기준 1일당 400위안, 55마력 300위안, 18마력 80위안의 비용을 지불했다.

1997년 집단농장의 총수입은 35만 9,000위안으로, 밀과 옥수수의 판매수입이 32만 위안, 과수원 및 채소밭 청부비 수입이 3만 9,000위안이다. 국가에의 농업세가 2만 1,000위안, 향 정부에 내는 각종 비용이 2만 위안이고, 여기에 농장운영비를 제하면 순수입은 24만 위안 정도가 발생한다. 이 중에서 11만 위안을 농촌신용사에 상환했으며, 집단농장 사원보수로 8

11 한국에서는 1근(斤)이 0.6kg이나 중국에서는 0.5kg이다.

12 중국에서는 흔히 교육수준을 문맹반문맹(文盲半文盲)–소학(小學)–초중(初中)–고중(高中)–대전(大專)으로 파악하고 있다. 이는 무학–초등학교–중학교–고등학교–대학교를 의미한다.

만 위안이 사용되었고, 나머지를 집단에 유보했다.

국가의 1997년 수매가격은 중등품을 기준으로 하여 밀 1근당 0.76위안, 옥수수 1근당 0.56위안이었다. 시장가격은 밀 0.71~0.72위안, 옥수수 0.52~0.53위안으로 국가수매가격을 하회했다. 시장가격이 국가수매가격을 하회하게 된 것은 1994년과 1996년의 대폭적인 계약수매가격 인상 때문이다(日中經濟協會 1998, 71-72). 1995년 이래 풍작으로 인하여 형성된 과잉재고 때문에 국가는 수매물량에 대해 보다 엄격한 품질을 요구하고 있다고 한다. 마을 사람들에 따르면, 국가수매 식량의 경우 수분함량이 밀 12.5%, 옥수수 13.5%이나, 시장유통 식량의 경우 수분함량이 밀과 옥수수 모두 17% 전후에 이른다고 한다.

국가에서 C촌에 하달한 의무수매 물량은 7만 1,000근이었는데, 이 중에서 밀이 70%, 옥수수가 30%의 비중을 차지했다. 그러나 실제로 이루어진 국가수매는 이보다 훨씬 많은 양이었다고 한다. 조사 당시 농민에게는 국가수매가격이 시장가격보다 유리한 것으로 인식되고 있었으며, C촌의 경우에도 1997년 상품량의 80%를 국가에, 나머지 20%를 판매했다고 한다.

C촌 집단농장의 경우 새로운 조직형식의 도입이나 소유권의 명확화에 관련된 논의는 거의 이루어지지 않고 있었다. 일반적으로 베이징시 일대와 같은 선진지역의 경우 새로운 법인형식으로의 재조직화의 시도, 주식합작제의 도입 등 새로운 움직임이 활발하게 진행되고 있는 것으로 알려져 있으나, 이러한 경우는 평균 이상의 시범적인 대규모 농장을 중심으로 나타나고 있는 현상인 것으로 여겨진다.

한편 조사과정에서 주식합작제(股分合作制)를 실험하고 있는 사례도 인터뷰할 수 있었다. 순이현 내에 있는 B진 Z촌의 집단농장의 경우 경지면적 1만 3,893무, 노동력 153명을 포괄하고 있는 대규모경영으로, 1994년부터 촌 내 7개 집단농장 중 6개 농장에서 주식제를 도입하고 있었다. 이들 농장에서는 주로 직위에 따라 1인당 2,000~4,000위안을 출자하여 주식을 배정 받았는데, 당시 이 주식은 매매할 수 없는 것이었다. 조사 당시 농장의 총자산은 집단소유 66만 위안, 개인소유 13만 위안으로 구성되어 있는데, 1995년 1인당 분배액은 출자액의 38%에 이르렀다.

주식합작제를 지지하는 관리자의 경우에는 집단경영의 자금사정이 호전되고 구성원에 인센티브를 부여했다는 점을 장점으로 지적했다. 그러나 이러한 주식제의 도입은 신중하게 추진되고 있었으며, 전반적으로 주식합작제 도입의 평가와 관련하여 관계자들은 매우 조심스런 태도를 나타냈다.

3) 대규모 개별경영의 사례

행정적으로 C촌에 속하지는 않지만 농로 하나를 경계로 마을에 접해 있는 한 축산 농장을, C촌 사람들은 이 일대에서 가장 성공적인 대규모 개별경영의 사례로 인식하고 있었다. 이 농장의 경우 고용노동력에 의존한 기업농으로까지 발전한 사례로 평가할 수 있다.

이 농장은 10명의 노동력을 고용하고 있는데, 1명당 월평균 1,000위안의 임금이 지급되었다. 종사하는 업무에 따른 임금격차도 큰 편이었다. 잡역에 종사하는 경우 월 500~600위안의 임금을 지급받고 있었다. 반면, 둥베이농업대학(東北農業大學) 출신으로 방역을 담당하는 기사에게는 현 소재지에 소재한 주택을 제공하고 월 2,000위안의 높은 임금을 지급했다. 그는 베이징의 도시 호구(戶口)를 가지고 있지 않으나 생활하는 데에는 별 지장이 없다고 했다. 토지는 20무를 촌으로부터 청부받아 사용하고 있는데, 사용료는 모두 연 1만 위안이었다. 농기계로 트럭 2대, 대형 트랙터 2대, 승용차 1대를 개인 소유하고 있었다.

이 농가는 1990년부터 경영을 개시하여 현재 이 일대에서 제일가는 부농으로 성장했는데, 조사 당시에도 소 300두, 돼지 2,000두를 사육하고 있었다. 소의 경우, 네이멍구, 허베이, 허난 등지에서 송아지를 구입하여 3개월 정도 단기 비육한 후 출하했다. 이 때문에 소 사육두수의 변동이 심한 편으로 가장 많을 때는 500두까지 사육했다. 사료로는 값싼 조사료를 이용하고 있는데, 인근 '옌징맥주'(燕京啤酒) 공장에서 나온 술찌꺼기를 사료로 이용하기도 했다. 판매는 소의 경우 개별상인에게 직접 이루어지며, 돼지는 현 인민정부에서 운영하는 도축장에 판매했다.

이 농장의 연간 순이익은 100만 위안에 이를 것으로 추정되었다. 소 1두를 3개월 비육하여 출하할 때 500위안 정도의 순이익이 발생하는데, 한여름에는 사육을 중단한다 하여도 최소한 연간 2회전 사육이 가능하다. 이 농장의 경영주는 이곳의 축사 이외에도 인근 촌에 비슷한 규모의 축사를 더 보유하고 있었다.

베이징시 외곽의 축산경영에 대하여는 당국에서 적극 장려하여, 이 농장의 경우에도 현으로부터 일정의 장려금을 받고 있었다. 그러나 환경오염에 대한 관심은 희박한 편이었다. 이 농장에도 특별한 폐수처리시설은 설치되지 않았으며, 축사가 경지 한가운데 위치하고 있었다. 그리하여 앞으로 이 지역에서 축산이 계속 확대될 경우 환경오염과 경지 감소가 심각한 문제로 등장할 것이 틀림없으나, 이러한 문제에는 모두 별 관심이 없는 것으로 보였다.

촌 당국은 재정수입 확보와 도시부에의 원활한 식료품 공급을 위해 외국인의 청부경영도 허용하고 있었다. C촌에 있는 축산, 양어, 채소재배 등 복합경영을 대규모로 행하는 한 농장의 경우, 한국인 경영주가 노동력을 10명이나 고용했다. 그 중에는 전반적인 관리·감독 업무를 담당하는 40대의 경리(經理)가 1명, 농작업 및 건축작업에 종사하는 20~30대의 청장년 노동력 4명, 주방 일에 종사하는 40대 여성 2명이 있었다. 이들은 모두 지린성(吉林省) 류허(柳河) 통화(通化) 옌지(延吉) 및 허베이, 쓰촨성 등 외지 출신이었다. 이밖에 50대의 경비원 1명, 농사일을 돕는 40대의 여성노동력 2명을 현지 마을에서 고용했다. 월 급여는 경리의 경우 1,000위안, 주방 아줌마 700위안, 나머지는 450~500위안 수준이었다.

이 농장은 26무의 토지를 청부하고 있는데, 1995년 초 향후 30년간을 청부받는 계약을 촌과 체결했다. 토지사용료는 무당 연 200위안으로, 계약 당시 3년분의 사용료를 한꺼번에 납부했으며, 3년 후 다시 2년분의 사용료를 한꺼번에 내고, 5년 후부터는 매년 사용료를 납부하기로 했다. 이밖에 매년 무당 100위안의 수리비를 납부했다. 촌 당국은 외국인의 토지 청부에 대하여 적대감을 가지고 있지 않아서 이 농장의 경영주는 친지에게 다른 토지의 청부를 알선하기도 했다.

이 농장에서는 당초 경제동물, 채소 등 부가가치가 높은 품목의 생산에 주력했다. 먼저 5무의 토지에 주택과 함께 개, 염소, 뱀, 닭 등을 사육하는 축사를 건축했는데, 1995년에 개 600두, 염소 300두, 뱀 5,000마리를 출하했다. 15무에는 사육 동물에게 먹일 옥수수를 파종했는데 주요 작업은 촌의 집체에 위탁했다. 또 5무에는 배추, 무, 상추, 파, 오이, 깻잎 등을 경작했다. 이들 생산물은 경영주가 베이징시 시내에서 경영하고 있는 식당에 공급되거나 그와 연결되어 판매되고 있었다.

이 농장은 1996년 후반부터 축사를 건축하여 본격적으로 소 사육에 착수했는데, 앞서 소개한 축산농장과 유사하게 허베이, 네이멍구로부터 소를 매입하여 3개월 정도 단기 비육하여 출하하는 방식을 취했다. 이렇게 사육된 소는 다른 중개상에 판매하기도 하고, 하루에 1~2마리는 베이징시 시내에 운영하고 있는 식육점에 직접 공급하기도 했다.

1997년 말 현재 축사에는 511두의 황소가 사육 중이었으며, 1997년 한 해 동안 842두를 출하했다고 한다. 필자가 농장을 방문했을 당시에도 농장을 둘러 담장을 쌓은 후 그 담장 안쪽을 따라 구덩이를 파서 사료를 저장하고 숙성시키는 창고로 이용하기 위한 공사를 진행하고 있었다. 이렇게 투자가 계속 되고 있는 관계로 당시까지 수지는 적자상태라고 했다.

4) 마을 내 경영분화의 분석

이와 같이 C촌에서는 집단농장이 식량생산을 담당하면서 개별농가는 식량 이외의 부문에 주력하는 한편 대다수 가구는 비농업부문에 취업하고 있었다. 향진기업의 발달로 비농업취업기회가 풍부하기 때문에 개별경영에 비교적 쉽게 토지집중이 이루어질 수 있는 조건이 마련되었다. 이에 따라 일반 개별농가와는 전혀 규모를 달리 하는 대규모 개별경영의 사례를 관찰할 수 있었다. 이하에서는 이러한 경영분화의 현상과 구조를 촌 전체 차원에서 고찰하기로 한다.

인터뷰를 통해 조사한 호별 자료에 근거하여 C촌의 수입구조와 수입격차를 분석한 것이 〈표 4〉인데 여기에서는 다음과 같은 몇 가지 주목할 만한 사실이 발견되었다.

첫째, 평균 수입은 전업농, 겸업농, 비농가경제활동의 순으로 나타났는데, 이는 농공간 수입격차가 확대되고 있는 중국전체의 현실에 비추어 볼 때 이례적인 현상이었다. 이는 이 지역의 경우 비농업부문의 급속한 발전으로 일부 전업농에게 토지가 집중될 수 있었으며, 전국 또는 시(市) 차원의 식량계획하에서 이 지역에서 생산해야 할 식량부문을 집단농장이 떠받쳐 줌으로써 전업농이 수익성 높은 작목으로 이전해갈 수 있었기 때문인 것으로 판단된다. 즉 향진기업의 광범한 존재와 집단농장의 운영이 개별 전업농가 발전의 기반이 되고 있는 것으로 분석된다.

둘째, 흥미 있는 사실은 전업농 내부의 수입격차가 가장 큰 것으로 조사되었다는 사실이다. 이러한 현상은 앞서 언급한 대규모 개별경영의 사례를 통하여 짐작할 수 있었던 바이다. 결국 C촌은 1991년 토지조정을 통하여 책임전을 촌영농장에 집중시키는 촌영농장모형을 공식적으로 채택하면서도, 상시고, 임시고 등 농업노동자를 고용하는 대규모 농가를 육성·발전시키는 대농가모형을 동시에 추진하고 있는 셈이다. 즉 농가생산청부책임제를 핵심으로 하는 농가의 분산경영과 집단의 통일경영을 상호결합

〈표 4〉 C촌의 수입구조와 수입격차

	총 수 입		농업수입	
	평균 (만 위안)	변동계수	평균 (만 위안)	변동계수
전 업 농	2.45	1.12	2.45	1.12
겸 업 농	2.08	0.28	0.85	0.50
비농가경제활동	1.90	0.81	-	-
전 체	1.96	0.81	1.54	1.24

자료: 필자 작성.

하는 '쌍층경영' 제도가 기본적으로 실시되는 가운데, 집단농장과 개별농가의 대규모경영이 분화되어 나오고 있는 것이다.

셋째, 비농업부문이 수입격차를 완충하는 역할을 수행하고 있다는 점이다. 이는 비농가경제활동의 수입격차가 전업농의 수입격차보다도 작다는 점에서도 짐작할 수 있는 바이지만, 더욱 주목할 것은 겸업농의 수입격차이다. 겸업농의 수입은 매우 고른 것으로 조사되었는데, 여기에도 비농업부문에서의 수입이 일정한 역할을 한 것으로 볼 수 있다. 겸업농 농업수입의 변동계수가 0.50이라 할 때, 총수입의 변동계수를 0.28로 만든 데에는 비농업수입의 작용이 있었음을 의미하는 것이다. 이러한 관찰결과는 향진기업 등 비농업부문의 발전이 농촌 내 격차를 유발하는가 아닌가, 지역격차의 요인이 도시 내 격차인가 농촌 내 격차인가 도농 간 격차인가 하는 문제와 관련하여 시사점을 제공하는 흥미 있는 결과이다.

다음으로는 C촌 농가 중 전업농 6호 전부와 겸업농 8호 중 3호를 임의 추출하여 농업경영 상황을 보다 구체적으로 살펴보기로 하자. C촌 농가의 경영내역을 나타낸 〈표 5〉를 통해 관찰할 수 있는 점은 다음과 같다. 첫째, 가구원 수, 취업자 수와 경지면적은 별 관계가 없다는 사실이다. 이는 토지의 분배가 인구나 노동력 기준보다는 경영능력 위주로 이루어지고 있다는 것을 의미한다. 둘째, 1986년 농가생산청부책임제의 도입 시의 호당 경지면적과 현재의 호당 경지면적 사이에 상당한 변동이 있다는 점, 특히 전

〈표 5〉 C촌 농가의 경영내역

가구 번호	호주 성명	가구원 수 (명)	취업자 수 (명)	총 수입 (천 위안)	농업 수입 (천 위안)	경지 면적 (86년,무)	경지 면적 (97년,무)	농기계 보유 상황	작부구성 및 비농가 경제활동 현황
1	魏新民	4	3	80	80	-	60.0	트럭	사과
2	穆仁義	3	2	10	10	2.4	4.0	수동트랙터	채소
3	穆福全	3	2	13	13	2.0	5.0	수동트랙터	채소
4	張洪亮	3	2	16	16	2.0	7.0	수동트랙터	채소
5	石貴義	4	2	10	10	2.4	3.5	수동트랙터	채소
6	李秋海	4	2	18	18	2.4	4.0	수동트랙터	채소+양돈
7	穆仁勝	4	2	21	15	2.4	25.0	마차	밀+옥수수 +채소 +상업
8	史玉山	3	2	12	5	2.0	1.8	-	채소+자동차운전교원
9	史文成	3	2	13	5	2.0	1.2	-	채소+수리 국직원

자료: 필자 작성.

업농에게 토지를 집중시키는 방향으로 조정이 이루어져 왔다는 점이다. 셋째, 전업농의 경우 한 가지 작목에 전문화하는 경향이 있는 반면, 겸업농의 경우 복합경영의 양상도 보이고 있다는 점이다.

비농가경제활동 상황을 보다 구체적으로 살펴보기 위해 12호를 임의 추출하여 조사한 결과가 〈표 6〉에 요약되어 있다. 이에 따르면 C촌의 비농가경제활동은 크게 세 가지 부문에서 이루어졌다. 첫째는 집단농장·개별 대농가에 농업노동자로 고용되는 경우 , 둘째, 유리공장·철제가구공장·복장공장 등 향진기업의 종업원으로 일하는 경우, 셋째, 상업·운수업 등 자영업에 종사하는 경우 등이다. 많은 자금을 동원하여 택시를 구입하여 운수업에 종사하는 경우를 제외하고 이들 가구의 수입격차는 크지 않은 편이었다.

〈표 6〉 C촌의 비농가경제활동 현황

가구 번호	호 주 성 명	가구원 수 (명)	취업자 수 (명)	총 수입 (천 위안)	취 업 업 종	취 업 처	비 고
1	李海峰	3	2	104	운수업		택시소유
					향진기업종업원	철제가구공장	
2	李 國	3	2	17	상업		일용품 행상
					향진기업종업원	복장공장	
3	史自忠	3	2	13	사영기업종업원		기사
					향진기업종업원	복장공장	
4	韋建軍	5	2	12	상업		일용품 행상
5	馮仁廣	4	1	20	운수업		트럭소유
6	段春生	3	2	14	향진기업종업원	유리공장	
7	史自勇	3	2	11	향진기업종업원	철제가구공장	
						복장공장	
8	穆福海	3	2	12	향진기업종업원	철제가구공장	
						유리공장	
9	穆福華	5	1	6	농업노동자	집단농장	
10	張全亮	3	2	12	농업노동자	외국인농장	
					향진기업종업원	복장공장	
11	張全國	3	2	12	농업노동자	집단농장	
					향진기업종업원	복장공장	
12	張全力	3	2	12	농업노동자	개인과수원	

자료: 필자 작성.

6. 요약 및 결론

이상에서 살펴 본 바와 같이 순이현에서는 1984~86년에 걸쳐 농가생산청부책임제가 도입됨에 따라 집단경영체제가 개별경영화했다. 이와 함께 농촌공업기업이 급속하게 발전했으며 농촌의 비농업취업은 크게 증가했다. 이러한 농업노동력의 유출에 따라 식량생산에 차질이 생기기 시작했다. 그리하여 순이현에서는 1986년 '대규모경영'의 실험을 개시하여 집단농장 설립을 본격화했다.

이러한 가운데 C촌에서는 1986년 농가생산청부책임제가 도입되었으며, 1991년에는 1986년에 분배된 농지를 회수하여 집단농장을 설립했다. C촌은 집단농장에 식량생산을 전담시키는 한편으로 채소, 축산 등 수익성이 높은 부문은 개별농가가 경영하도록 하고 있다. 향진기업의 발달로 개별경영의 토지집중이 비교적 용이하여 다른 농가의 수십 배에 달하는 경지면적을 지닌 개별 대규모경영의 사례가 관찰되었다.

경영분화의 현상과 구조를 촌 전체 차원에서 살펴본 결과, 평균 수입은 전업농, 겸업농, 비농가경제활동의 순으로 나타났으며, 전업농 내부의 수입격차가 가장 큰 것으로 조사되었다.

비농가경제활동의 수입격차가 전업농의 수입격차보다도 작으며, 겸업농의 수입은 가장 고른 것으로 조사되었는데, 여기에도 비농업부문에서의 수입이 일정한 역할을 한 것으로 볼 수 있다.

결론적으로 C촌은 '쌍층경영' 제도가 기본적으로 실시되는 가운데, 집단농장과 개별농가의 대규모경영이 분화되는 과정에 있다. 향진기업의 광범한 존재와 집단농장의 운영은 전업농 및 대규모 개별농가 발전의 조건을 마련해 주고 있다. 전업농 경영이 수입격차를 유발하고 있다면 비농업부문에의 취업이 수입격차를 완충하는 역할을 수행하고 있다는 점도 이 지역의 특징적 현상이다.

개혁 이후 중국 농업은 호당 0.4ha를 경작하는 영세소농체제로 전환했는데, 이로서는 생산성을 향상시킬 수도 없고 도농간 격차의 확대를 막을 수도 없다. 이러한 전망 없는 상황을 탈피하기 위한 노력의 일환이 '농업의 산업화'와 '경영규모의 확대'이다. 이에 1996년 3월 전국인민대표대회에서 제9차 5개년 계획을 채택하면서 '두 가지 전환'(兩個轉變)의 기본방침을 제시하기에 이르렀다. 이는, 첫째, 축산·채소재배 등에서는 농업의 산업화에 의해 고소득 작목으로 전환하고, 둘째, 경종농업에서는 영세소농 위주에서 대규모경영으로 전환하다는 것이다. 이는 양보다는 질로, 양적 생산성

보다는 부가가치 위주의 생산성으로의 중점 전환을 의미하는 것이다(日中經濟協會 1997, 83; 中國社會科學院農村發展硏究所·國家統計局農村社會經濟調査總隊 1998, 60-72).

이러한 흐름 가운데 본 연구에서 조사·분석한 C촌의 '쌍층경영' 체제는 집단농장과 개별농가가 경종농업과 축산·채소재배 등으로 역할을 분담하여 '두 가지 전환'을 시도하는 '적정규모 경영'의 사례를 보여 주고 있다.

제3부

시장화 속의 농산물 유통

제5장

중국의 시장화와 시장구조:

청과물 유통의 사례

1. 문제의 제기

1978년 말 중국공산당의 제11기 3중전회 이후 시작된 개혁의 중심 내용은 '시장화'로 규정될 수 있다. 시장화는 계획경제에서 시장경제로의 이행이라는 경제운용방식의 전환을 의미하는데, 이는 이데올로기와 계획경제를 매개로 국가가 인민을 직접적으로 통제, 관리, 교육하던 체계와 방법, 그리고 인민의 생활방식, 존재 양태 자체의 근본적 변화를 의미하는 것이기도 했다.

중국의 경우 이러한 근본적 변화 과정은 농업의 시장화로부터 시작되었다. 즉 농업경영과 농산물유통에서 가장 먼저 새로운 체제와 규칙을 제정하고 인민들로 하여금 그것을 학습하고 그에 적응하도록 했는데, 그것이 개혁의 시발점이었다.[1] 농산물 중에서도 청과물 부문은 가장 선구적으

1 중국 농업에 있어 중요한 변화는 1978년 말부터 시작되었는데, 첫 번째 변화는 농장조직과 관련된 것이었다. 농가 단위의 책임제가 도입되기 시작했으며, 1984년까지는 경영·행정단위로서의 인민공사가 해체되었다. 동시에 농산물의 수매 및 유통부문에서도 중요한 변화가 이루어졌다. 1979년부터 각종 농산물의 국가수매가격이 크게 인상되고 집무시장(集貿市場, 농촌자

로, 그리고 가장 폭 넓게 시장화가 진전된 경우에 해당한다. 식량, 면화 등 주요 농산물의 경우 1985년 이후에도 국가의 제도적인 유통 개입이 잔존했으나, 청과물의 경우에는 유통이 완전히 자유화되었으며 국유·집단 유통기업도 개인과 동등한 조건에서 경쟁해야 했다. 이하에서는 이러한 청과물 유통의 시장화 과정과 시장구조를 분석함으로써 중국 경제의 시장화의 특징과 유형을 석출하고자 한다.

이와 관련하여 본 연구는 다음과 같은 쟁점을 제기한다. 첫째, 중국의 시장화는 어떤 방식으로 이루어졌는가? 흔히 이야기되는 것처럼 점진적으로, 자생적으로 시장이 형성되고 있는가? 시장화 과정에서 국가는 어떤 역할을 담당했는가? 둘째, 중국의 시장은 단일한 경쟁시장으로 발전하고 있는가? 중국에서 시장은 조직·제도와 배타적인 존재인가? 중국의 시장화·시장구조를 어떻게 유형화할 수 있는가?

이러한 문제의식에 기초하여 본 연구에서는 청과물 유통시장의 하위 요소들에 대한 여러 관찰들을 조합함으로써 중국의 시장구조를 재구성하고 시장화 과정의 특징을 분석하고자 한다.[2]

유통시스템 변화의 패턴을 설명하기 위해서는 초기조건과 경계조건(境界條件)에 주목해야 한다. 초기조건은 개혁이 시작되는 시점에 존재하고 있던 조건이며, 경계조건은 유통시스템의 외적 조건을 의미한다(田村正紀 1989).[3] 경계조건은 중국의 경제개혁 그 자체, 산업구조, 자연적 조건,

---

유시장)이 개방되었으며, 1984~85년 이후 국가수매제도가 대폭 완화되었다.

2 조현준(2002)의 경우 소비재 공산품의 도시 소매유통산업의 특징, 개방의 영향을 유통산업론, 유통관리론, 마케팅론에 입각하여 연구하고 있다. 이와 비교할 때, 본 연구에서의 접근방법은 구체적인 재화의 유통문제를 검토한다는 점에서 보다 미시적이며, 생산자에서 소비자까지의 과정을 고찰한다는 점에서 연구의 시각은 좀 더 거시적이다. 물론 이러한 작업을 통해 시장구조를 제대로 파악하기 위해서는 본 연구에서와 같은 작업이 공산품 소비재, 내구재, 서비스 등 다른 몇 개의 분야에서 반복될 필요가 있다.

3 유통시스템 비교의 방법과 관련해서는, 환경조건을 중시하는 논의(Bartels 1968), 유통시스템

소비구조, 생산구조 등을 들 수 있는데, 이를 모두 검토하는 것은 너무 방대한 과제이므로 여기에서는 청과물의 유통개혁 과정에 한해 다루기로 한다. 초기조건은 개혁이 개시되는 시점의 중국의 유통구조 그 자체, 그리고 그와 밀접하게 관련된 여러 가지 제도적 요인으로 구성된다. 본 연구에서는 농가의 출하·판매단계, 도매단계, 소매단계의 하위시스템에 대해서 검토한다.

또 시장시스템에 영향을 미치는 내생변수로서 특히 독립성·자율성이 큰 변수는 제도 변화를 주도하는 규칙결정자의 행동 패턴과 그에 따른 규칙결정자–거래주체 간 관계인데, 중국의 경우에는 개혁에 있어서의 국가의 역할, 국가–사회관계의 변화로 말할 수 있다. 국가의 국가–사회 패러다임은 개인 또는 집단으로서 인민과 국가기구의 이분법을 제시하고 있다. 즉 국가 또는 국가기구로부터 독립적인 사회적 영역의 등장과 성장 또는 부재로부터 일정한 방향으로의 정치적 변화 또는 불변을 설명하려는 것이다.[4] 유통시스템의 변화를 분석할 경우 개혁의 결과 국가에 예속적인 전체주의적 통일체로서가 아니라 국가기구로부터 독립적이고 분리된 시장 주체가 형성되고 있는지에 대한 시사점을 구할 수 있을 것이다.

그 자체를 중시하는 논의(Boddewyn 1966), 유통과정과 그것을 구성하는 유통 흐름(상류, 물류, 정보류)을 강조하는 논의(Jaffe 1969), 자율성이 큰 내생변수로서의 초기조건(제도)을 강조하는 논의(田村正紀 1989) 등이 있다.

4 농촌에서의 국가–사회관계 분석은 농민과 국가의 대리자로서의 간부라는 미시적 주체를 대상으로 이루어졌다. Shu(1988)는 개혁이 농민의 자율성의 강화와 간부의 약화를 초래했다고 주장하는 반면, Oi(1989)는 농민과 간부간의 후견인–추종자 관계가 더욱 세련된 형태로 재생되었다고 주장했다.

2. 시장화의 전개와 그 특징

1) 시장화의 전개

개혁 전 중국의 농산물유통은 국가계획에 의해 수매와 판매·배급이 관리되는 체제였다. 1953~54년에 식량과 면화부문에 계획수매·계획배급 제도가 도입된 것을 시작으로, 1955~57년에는 부식품에 대해서도 할당수매가 실시됨으로써, 농산물 유통의 국가통제가 일단 완성되었다. 채소, 과일 등 청과물의 경우 2류 농산물로 분류되어 할당수매의 대상이 되었다. 이에 따라 국가가 농민에게 품목과 판매량을 할당하여 수매계약을 맺고,[5] 할당수매량 이외의 것은 자유로이 시장에 출하하도록 했다. 채소의 수매·판매 업무는 국가 상업부문의 전문공사인 '소채공사'(蔬菜公司)에서 수행했다. 농촌에서의 채소 수매는 소채공사의 하부기관인 채소수매스테이션(蔬菜收購站)이 행하거나 말단의 구판매합작사(供銷合作社)에 위탁했으며, 도시에서의 판매는 국영 채소상점(菜店)에서 이루어졌다. 과일의 경우에는 집단 합작조직인 구판매합작사 계통의 '과품공사'(果品公司)에 의해 수매와 판매가 이루어졌다.[6]

중국은 공식적으로 1985년을 기해 채소, 과일, 축산물, 수산물 등 농부산품에 대한 경영 및 가격을 개방하여 계획경제에서 시장경제로의 전환을 시작했다.[7] 채소, 과일의 경우에도 이 시기에 할당수매(派購) 제도가 폐지되

---

5 형식상으로는 '계약'을 체결했으나, 실제로 농민들에게는 의무로 부과되는 것으로 인식되었다.

6 개혁 전의 유통조직은 크게 세 가지로 분류될 수 있다. 양식부 계통은 식량과 식물유(植物油)를 담당했으며, 상업부(국내무역부) 계통은 육류, 가금, 계란, 채소 등 부식품을, 공소합작사 계통은 면화, 마류, 차, 과일 등을 통할했다(張留征 1993, 177).

7 1985년이 부식품 유통체제 개혁에 있어 획기가 된다는 점에는 이론이 없다. 洪濤

〈표 1〉 집무시장의 발전상황

	1978	1985	1990	1995	1997
집시개수 (개)	33,302	61,337	72,579	82,892	92,680
1. 도시		8,013	13,006	19,892	25,371
2. 농촌	33,302	53,324	59,473	63,000	67,309
집시무역거래액 (억 위안)	125.9	632.3	2,168.2	11,590.1	17,424.5
1. 도시		120.7	837.8	6,176.4	9,468.8
2. 농촌	125.9	511.6	1,330.4	5,413.7	7,955.7
ㄴ식량·식물유	20.1	49.6	146.8	904.0	1,360.6
ㄴ 채소류	14.3	48.8	264.2	1,202.8	1,944.6
ㄴ과일류	4.0	25.5	183.5	781.9	1,106.4

자료: 『中國農村統計年鑑 1998』(1998, 208).

고 유통이 완전히 자유화되었다. 할당수매란 농민에게 품목과 판매량을 할당하여 수매하는 것을 의미하는데, 형식은 계약을 맺는 것이었으나 실제로는 계획수매와 같이 강제적인 것이었다. 그러나 1984~85년 이후 채소, 과일, 축산물의 유통에 국유기업 이외에 집단소유제 상업기업이나 개인이 참여하게 됨으로써 생산자에게 판매를 위한 생산의 유인이 제공되었다.

이러한 유통체제 개혁에 따라 도매시장, 집무시장, 각종 소매시장 등 각종 시장이 창출되었다. 집하·출하 면에서 볼 때, 산지에서 자유로운 시장 선택이 이루어지고, 시장에서는 산지를 우회하는 집하 방식이 도입되었으며, 분하 면에서는 매수인의 자유로운 매입이 가능해졌다. 대리판매를 행하는

(2000)는 중국의 채소 생산·유통체제를 1985년 이전의 계획경제 시기, 1985년 이후의 체제변화 시기, 1988-90년 이후의 '채소바구니프로젝트'(菜籃子工程) 실시 시기의 3개 시기로 구분하고 있다. 譚勇向 外(2001)에서는 채소 유통체제의 변화를 1978~84년의 '크게는 관리하고 일부 활성화하는'(大管小活) 단계, 1985-91년의 '계약수매와 청부판매'(訂購包銷) 단계, 1992년 이후의 자유시장유통 단계로 시기구분하고 있으며, 과일 유통의 경우 1949~56년의 다경로 자유경영 단계, 1956~84년까지의 계획관리 단계, 1985년 이후의 자유유통 단계로 구분하고 있다.

위탁판매방식이 출현했으며, 가격은 시장 수급에 기초하여 형성되게 되었다. 관련된 정보는 신문 등 매체에 의해 공개되었다(俞菊生 1997a, 45-46).

개혁과정에서 자유시장, 특히 집시무역시장(集市貿易市場)의 역할이 급속히 증대했으며, 국유상업부문이 담당하던 비중은 줄어들었다. 개혁 이전에는 각 품목별로 국유 전문공사들에 의해 유통이 이루어졌으며, '가까운 곳에서 생산한 것을 가까운 곳에 판매하는 식'의 방침을 실행하여 지역을 넘나드는 거래를 허용되지 않았다. 그러나 1978년 이후 집무시장은 농촌에서 먼저 발전하여 도시로 확산되어 유통개혁을 선도했으며, 또 전국 각지에 집무시장이 분포하게 됨으로써 전국적 유통을 가능하게 하는 시장체계의 기초를 마련했다(〈표 1〉).

한편 시장화가 진전되는 가운데 거시적 조절을 강화하려는 움직임도 나타났다. 1985년 유통개혁 이후 식량과 부식품에서 모두 공급능력 부족과 가격 급등 문제가 발생하자 대도시 위주로 일정 정도의 정부계획관리를 유지하려는 경향이 나타났다. 한편 부식품 공급 부족 문제를 해결하기 위해 중앙정부 주도로 '채소바구니프로젝트'(菜籃子工程)를 실시했다. 여기에는 산지화 추진, 생산구조 조정, 기술진보 촉진 등 생산촉진 정책, 도매·소매시장 건설, 시장법제 정비 등 유통개선 정책, 비축제도, 안정기금제도, 시장조절체계 건설 등 가격안정 정책 등이 포함되었다(譚勇向 外 2001, 303).[8]

8 1988년 중국에는 전국적으로 부식품 부족에 따른 가격 급등과 시장 혼란이 발생했다. 이에 농업부는 생산능력 강화, 공급수준 제고, 수급모순 완화를 위한 대책으로 '채소바구니프로젝트'를 마련하여 국무원의 비준을 얻은 후 전국적 차원에서 거시적 조절을 시도했다. '채소바구니'(菜籃子)란 '부식품 바구니'란 뜻으로, 여기에는 채소, 식육, 계란, 우유, 어류 등이 포함되었는데, 그 중 채소가 가장 중요하게 취급되었다. '채소바구니프로젝트'는 1988년 농업부가 제출한 '부식품의 생산 촉진과 도시지역에의 공급 확보에 관한 정책(채소바구니프로젝트) 건의'로부터 정책용어로 등장했다. 1990년에는 생산 안정의 과제를 보다 분명히 하여 '시장책임제'로 했으며, 1995년에는 부식품 확보 업무를 시장 책임 하에 부시장이 맡도록 확정했다(洪濤 2000, 18-19). 공급능력 부족 문제가 해결된 후, 1995년부터는 채소시장의 불안정과 낮은 유통효율

이러한 유통개혁 과정을 거쳐 채소 및 과일 유통에 있어서도 다음과 같은 커다란 변화가 발생했다. 첫째, 국가의 계획적 수매·판매에서 자유로운 구매·판매로 변화했다. 둘째, 유통기업에 있어 국영상업의 독점체제에서 여러 형태의 유통기업이 경쟁하게 되었다. 셋째, 가격결정방식에 있어 정부가 가격을 결정하던 데에서 시장가격에 의한 결정으로 변화했다. 넷째, 계획적 자원배분 차원의 유통방식에서 도매시장, 집무시장, 각종 소매업에 의한 유통으로 변화했다(洪濤 2000, 15).

중국의 채소 및 과일 유통체계는 집무시장이 기초가 되고 도매시장을 주축으로 하여 상점, 슈퍼마켓, 편의점등의 소매시장이 연결되는 시장체계라고 할 수 있다. 즉 농가-도매시장-소매시장-소비자의 구조를 통해 유통되는데, 개혁과정에서 농가로부터의 출하과정, 도매과정, 소매과정에서의 집무시장의 역할이 상당히 중요했다고 할 수 있다.

한편 유통개혁에 따라 도매시장이 농산물 유통에서 차지하는 지위가 강화되고 있다. 1985년 말 전국 20개 도시에서 60여 개의 도매시장이 설립되었으며 1998년에는 4,234개로 늘어났다. 도매시장 경유율에 대한 체계적인 통계는 존재하지 않지만, 1993년의 경우 전국 평균으로 채소의 약 30%, 과일의 약 40%가 도매시장을 경유하며, 도시의 경우 채소의 58%, 과일의 74%가 도매시장을 경유했다고 한다(譚勇向 外 2001, 307).

문제에 대처하기 위한 제2차 '채소바구니프로젝트'를 개시했다(譚勇向 外 2001, 304). 1988~89년을 발족 단계, 1990~94년을 정책 틀의 확립 단계, 1995년 이후를 전면추진 단계(신단계의 채소바구니프로젝트)로 시기 구분하기도 한다(周應恒 2000, 97-98).

2) 시장화의 특징

이러한 유통개혁과 시장화 과정의 특징으로는 급진성과 비체계성을 지적할 수 있다. 흔히 중국 개혁과정의 특징으로 '점진주의'를 거론하지만, 그것은 곧바로 재산권을 사유화하는 대신 비국유부문을 창설함으로써 이러한 문제를 우회했다는 것을 의미한다. 유통개혁의 속도라는 문제에 국한하여 본다면, 오히려 상당히 '급진적'이었다고 해야 할 것이다.

1980년 경 이후부터 새로운 유통주체로서 농민과 개인상인이 등장하고 있었지만, 그들은 영세하고 미성숙하여 종래의 국유상업부문을 대체할 수 있을 정도의 존재는 아니었다. 이러한 상태에서 1985년에 채소, 과일 등 부식품의 유통은 전면적으로 시장화되었고, 1990년 이전에는 도매시장도 자발적으로 형성되었다. 초기 단계에는 왕성하게 발전하고 있던 집무시장과 국유상업부문의 농산물 집하·분하 시설을 도매시장으로 개조하거나 일부 경우 지방정부 차원에서 도매시장을 새로 개설하기도 했다. 이에 따라 도매시장은 시설은 물론 제도적으로도 취약한 존재였고 많은 경우 소매시장과 분리되지 않은 상태에 있었다. 여기에는 농민, 중개상인, 개인소매상인 등 영세한 거래주체가 주류를 이룸으로써 시장거래는 비효율적일 수밖에 없었다(周應恒 2000, 95-96).

1988년, 1993~95년의 부식품 가격 폭등이 정치사회적 문제로 발전하자 국가는 유통기구 정비와 유통질서 형성을 위한 제도 확립에 나서게 된다. 즉 급진적인 자유화를 실시한 이후 국가는 다시 시장을 정비하기 위한 제도 형성에 나서는 것이다.

국가는 1980년대 말부터 '채소바구니프로젝트'(菜籃子工程)를 추진하면서 그 일환으로 국가가 직접 도매시장 개설에 나서거나 도매시장건설추진자금을 조성했다. 또 주요 소비지와 대형 산지에 전국적 광역유통을 담당하는 '중심도매시장'과 지역유통을 담당하는 '지구도매시장'으로 구성되는 시장체계를 구축한다는 방침을 제시했다. 또 소매시장의 경우에도

1990년부터 그 입지와 건설을 도시개발계획에 넣고 노지시장을 실내시설로 바꾼다든지 거래관리를 강화한다든지 하는 조치를 취하기 시작했다(周應恒 2000, 103-104).

전체적인 과정을 보면, 시장의 설립은 급증했지만, 제도의 정비는 상대적으로 지지부진했다. 시장 개설과 운영에 관한 통일적 기준도 없고 개설 주체가 불분명하며 도매업자도 체계적으로 육성되지 못하고 있다. 일부 지방에서는 시장이 난립하여 과도한 경쟁이 벌어지지만, 전국적으로는 시장 수가 부족하고 분포도 불균형적이다. 유통체계화에 중앙정부가 적극 나서고는 있지만, 부식품 도매시장 건설의 경우 국내무역부에서는 구체적인 방침이 없고 농업부의 경우 계획은 제시하고 있으나 그 계획이 관할 권한을 넘어서기 때문에 추진에 무리가 있다(周應恒 2000, 109-111).

한편 중앙정부 차원에서의 시장제도 형성이 이루어지지 않은 채 시장화가 진행됨에 따라 많은 부분이 지방정부에 의해 결정되었다. 그리하여 유통개혁의 구체적인 정책집행 과정에서는 상당한 정도의 지역별 차이가 존재했다. 예를 들면 베이징의 경우 1988년 들어 바깥 성으로부터의 채소 유입을 허용하고 국유 소채공사에 의한 독점적 유통체제를 폐지했다. 상하이의 경우에는 1991년 11월 채소시장에 대한 "시장개방, 계획개방, 가격개방"을 실시했다(洪濤 2000, 15).

2. 농가의 출하·판매시스템

중국 농가의 청과물 출하·판매 단계에서의 거래주체 구조에 대해서는 공식적인 통계자료가 없기 때문에 전국적 차원에서 파악할 수는 없다. 그러나 여러 가지 사례조사 연구를 통해서 볼 때, 지역별로 매우 다양한 유

〈표 2〉 농가의 출하·판매시스템에서의 경제주체

	대도시	지방중심도시	지방도시
산지인근도시의 수요량	많음	중간	적음
정보량	많음	중간	적음
정보수집의 난이도	용이	중간	곤란
시장대응의 난이도	용이	중간	곤란
출하·판매의 경제주체	농민 상인 (가공기업)	상인 농민	국가기관 집단조직(구판매합작사) 상인

자료: 山中守(1993, 196)를 바탕으로 필자 작성.

형이 존재하고 그러한 다양성이 당분간 유지된다는 의미에서, '다중구조'로 볼 수 있다. 예를 들면 ① 대도시주변의 산지, ② 대도시로부터 떨어져 있으나 특산물이 있는 산지, ③ 지방중핵도시 주변의 산지, ④ 지방도시 주변의 산지 등에서의 농가의 출하·판매시스템은 서로 상이한 형태로 구조화되어 있다. 대도시에서 멀리 떨어질수록 농민이 출하·판매의 주체로 활동하는 적극성은 떨어진다고 할 수 있다(〈표 2〉).

출하·판매의 주체에 따라 유형을 나누어 보면, ① 생산자 농민의 직접적인 시장 출하·판매, ② 국유상업부문 및 그에 준하는 조직에 의한 매입, ③ 개인 상인에 의한 매입·집하, ④ 출하·판매조직의 집하·판매, ⑤ 가공기업의 직접 집하·가공, ⑥ 기타 등으로 나누어볼 수 있다. 그런데 현 단계에서 청과물의 거래주체, 거래관계를 고려한 중국의 농산물 유통시스템 모델은 크게 보아 다음과 같은 세 가지로 제시된 바 있다.

첫째, 중간상인 우위 모델이다. 주둥(祝東 1993), 쉬바이유엔·리룽(徐栢園·李蓉 1995), 농업부농촌경제연구중심농산품도매시장과제조(農業部農村經濟研究中心農產品批發市場課題組 1995)에서는 유통상인이 독점적으로 시장정보를 이용하여 매입가격을 절하함으로써 영세경영농가를 경시·착취하고 있다고 분석한다. 또 미야자끼(宮崎宏 1994)는 베이징시 조사를 토대로 전통적 시장시스템과 본질은 변하지 않았으며 농가는 소비지와 여타 산지의 정보로부터 절연되었다고 주장했다.

상인이 주도적으로 출하를 주도하는 유형은 도시부로부터 멀리 떨어져 있어 농민과 상인의 정보 격차가 존재하고 물류가 용이하지 않은 일반 농업지역에서 주로 관찰된다. 전통적 농촌시장의 특징 안후이성 톈창현(天長縣)의 사례를 통해 살펴보면 다음과 같다(菅沼圭輔 1995).

안후이성 톈창현은 장쑤성 성도인 난징시(南京市)에서 북쪽으로 100㎞ 떨어진 수전 이모작지대에 위치하고 있다. 현 밖으로 출하되는 농산물은 쌀, 밀, 돼지 등으로 곡물의 경우 상당한 비중이 국유식량기업에 판매된다. 그 밖의 농산물은 집무시장을 통해 출하되는데, 상인이 현 내에서 개설일이 다른 집무시장(集市)을 돌면서 농산물을 매집한다. 이때 집무시장은 스키너(W. Skinner)가 말한 농촌시장시스템의 말단에 있는 표준시장(standard market)이라 할 수 있다.[9]

채소나 과일은 거의 현 내에서만 유통되는데, 현지 출신의 상인이 각 표준시장에서 농가로부터 야채를 매입하여, 소비자가 집중된 현도인 톈창진(天長鎭) 등으로 운송하여 소매하거나 다른 소매상에게 전매한다. 현 밖으로 출하되는 곡물과 돼지고기는, 상인이 농가로부터 매입하거나 농가 스스로 운송하여 대규모의 집무시장(秦欄鎮 또는 汊澗鎮)에 집하되고 있다.

둘째, 상인-농가 동위 모델이다. 왕즈강 등(王志剛·甲斐諭 1999)이 조사한 허베이성 가오양현(高陽縣)의 토마토 사례를 통해 볼 때, 정보화와 물류

9 잘 알려진 바와 같이 스키너는 중국 명청(明淸)시대의 시장체계를 정기시장시스템으로 개념화했다. 이 체계에서는 표준시장(standard market)을 기층으로 하여 점차 중간시장읍(intermediate-market town), 중앙시장읍(central-market town), 지방도시(local city), 지역도시(regional city)의 순으로 광역화한다. 표준시장은 2~3개 중간시장읍에 포위되어 있으며, 1개의 중간시장읍 주변에는 6개의 표준시장읍이 배치된다. 표준시장은 교역의 기본단위이자 문화형성의 기본단위이기도 하다.

시스템의 진전된 경우 농민의 교섭력이 현저히 증대하여 거의 동등한 입장에서 거래관계가 형성되고 있다는 것이다.

허베이성 가오양현은 화북평원의 중심지에 위치하여 있으며, 베이징, 톈진(天津), 스자좡(石家庄)과 각각 거의 동일한 거리(120㎞)에 위치하며 인근에 바오딩시(保定市)와 런추시(任丘市)가 위치하고 있다. 이 곳 줘좡촌(佐庄村)의 농가의 출하경로는 크게 보아 ① 지방중매상인에게 판매, ② 현외의 대도시 이출 중매상인에 판매, ③ 스스로 운송하여 가오양현 또는 바오딩시 도매시장에 판매, ④ 현지의 집무시장에서 바로 현지소비자에 판매하는 방식으로 나누어 볼 수 있다. 이 중에서 지방상인에게 판매하거나 현의 도매시장에 판매하는 것이 주된 경로인데 이는 주로 운송에서의 편의 때문이다.

농가와 상인 사이에는 대개 구두계약을 통해 판매가 이루어진다. 일반적으로 상인은 채소 매입 며칠 전에 농가를 방문하여 생산상황, 품질 등을 살펴본 후 계약을 체결하는데, 가격은 인근의 시장상황을 고려하여 교섭에 의해 결정된다. 농가와 상인과의 계약은 기본적으로 지연, 혈연에 기반을 둔 상호신뢰관계에 의해 계속적이고 안정적인 거래관계에 기초해 있다. 이러한 관계는 거래비용과 판매위험을 절감하는 효과를 가진다. 그러나 유통상인이 다수 존재하며, 이에 따라 집하를 위한 상인 간 경쟁이 존재하고, 특정 유통상인이 정보를 독점하기는 어려운 상황이다.

셋째, 가공기업 우위 모델이다. 일부 연구(朴紅 外 2002)에 따르면, 산둥성 칭다오(青島) 지역에는 애그리비즈니스의 유통 장악이 전개되어 가공기업–농민, 가공기업–중간상인–농민, 가공기업–촌민위원회의 3원적 유통구조 또는 거래관계가 형성되었다는 것이다. 이에 의하면, 칭다오 지역 내에서도 이러한 관계가 지역별로 다르게 분포되었다. 공장 소재지에서는 과거 공장이 직영하던 농장을 일부 농가가 계승하여 경영하도록 하고 공장이 독점적으로 집하했다. 중간 지역에서는 일부는 공장이 직접 집하하고 일부는 중간상인을 이용하여 수집했다. 어떤 촌에서는 촌민위원회가 스스로 집하를 조직하여 중간상인처럼 기능하면서 가공기업과 거의 대등한 관계를 이루고 있기도 하다.

그러나 가공기업의 주도 하에 농가-유통상인-가공기업 사이의 거래관계가 정형화되고 있기도 하지만, 그것이 완전히 시장적 관계를 대체한다는 의미는 아니다. 필자의 조사에 의하면, 산둥성 자오둥(膠東) 지역 일원의 경우 '기업+농가', '중개조직+농가', '농가+농가', '전문시장+농가' 등의 방식으로 생산-유통-가공의 계열화가 진전되고 있다. 그러나 이러한 거래관계의 조직화는 시장적 관계에 기초하여 그것을 보완하는 차원에서 이루어지고 있었다.[10]

3. 도매시장 발전의 구조

1) 도매시장의 발전과 그 특징

청과물 유통은 그 상품의 특성 때문에 어느 나라에서나 도매시장에 의

10 이 지역 청과물의 유통에 관계하는 주체는 기업, 중간상인, 농가 등인데, 이들이 거래를 맺는 경로는 크게 세 가지이다. 첫째는 중간상인이 농가로부터 매입하여 산지 도매시장에 판매하는 경우로, 물량의 면에서 보면 가장 큰 비중을 차지한다. 둘째는 중간상인이 농가로부터 매입하여 가공·유통기업에 판매하는 경우, 셋째는 가공·유통기업이 직접 생산을 조직하거나 농가로부터 매입하는 경우가 있다. 가공기업의 적극적인 활동에 따라 청과물 유통이 도매시장 채널을 거치지 않는 경로도 있지만, 이는 도매시장 출하를 보완하거나 그와 병행하여 이루어지는 것이다. 이 책의 제6장을 참조.

존하는 정도가 높고 다단계의 유통구조와 가격형성기능을 갖고 있다. 중국에서도 1978년 이후 집무시장 개설이 대폭 허용되면서 비로소 도매시장이 다시 등장할 수 있는 전제조건이 마련되었다.[11] 그리고 1985년 부식품 부문의 유통 통제가 폐지되면서 중간 상인이 농산물의 집하와 분하를 담당하는 기구, 즉 도매시장이 크게 증가했다(〈표 3〉).

도매시장의 발전은 전체 유통개혁과정과 관련하여 시기별로 구분할 수 있다. 첫째, 도매시장의 부활기(1978~83)이다. 이 시기에는 집무시장 개설이 허용되었지만 유통 통제가 주된 흐름이 이루고 있었다. 자유거래는 역내에서 생산자와 소비자 간의 소매거래에 한정되었으므로 도매시장은 필요하지 않았다. 그러나 1983년 국유상업부문 이외의 상인에 의한 유통을 허용하면서 도매시장의 필요성이 제기되었다. 둘째, 도매시장의 성장기(1984~93)이다. 1984년 최초로 채소 도매시장이 개설되었으며, 1985년 부식품에서의 유통 통제를 철폐함으로써 중간 유통업자가 개입하여 집하·분하를 행하는 유통기구, 즉 도매시장이 급속히 성장했다. 셋째, 도매시장의 체계화와 제도화의 시기(1994~)이다. 도매시장이 농산물유통의 중심적 기구로 자리 잡았으나, 개설과 운영에 관한 통일적인 규칙이 존재하지 않았다. 이에 1994년부터는 국내무역부와 농업부를 중심으로 규칙형성과 제도정비에 주력하게 되었다(周應恒 2000, 120-123).

이렇게 해서 형성된 중국의 도매시장은 크게 보아 집무시장에서 자발적으로 발전한 시장과 정부의 적극적인 개입에 의해 조성된 시장의 두 부

11 중국의 도매시장은 기본적으로 집시무역의 기초 위에 형성된 것이지만, 도매시장(批發市場)과 집무시장(集貿市場)은 다음과 같은 차이가 있다. 첫째, 집무시장은 소매 위주이고 거래량도 소규모이며 교역주체도 개인 위주(생산자·소매상-주민)이나, 도매시장은 복잡한 거래조직이 대규모의 거래를 행한다. 둘째, 집무시장은 보통 거래주체만이 있을 뿐이나 도매시장에는 관리주체가 존재한다.

〈표 3〉 농산물 도매시장의 발전

연도	개수	총거래액 (억 위안)	평균거래규모 (만 위안/시장)
1986	892	28.35	317.8
1987	1,092	50.34	475.1
1988	1,224	70.59	576.7
1989	1,313	95.23	725.3
1990	1,340	115.79	864.1
1991	1,509	153	1,013.9
1992	1,858	224	1,205.6
1993	2,081	347	1,667.5
1994	2,471	682	2,760
1995	3,517	1,422	4,044
1996	3,844	1,906	4,958

자료: 國家工商管理局의 통계; 徐栢園·李蓉(1995: 14), 周應恒(2000: 124)에서 재인용.

문으로 분단되어 있다.

도매시장의 발전을 나타내는 〈표 3〉의 통계에 포함되어 있는 도매시장의 대부분은 기본적으로 집무시장의 기초 위에 자발적으로 형성된 시장이다. 그러나 이러한 대부분의 도매시장은 그 규모가 작은 데다가 영세한 많은 수의 중매인이 시장에 진입함으로써 거래의 생산성과 효율성이 낮은 편이다. 산지로부터의 공급의 계절적 불안정성과 그에 따른 시장가격의 계절적 변동이 많으며, 생산과 거래의 불안정과 가격정보의 분단이 문제점으로 지적되고 있다. 발전된 지역만을 대상으로 하지 않고 전국 평균으로 논의한다면, "소비지가격을 산지에 반영하지 않고 오히려 산지가격을 베이스로 하여 소비지가격을 설정함으로써 중매인이 가격을 지배"하는 문제점이 남아 있다(農產物批發市場課題組 1994, 293).[12]

12 이러한 논의를 연장하면 중국의 도매시장은 전체적으로 아직 분절된 시장구조 하에 있다고도 할 수 있다. 宮崎宏(1994)은 베이징시 조사를 토대로 전통적 시장시스템과 본질은 변하지

중국의 도매시장을 관리·운영 주체에 따라 분류하면, 지방정부가 직접 관리하는 도매시장, 지방정부의 담당 부서가 관리하는 도매시장, 농촌의 집체경영 단위에서 관리하는 도매시장, 여러 회사들이 연합 투자하여 관리하는 도매시장 등으로 나눌 수 있다. 도매시장은 형성방식을 기준으로 한다면, 크게 보아 정부 유관부문이 설립한 '규범화된 도매시장'(規範化的批發市場) 또는 '정부운영 도매시장'(官辦的批發市場), 집무시장을 기초로 하여 정부 유관부문의 지도가 결합되어 되어 형성된 '민간운영 도매시장'(民辦的批發市場) 등 두 가지로 분류할 수 있다.[13]

규모는 작지만 대다수의 도매시장은 집무시장에 기반을 두고 도매시장으로 발전하는 경우라고 할 수 있고, 중요한 생산 및 소비 집산지에서는 지방정부가 시장 설립을 주도하거나 중앙정부 차원의 지도·개입이 중요한 역할을 하는 경우도 있다. 지금까지 국내외에서 가장 많이 알려진 농산물 도매시장은 '산둥 서우광 채소도매시장'(山東壽光蔬菜批發市場), '선전 부지 농산물도매시장'(深圳布吉農產品批發市場), '베이징 다종스 농부산품도매시장'(北京大鐘寺農副產品批發市場) 등인데(徐栢園·李蓉 1995, 13-14), 이들 시장의 설립과 운영에는 중앙과 지방 정부가 여러 가지 수준에서 역할을 수행했다. 이하에서는 사례를 통해 도매시장의 다양한 유형을 고찰한다.

않았으며, 농가는 소비지와 여타 산지의 정보로부터 절연되었다고 주장하기도 한다.

13 정부운영시장과 민간운영시장의 중간적 형태로 정부와 민간경제조직이 공동으로 설립하여 운영하는 '제3부문 시장'도 있다. 또 취급대상 품목에 따라 채소시장, 과일시장, 수산물시장, 식육시장으로 나눌 수도 있다. 유통단계에서의 역할이나 입지를 기준으로 산지시장, 소비지시장, 중계시장으로 구분할 수도 있고, 상권의 범위에 따라 광역시장, 지역시장으로 나눌 수도 있다. 시장의 영향력에 따라 전국도매시장, 지방도매시장으로 분류할 수도 있다.

2) 집무시장에 기반을 둔 민간 도매시장

베이징 신파디(新發地) 도매시장은 베이징시의 남서쪽의 시구와 근교 산지의 접경지역에 위치하고 있다. 북으로는 시내 중심부에 접하고 있으며 남으로는 1만ha 이상의 채소재배지대인 펑타이구(豊台區)와 다싱구(大興區)에 인접하고 있다. 산둥성과 허난성으로 연결되는 고속도로가 가까이 있으며 베이징 시내를 순환하는 제3순환로, 제4순환론와 연결되므로, 신파디 시장은 집하와 분하가 편리하게 이루어질 수 있는 교통의 요충지에 있다고 할 수 있다.

신파디 시장은 개혁이 본격화되기 이전부터 근교 채소산지였던 신파디촌(新發地村)의 일부 토지를 이용하여 산지 채소를 판매하기 위해 설립된 집무시장이었다. 시장 설립 초기에는 촌의 주요 도로변에서 채소를 거래했는데, 장소가 좁고 무질서한 개인 거래가 성행하여 치안·위생 불량, 교통사고 등으로 혼란이 발생했다. 이에 촌민위원회는 수차례 시장을 폐쇄했으나 농가의 반발이 심하여 다시 부활되곤 했다. 그러나 도시지역이 점차 확대됨에 따라 신파디촌은 더 이상 농업을 지속하기가 어려워졌다. 이에 1988년 5월 민간의 자금을 조달하여 15만 위안을 투자하여 도매시장을 창설했다. 이후 시장은 급속히 발전하여 불과 7년이 지난 1995년에는 총투자액이 1000만 위안에 달하고 시장 면적은 6만㎡에 이르렀다.

신파디 시장의 채소 집하는 기본적으로 베이징시 근교 산지에 의존했는데, 입하량의 90% 이상을 근교에서 조달했으며 출하자는 대부분 주변 지역의 농가였다. 특히 인접지인 다싱구로부터의 입하가 많았는데, 노지재배의 비중이 상당히 크기 때문에 생산이 집중되는 계절에는 많은 품목이 집하되지만, 단경기에는 인근 산지로부터의 집하량이 줄고 원격지로부터의 입하가 증대했다. 따라서 가격 변동이 심한 편이었다. 시장에서의 매입자는 개인 소비자, 대량 소비자(군대, 학교 등), 소매업자 등이다. 소매업자의 수는 1992년 이후 급속히 증가했으며, 1990년대 중반에는 총매입량의 80%를 소매업자가 구매할 정도로 압도적인 위치를 차지하게 되었다. 시장 면적은 넓지만 노천거래가 주로 행하여지고 있고 대금 결제는 현금으로 이루어지는 것이 보통이다. 거래가 성립되면 거래액의 1%를 시장 수수료로 출하자가 납부한다.

시장 안에서는 근교 출하자와 원격지 출하자의 가격경쟁이 벌어지기도 하는데, 다수를 차지하는 근교 출하자들이 원격지 출하자들을 배제하기 위해 의식적으로 가격을 낮추는 경우가 있었다고 한다. 이러한 불공정한 가격 형성으로 원격지 거래를 행하는 상인이 손실을 보는 경우가 있는데, 이로써 근교산지의 채소의 거래 비중을 높게 하고 토착 생산자의 이익을 보호하는 효과를 냈다는 것이다(王兢 1997, 38-40).

3) 지방정부가 주도한 도매시장

대표적인 산지 도매시장으로 알려진 서우광 채소도매시장은 지방정부가 주도적으로 설립하여 운영하고 있는 경우이다. 서우광 도매시장은 산둥성 서우광에 위치하고 있는데, 서우광은 화북지방 최대의 채소 주산지의 하나이다. 채소 재배의 적지로 생산의 역사가 긴 서우광시의 채소도매시장은 베이징, 톈진 등 북방의 대도시를 출하선으로 하는 '강북제일가'(江北第一家)로 지칭되었다.

서우광시의 채소 산지 및 도매시장은 다음의 세 단계를 거쳐 발전했다. 제1단계(1983년 이전)는 시내를 향한 산지발전기로서, 생산 책임제의 실시를 계기로 지역 내 소비자를 향하여 생산을 증대했다. 제2단계(1984~87)는 산지 도매시장 발전기이다. 1983년 다른 지역보다 먼저 채소 유통을 자유화하고 1984년 시 당국이 도매시장을 개설함으로써 전국으로 향하는 산지 도매시장으로 발전하게 되었다. 제3단계(1987~)는 집산지시장으로의 발전기이다. 향·진, 촌 등 각 행정수준에서 기술보급 및 연수를 위한 기구를 설치하여 하우스 재배가 보급되었고, 시장에서는 중매전송회사가 설립되었으며, 시 당국과 기업에 의해 각 소비지시장을 연결하는 정보네트워크가 개설되었다(菅沼圭輔, 1995; 徐栢園·李蓉, 1995).

서우광시 채소도매시장의 개설자는 시 정부를 대표하는 시의 공상행정관리국이고 시장의 운영 주체는 시 정부의 공상, 공안, 세무, 회계, 교통, 위생검역, 도시건설 등 전문 부서에서 파견된 대표들로 이루어진 시장관리위원회이다. 실제적인 운영은 이 위원회의 사무국이 맡고 있으며, 공상행정관리국장이 그 책임자이며 시장업무 담당자는 시 공상국의 직원이다. 시장관리기구는 관리감독과 각종 서비스를 제공하며, 거래 자체에는 개입하지 않는다.[14] 유통 주체는 여러 차원의 국유·집단 상업부문의 채소유통기업(소채공사)과 민간의 채소농가협회, 중매전송(轉送)상인, 개인업자 등이 있다.

대규모 산지가 형성되고 도매시장이 전개됨에 따라 전통적인 집무시장 거래시스템은 점차 소멸되었다. 서우광 도매시장은 총 수집량 중 30%를 시내에서 조달하며, 거래량 중 70%는 베이징, 톈진, 네이멍구 등 산둥성 밖의 소비지로 전송된다. 매수자는 주로 산지의 중도매 전송회사이며, 이 중 일부는 국영으로 운영된다. 어떤 회사의 경우 직원 30명, 자본금 1만위안으로 설립되었는데, 계량, 하역, 서비스료 징수 등 업무부문을 갖추고 있다. 또 시장에서 매수하여 소비지까지 전송을 행하는 직원으로 중매전송상인(중매인)과 운전수를 두고 있다. 이들 전송회사 안의 각 부문은 독립적으로 운영되는 경향이 있다(菅沼圭輔 1995; 徐栢園·李蓉 1995).

소비지 도매시장으로 유명한 베이징 다종스 도매시장도 유통개혁 초

14 한편 관리당국은 시장수수료로 매수자로부터 계약체결액의 0.5~1.0%를, 판매자에게는 1%의 시장관리비를 징수하고 있다.

기부터 촌영기업의 형태로 설립된 경우이다. 즉 1985년 도시지역에 대해 부식품 유통의 자유화조치가 시행되자 베이징시 다종스촌에서는 촌영기업의 하나로 1986년 '베이징 다종스 도매시장'(北京大鐘寺批發市場)을 개설했다. 다종스 도매시장은 개설 직후부터 적극적으로 역외 산지를 개척하고 채소 상인 및 대학식당 등 대규모 수요자를 구하는 노력을 벌였는데, 이는 당시 국영 채소유통기업이 독자적으로 도매시장을 개설함에 따라 신규 진입자로서의 대책이 필요했기 때문이다. 1987~90년에 걸쳐서는 시장 거래에 관한 하드웨어 및 소프트웨어에서의 정비가 진전되었다. 거래상인을 위해 음식·숙박시설을 정비하고, 경찰, 세무, 공상행정관리, 금융 등 공공기관의 출장소를 개설했다. 또 시장 운영관리 및 거래 규칙을 제정하고, 전국산지 정보를 제공하며, 시황을 산지로 피드백되도록 했다.

다종스 도매시장의 경영진으로 사장(場長)이 있고 그 아래 경리, 시장통계, 총무, 시장서비스, 정보관리 등 기능부문이 있다. 사장은 또 각 거래장소를 담당하는 부사장(分市場長)이 있고 그 산하에 다시 유사한 운영체계를 갖추고 있다. 주요 간부는 촌의 당조직과 출자를 행한 농공상 기업에서 임명하며, 각 부문과 책임자에 대하여 책임제를 실시하고 있다. 다종스 시장은 촌영기업이므로 이윤의 일부를 행정단위에 상납하고 있다. 시장 거래량 중 베이징, 허베이 등 근거리 출하가 50% 정도를 차지하고 있고, 산둥, 산시, 네이멍구 등 북방 산지에서의 출하가 40% 정도, 나머지는 장쑤, 후베이, 저장 등 남방 산지가 차지했다. 거래에 참가하는 중매상인 중 일부는 베이징의 시장정보를 출신지 농촌에 전파하고 베이징에 출하할 새로운 품목을 보급하는 역할을 수행했다. 중매상인들 사이에서 서로 연합·합병하여 대규모의 법인체를 형성하는 경향이 진전되기도 했다(菅沼圭輔, 1995; 徐栢園·李蓉, 1995).

1994년부터는 다종스 시장을 베이징의 '채소바구니'(菜籃子) 중 정보센터로 기능하게 하기 위한 사업이 시작되었다. 이로써 컴퓨터에 의해 시장관리와 정보관리를 일체화하여 정보의 수집, 가공, 이용을 체계화했다. 또 전화, 팩스 등을 이용한 서비스에서 나아가 '채소바구니' 정보관리 소프트웨어를 제작하고 '채소바구니' 정보홈페이지를 개통했다(北京大鐘寺批發市場信息中心, 1998).

4) 중앙정부가 주도한 도매시장

한편 중앙정부가 설립 초기부터 적극 개입한 경우도 있다. 산둥성 내에서는 유력한 채소 산지 도매시장인 칭다오시 둥좡터우(東庄頭) 채소도매시장은 중앙정부에서 제시한 '채소바구니프로젝트'의 방침을 지방정부가 수용하여 설립된 도매시장이다. 이 곳도 전국 최대 채소 산지시장의 하나로 '제2의 서우광'으로 지칭되고 있으며, 농업부에 의해 '중국향채지향'(中國香菜之鄕)으로 명명된 바 있다.

둥좡터우 도매시장은 1993년에 설립되었는데, 시장의 관리운영 방향을 제시하는 영도소조는 진 정부, 시 재무위원회, 시 공상국, 촌 위원회, 시장관리위원회에 의해 구성되었다. 일상적인 관리업무는 촌 위원회, 노인협회, 공상, 공안, 교통 등 유관기관에서 파견된 대표들로 구성된 시장관리위원회가 담당한다. 시장관리위원회 안에는 시장사무실(辦公室), 교역분규조정실(交易紛糾調解辦公室), 건설과, 관리과, 재무과 등 부서가 있다. 둥좡터우 도매시장은 상인들에 대한 서비스 제공은 물론 주위 지구의 채소생산 제고, 채소 밭 확보에도 주력했다. 품종을 다변화하기 위해 채소연구소를 설립했으며. 시장 주위 20여만 무에 채소재배과학기술시범단지를 건설했다(東庄頭蔬菜批發市場管理委員會, 1998).

중앙정부의 지도에 의해 설립된 소비지 도매시장은 칭다오시 푸순루(撫順路) 채소부식품 도매시장의 사례에서 볼 수 있다. 푸순루 도매시장은 1991년 농업부와 산둥성의 지도로 칭다오시가 '채소바구니프로젝트'을 추진하는 과정에서 설립되었다. 1991년 당시에는 원래 존재하던 창고시설 등을 기초로 시장을 건설했는데, 칭다오시 정부가 1993~98년 사이에 총 9,800만 위안을 투자하여 5만 8,000㎡에 달하는 현대화된 시장 빌딩을 완성했다. 푸순루 도매시장은 전국 26개 성, 300여 개 현·시와 교역하고 있으며, 시장의 고정판매호는 600여 개이고, 1일 평균 채소 유통량은 칭다오시 전체의 2/3 이상을 차지하고 있다.

푸순루 도매시장은 칭다오시 소채부식품총공사(蔬菜副食品總公司)에 소속하며, 칭다오시가 국유상업부문과 함께 관할하는 대형 종합성 채소 도매시장이다. 이는 시설 개조와 함께 현대적 기업제도로 운영체계를 개편함. 1997년 6월 푸순루 도매시장을 핵심기업으로 하는 '푸순루 소채부식품 도매시장 주식회사'(撫順路蔬菜副食品批發市場股分有限公司)를 조직했고, 이 과정에서 1,500만 위안에 달하는 주권을 발행하여 자금을 모집하여 시장설비 개선에 투입한 바 있다(青島市撫順路蔬菜副食品批發市場, 1999).

4. 소매시장 발전의 구조

1) 소매시장의 발전과 그 특징

개혁 전 중국의 소매업의 구조는 1956년에 집중적으로 진행된 사영상업의 '사회주의적 개조'를 통해 완성되었다. 이에 따라 개인·사영 소매상업기구는 1952년 407만 개에서 1957년 41만 3,000개로 감소했으며, 거래액은 168억 6,000위안에서 12억 9,000위안으로 격감했다. 반면, 국영 소매상업기구는 2만 9,000개에서 12만 개로 증가했으며, 거래액은 45억 위안에서 176억 3,000위안으로 늘어났다(〈표 4〉). 이후 국영상업부문은 소매시

〈표 4〉 소매유통의 변동

	국영		집단소유		집시무역		공사합영		개인·사영	
	기구수 (만 개)	거래액 (억 위안)	기구수 (만 개)	거래액 (억 위안)	기구수 (만 개)	거래액 (억 위안)	기구수 (만 개)	거래액 (억 위안)	기구수 (만 개)	거래액 (억 위안)
1952	2.9	45.0	10.1	50.3	-	-	-	-	407.0	168.6
1957	12.0	176.3	123.3	195.8	-	-	18.7	76.0	41.3	12.9
1978	4.9	850.1	89.1	674.4	3.3	125.2	-	-	10.8	2.1
1985	22.9	1740.0	136.2	1600.3	6.1	632.2	0.3	12.7	618.9	661.0
1991	29.0	3783.7	117.6	2868.2	7.5	2622.2	0.2	51.5	777.3	1844.4

자료: 『中國統計年鑑』, 『中國市場統計年鑑』; 俞菊生(1997a, 44)에서 재인용.

장의 중심축이 되었으며 구판매합작사와 같은 집단소유제의 합작상점은 국영상점을 보조하는 기구로 유통에 참가하게 되었다. 집시무역시장은 이러한 사회주의 소매유통의 부족분을 보충하는 기구로 존재했다.

사회주의화 이전부터 존재하던 집시무역시장 형태는 사회주의 혁명 이후 그 역할이 크게 제한되었으나, 개혁·개방 이후 집무시장은 시장유통으로의 전환에 결정적 역할을 수행했다. 즉 종래의 소매유통은 국영·집단소유 소매시장을 경유하여 사람 수에 따라 일정량을 배급하는 일원적 체계였으나, 개혁 이후 집무시장의 등장으로 소매유통경로는 다원화되었다. 상하이의 예를 들면, 신선 식료품의 소매거래량에서 차지하는 집무시장의 비율은 1980년에 채소 11.1%, 수산물 9.8%에서 1991년에는 채소 49.3%, 수산물 57.6%로 크게 증가했다(俞菊生 1997a, 47). 집무시장의 발전은 1990년대에도 계속되었기 때문에 중국의 소매시장에서 집무시장이 핵심적 요소로 자리 잡았다고 할 수 있다.

이렇게 자생적으로 형성된 집무시장이 소매유통의 골간으로 발전하는 가운데, 다른 한편으로 소매전문업태도 빠른 속도로 성장했다. 소매점 수는 1978~92년 사이에 8배로 급증했으며, 특히 개인 상점의 비중은 10.3%에서 85%에 이를 정도로 확대되었다. 한편 1990년대 이후 대도시를 중심으로 대형 백화점의 발전이 빠르게 진행되었다. 1991~95년 사이에 새로이 개설된 백화점 점포 수는 그 이전 40년 동안 개설된 점포 수에 해당하는 것이었다. 또 1992년 이후 중국 정부는 경제특구와 연해개방도시에 외자의 소매업 진출을 허용했다. 또 1990년대에는 슈퍼마켓 등 혁신적인 소매업태의 시장 진입도 활발하게 진행되었다.

이러한 상황에서 중국 정부가 소매유통체제를 정비하고자 나선 것은 1990년대 들어서이다. 단순히 자유로운 시장유통이 형성된 것만으로는 시장경제를 실현하기 어렵고 유통의 근대화가 이루어지지 않으면 다른 산업의 발전에 장애가 된다는 것을 인식하기 시작한 것이다. 이에 따라 체인스토어를 발전시키기 위한 정책으로 국내무역부는 '전국 체인경영 발전계획'(1995. 5), '체인스토어 경영관리 규준안'(1997. 3), '체인스토어 체인경영 경영관리 시행조례'(1997. 11) 등을 공표했다. 또 유통의 정보화를 위해 '전국 상업전자정보기술 개발응용 5개년 계획과 중장기발전 요강'(1994. 11)을 마련했으며, 생산재 유통을 위한 판매대리점 제도를 도입했다.

그러나 이러한 정책은 소매업 전체를 대상으로 이루어진 것은 아니었으며, 대체로 비체계적 방식으로 추진되었다. 체인스토어의 보급은 도시의 국유 소매업과 그와 관련된 도매업의 경영부진을 타개하려는 데 목적이 있었으므로, 소매업의 90% 이상을 차지하는 소규모 개인상점의 경우 정책대상이 아니었다. 또 체인스토어의 추진과 유통의 정보화 정책이 체계적인 연관성을 가진 것은 아니었으며, 정책 제정 과정도 업계나 학계와 협조하여 추진된 흔적은 없다. 또 중앙과 지방정부의 연계성도 부족하여 중앙정부가 지방정부의 외자계 소매기업 인가를 금지하기도 했다(謝憲文 2000, 181-192).

한편 중국의 경우 소규모·영세규모의 소매점 수가 계속 증가하는 추세에 있었고 또 개인상점 경영자의 연령구조도 청장년층 또는 중년층이 중심을 이루고 있다. 백화점, 슈퍼마켓 등 현대적인 소매시장이 급속히 발전하는 한편으로 영세 소매업도 함께 성장하고 있다. 이렇게 볼 때 개혁 이후 중국의 소매시장은 집무시장, 현대화된 소매전문점, 영세한 소매점포 등으로 구성된 다중구조로 형성되었다고 할 수 있다.[15]

2) 도시 소매유통체계의 지역적 다양성

한편 대도시의 경우에도 소매유통체계는 지역마다 다양한 형태로 발전했다. 즉 개혁과정의 선후와 자연조건의 차이 등 여러 요인 때문에 각 지역마다 고유한 소매시장의 특징을 가지게 되었다. 예를 들어 베이징에서는 도매시장과 집무시장을 유통체제의 주요한 요소로 하는 시장모형이 형성되었고, 상하이나 광저우 등 남방 도시에서는 새벽시장과 점포가 결합된 시장모형이 주류를 이루고 있다(馮雷 1996, 215).

베이징의 경우 채소 소매의 형식이 전통적인 국영 채소상점에서 농산물 집무시장으로 전환했으며, 이때 농산물 집무시장에 운집한 것은 개인 상점이었다. 베이징의 채소 유통에 있어서 개인 상인이 발전하고 국유상점이 축소된 이면에는 집무시장을 통한 유통과 점포를 통한 유통이라는 두 가지 경로의 경쟁이 자리 잡고 있었다.

베이징시의 경우 집무시장 유통과 점포유통은 뚜렷하게 다른 두 가지 경로를 구성했다. 첫째, 시장주체의 조직측면에서 집무시장은 점포에 비해 간단한 경우가 많다. 집무시장은 주로 개인상인 형태가 주가 되어 경영

15 이렇게 소매업태에 다중구조가 형성·발전하게 된 데에는 아직까지 중국의 사회경제적 환경이 개인경영자에게 비교적 유리한 측면이 있고, 정부의 정책적 지지, 소비규모의 확대, 시장경쟁의 불충분성이 작용했다고 할 수 있다. 또 도시와 농촌 사이의 격차가 크고 농촌의 비중이 방대하기 때문에 농촌에는 대형 소매업의 인프라가 형성되기 어려운 조건이 있다(謝憲文 2000, 20-26).

활동을 전개하는데, 점포는 기본적으로 기업법인 형태가 주가 되어 경영 활동을 전개했다. 둘째, 집무시장에 포괄된 개인상인보다 점포의 투자규모가 대규모이다. 집무시장에 입장한 수천, 수만의 개인상인의 가판대 비용에 비해 점포 임대료는 몇 십 배에 달하기도 했다.

베이징에서는 점포의 유통비용은 높고 농산물 가격도 높으나 집무시장의 경우 유통비용은 작고 가격 또한 낮은 편이었다. 그리하여 베이징시 채소유통에서는 점진적으로 점포유통의 경로가 도태되고 개인상인이 주가 된 집무시장 채소유통이 크게 발전했다(馮雷 1996, 218-222). 따라서 베이징의 소매유통은 집무시장과 집무시장을 기초로 발전한 도매시장 위주로 진행되었다고 할 수 있다.

한편, 상하이시는 베이징과는 달리 점포를 중심으로 한 소매유통체계가 일정한 영역을 차지하면서 발전했다. 상하이의 경우 도매단계에는 시 당국과 '상해시 소채공사'가 설립한 공설시장, '제3부문 시장', 산지농민의 민영시장이 존재했고, 소매단계에는 집무시장, 국유 및 집단의 '채시장'(菜市場), 각종 민영의 '채시장' 등 다양한 유통경로가 존재했다(俞菊生 1997a, 46-47). 상하이의 경우 유통개혁 초기라 할 수 있는 1988년의 통계를 보면, 전체 소매기구 수가 8만 4,397개에 달하는 가운데, 소매 '채시장'이 871개, 집무시장이 396개로 나타나 있다. 집무시장은 주로 교외에 개설되었고 대규모의 소매 '채시장'은 시내에 노동집약적인 형태로 개설되었다(『上海商業物價統計年鑑』 1988).

즉 개혁과 함께 집무시장이 국영 상점의 소매 영역을 급속히 장악한 베이징과 달리, 상하이에서는 집무시장과 겹치지 않고 독립적인 형태로 발전하는 소매시장의 영역이 일정하게 존재했다고 할 수 있다. 현재 중국의 소매유통은 집무시장과 도매시장의 경로를 통한 것이 압도적인 비중을 차지하고 있지만, 대도시의 경우 소매점포 형태가 유지되고 있는 경우가 많고 이러한 경우 소매점포를 현대화하는 방향으로 국가가 정책적으로 개입·지원하고 있다.

3) 집무시장 중심의 민간 소매유통

상하이에서도 1980년대 중반 유통개혁에 의해 집무시장에 의한 소매유통이 크게 증가했다. 집무시장에서도 역내 근교, 중·원교 산지에 제한하지 않고 역외에서 생산되는 청과물도 취급하고 있다. 집무시장에 공급되는 청과물의 상당 부분은 도매시장을 경유하여 온 것이다. 집무시장 또는 여타 소매점에 청과물을 공급하는 도매시장에는 '상하이시 소채공사'가 개설한 청과물 도매시장과 각종 조직이 출자한 도매시장이 있다.[16] 이러한 점에서 1980년대 중반 이전의 통제적 유통체제를 대체한 것은 집무시장과 도매시장을 양대 축으로 하는 자유시장체제라고 할 수 있다.

집무시장에는 근교나 역내 중·원교 산지에 한하지 않고 역외 산의 농산물도 취급하는 경우가 많아졌다. 집무시장 안의 유통 주체는 생산자가 직접 판매하는 경우와 각종 개인상인이 주류를 형성했다. 상하이시 서부

16 시가지와 교외의 접경지대에 있는 새로운 주택단지에는 주변 향촌의 農副業公司, 생산대 등 농민 생산경제조직이 스스로 소매시장 개설에 나서기도 했다. 이런 지역은 기존의 국유·집단부문 소매시장이 존재하지 않고 집무시장의 개설도 쉽게 이루어지지 않는 곳이다. 국유·집단부문이 경영상 이유로 소매시장 개설에 나서지 않는 경우 시 정부도 이를 지원하게 되었다. 이렇게 해서 집단조직과 정부가 함께 설립한 상해시 제3부문 시장의 유형은, 첫째, 농민경제조직이 독자적으로 자금을 조달하여 경영하는 경우, 둘째, 농민경제조직과 개설지 가도위원회(街道委員會) 양자가 공동 경영하는 경우, 셋째, 다수 또는 복수 회사에 의해 공동 경영하는 경우, 넷째, 국유·집단 시장에 임대형식으로 입장하여 농민이 생산한 채소를 직접 판매하는 경우 등으로 나누어 볼 수 있다(俞菊生 1997a, 50-51). 각종 조직이 설립한 예로, '상하이 차오안시장(曹安市場)'은 창정진(長征鎮)과 푸퉈구(普陀區)가 공동 출자하여 개설한 경우이다. '상하이시 소채공사'의 공설시장은 청과물에 집중했으나, 차오안시장은 청과물과 식량을 동시에 취급했다. 또 농민경제조직 단독으로 개설한 '농민운영도매시장'(農辦批發市場)도 10개 이상 개설되었다(俞菊生·小林宏至·澤田進一 1996, 17-18).

시가지의 신흥주택단지에 소재한 '셴샤농부산물집무시장'(仙霞農副產物集貿市場)의 사례를 통해 볼 때, 소매상인은, 첫째, 스스로 생산한 채소를 판매하는 역내 근교 생산자, 둘째, 수산물, 과일, 일용잡화품을 판매하는 상인으로 시내의 무직자, 셋째, 과채류, 근채류, 육류, 곡물 등을 판매하는 외성(外省)의 농민상인 등으로 구성되었다. 시장의 판매코너는 고정코너와 유동코너로 구분된다. 고정코너를 이용하기 위해서는 공상행정관리기구가 발행하는 영업집조(증명)가 필요했다. 유동코너에서는 근교 농민이 지니고 온 상품을 주로 판매하고 있는데, 새벽시장이나 노상판매 형식으로 판매가 이루어지고 있다.

시장의 운영과 관리를 위해 인력을 채용하여 시장의 치안, 세수, 청소 등 업무를 담당하게 하는데, 이러한 운영·관리 과정을 규제하기 위해 시 공상행정관리국은 〈도시농촌집시무역관리판법〉(城鄉集市貿易管理辦法)을 제정했다. 가격은 기본적으로 수급상황에 의해 결정되는데, 신선하고 품질이 좋은 상품은 국유·집단부문의 소매시장에서보다 높은 가격수준이 형성되기도 했다. 집무시장의 경쟁력이 제고되는 가운데, 국유·집단부문이 운영하는 유통기업의 경영 부진을 겪는 경우가 많아 집무시장을 경유하는 농부산품의 비중은 더욱 증대했다(俞菊生 1997a, 50).

4) 정부 주도의 소매유통체계 현대화

1980년대 중반 유통개혁으로 국유·집단부문의 유통경영은 상대적으로 침체에 빠졌다. 이에 따라 주요 점포망을 가지고 있던 국유·집단상업부문이 1990년대 초 이후 경영개혁에 나서게 되었다. 상하이에서는 1991년 이후 국유·집단의 유통기업의 경영체제 개혁을 통해 기업 소유권과 경영권을 분리한 데 이어 생활수준의 향상과 소비의 다양화에 따라 영업범위의 확대와 서비스 양식의 변혁을 추진했다. 이에 따라 그 이전까지의 시장은 '슈퍼 종합상장(商場)'으로 개조되어 1990년대 초에 700개 이상의 슈퍼마켓이 개설되었다. 또 앞서 개설된 슈퍼마켓을 통합하여 '집단공사'를 창설함으로써 슈퍼마켓을 체인화하는 움직임도 활발하게 전개되었다.

'바셴챠오 채장'(八仙橋菜場)은 국유·집단소유 소매시장을 개조하여 종합슈퍼마켓으로 전환한 전형적인 사례이다. 바셴챠오 채장은 1994년에 영업면적 1,600㎡ 안의 147㎡를 셀프서비스 형태의 슈퍼마켓 형식으로 조성했다. 이렇게 시험적으로 도입한 판매방식이 다수 고객을 유치하게 되자 이 영역을 서서히 확대하여 1995년에는 영업면적 1,200㎡를 슈퍼마켓으로 전환했다. 이러한 성공을 경험하면서 바셴챠오 채장 상부조직인 '바셴챠오 집단공사'는 1994년 '슈퍼마켓 공사'(超市公司)를 설립하여 1995년에는 21개의 점포를 새로이 개설했다. 또 영업 능률을 향상시키기 위해 1,000만 위안을 투입하여 컴퓨터 시스템을 도입하고 집배 센터를 정비하는 한편 일괄 매입과 배송시스템을 구축했다. 이와 함께 바셴챠오 채장은 '바셴챠오 슈퍼마켓'(八仙橋超市)으로 개칭되었다.

바셴챠오 슈퍼마켓의 채소 입하선은, 크게 세 군데이다. 첫째는 상하이시 소채공사에 소속된 도매시장인 '베이스창'(北市場)과 '탕챠오스창'(塘橋市場)인데, 입하 총량의 반 이상을 점하며 보통 30~40개 품목을 취급한다. 둘째는 민간 도매시장에서 매입하는 경우이고, 셋째는 계약재배 산지로부터 직송하거나 수입회사, 가공기업을 통해 입하하는 경우이다. 대부분의 고객은 일반 시민과 레스토랑 등 대규모 수요자이고, 일부는 집무시장의 개인상인에게 판매되기도 했다. 가격은 수급관계에 기초하여 시장에서 결정된다. 처음에는 일정의 판매금액을 목표로 하여 가격을 설정하는 경향이 있었으나, 경쟁의 격화로 '박리다매' 방침으로의 전환하는 경향이 있다(俞菊生 1997a, 48-49).

5. 요약 및 결론

중국은 1985년을 전후로 채소, 과일, 축산물, 수산물 등 농부산품에 대한 경영 및 가격을 개방하여 계획경제에서 시장경제로의 전환을 시작했다. 이렇게 해서 형성된 청과물 유통시스템은 집무시장이 기초가 되고 도매시장을 주축으로 하여 상점, 슈퍼마켓, 편의점 등의 소매시장이 연결되는 시장체계라고 할 수 있다. 유통개혁을 선도한 집무시장은 도소매시장에 걸쳐 있고 보다 현대화된 형태의 도매, 소매시장은 서로 독립하여 전문화되고 있다. 그런데 이러한 시장체계가 형성되는 과정의 특징으로는 급진성과 비체계성을 지적할 수 있다. 국가는 급진적인 유통자유화를 통해 집무시장과 이에 기초한 도매시장을 급속히 창출했으나, 제도의 정비는 상대적으로 지지부진했다. 1990년대 이후 유통체계화에 중앙정부가 적극 나서고는 있지만, 부처 간 협력체계와 중앙–지방 간의 유기적 관계가 마련되는 데에는 상당한 시간이 걸릴 것으로 보인다.

농가의 청과물 출하·판매 단계에서의 거래구조는 지역별로 매우 다양한 유형이 존재하는 '다중구조'라고 할 수 있다. 지역사례조사 결과들을 통해 볼 때, 중간상인 우위 모델, 상인–농가 동위 모델, 가공기업 우위 모델 등이 존재한다. 중국의 도매시장은 크게 보아 집무시장에서 자발적으로 발전한 시장과 정부의 적극적인 개입에 의해 조성된 시장의 두 부문으로 분단되어 있다. 전자는 주로 1985~93년의 도매시장 형성기에 집중적으로 등장한 것이고, 후자는 국가가 시장체계의 정비에 나선 1994년 이후에 발전한 것이다. 소매업의 경우에도 집시무역시장, 소규모·영세규모의 소매점, 백화점·슈퍼마켓 등 현대적인 소매업태가 병존하는 다중구조가 형성되고 있다. 현대적인 소매시장은 1990년대 이후 국가가 소매유통 정비에 나서면서 대도시를 중심으로 발전한 것이다(〈그림 1〉).

즉 중국의 시장구조는, 집무시장과 그에 기초한 도매시장으로 구성되

〈그림 1〉 중국의 청과물 유통체계

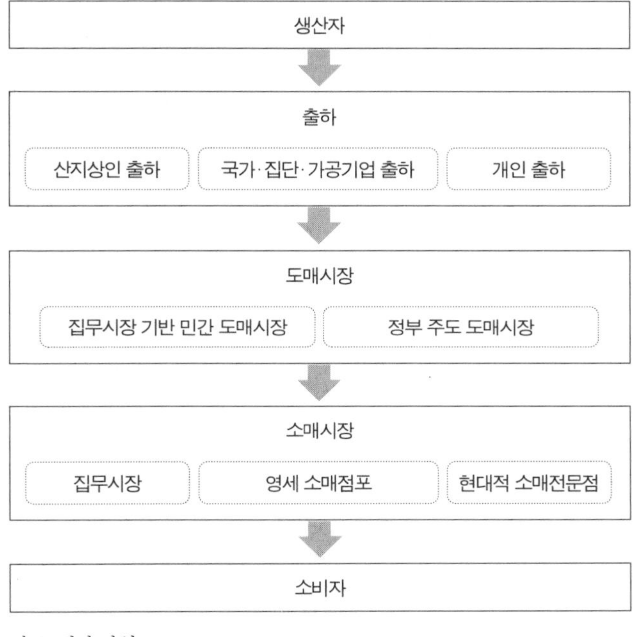

자료: 필자 작성.

는 자유시장체계를 기본으로 하되, 일각에 적극적인 국가 지원에 의해 육성되는 현대화된 도매·소매시장이 존재하는 구조이다. 그러나 집시무역에 기초한 도매시장이나 소규모·영세규모의 소매점 수가 계속 증가하는 추세에 있다는 점에서 현대화된 대규모 시장이 소규모 자유시장을 대체하는 단계에 이른 것은 아니라고 할 수 있다. 또 농가의 출하구조, 도매·소매시장 구조는 지역적으로 다양한 유형을 나타내고 있는데, 대도시 주변의 선진적 모형이 여타 부분을 대체하는 단계에 들어선 것은 아니다.

일본의 경우 1990년대 이후 유통규제를 대폭 완화하는 등 새로운 유통시스템 구축의 움직임을 보이고 있지만, 그 이전까지는 '일본형'이라고 불리던 강고한 유통시스템을 가지고 있었다.[17] 그러면 중국의 유통시스템은 종래의 일본형 시스템과 무엇이 같고 무엇이 다른가?

첫째, 소규모·영세 소매점포 수가 증가하고 있으며, 이들은 부분적으로는 '사회서비스' 기능도 수행하고 있다. 그러나 이들이 제도적으로 보호되고 정치화되고 있는 것은 아니고 자생적으로 발전하고 성장하고 있다. 오히려 국가는 국유부문을 중심으로 현대적 소매시장의 조직을 시도하고 있다. 둘째, 도매단계가 다단계로 되고 긴 유통경로가 형성되며 도매상 수도 많다. 그러나 이 역시 이중구조가 존재하고 있으며 국가가 주도하여 대형화·제도화를 시도하고 있다. 셋째, 제조기업 또는 도매상이 유통계열화를 통해 유통을 지배하는 현상이 등장하고 있다. 그러나 이는 경제가 발달한 일부 지역에서부터 시작되고 있는 현상이다.

요컨대 일본이 일본형 시스템의 제도화·구조화를 거쳐 근대화·자유화의 단계로 이행하고 있다고 한다면, 중국은 개혁 이후 자유화를 통해 시장을 형성하면서 일각에서 국가 주도로 제도화·근대화를 추진하고 있는 셈이다. 다시 말하면, 중국은 초기적인 자유화를 거친 후, 국가부문의 개입에 의해 시장제도를 구축·정비하고 있는 중이다. 이때 중국의 경우 국가가 거래주체들 사이의 규칙을 사후적으로 변경하는 일이 빈번하게 일어나고 있다는 점에서 영미형과는 확연히 구분되는 특징을 가지고 있다. 또 중국의 국가는 입법·행정의 통합도가 높고 부문 간 분획의 정도가 높지만, 정책결

17 1970년대 이래로 서구의 주요 잡지와 미국 의회, 미국 상공회의소 등에서 내놓은 각종 보고서에서는 일본 유통시스템의 특질을 소매단계, 도매단계, 거래관계의 세 가지 영역에서 논의했다. 이에 따르면, 일본에는 영세한 소매점포가 과다하게 존재하고 있고 이들의 정치운동은 정부를 움직여 보호정책을 설계하도록 했다. 소매상이 많아질수록 도매상 수도 많아지고 이에 따라 도매단계가 다단계적으로 형성되어 있으며 이는 거래비용을 증가시켜 소매가격을 인상시킨다. 또 일본에서의 거래조건은 매우 다양하며 이는 일회적 거래보다는 장기적이고 유사조직적인 거래관계를 형성하고 그로 인해 외국기업에는 진입장벽을 이루고 있었다고 한다(田村正紀 1986, 12-21).

정과정의 투명성이나 민간의 참여도는 일본형에 비해 낮은 편이다.[18]

개혁 이후 유통시장 내에서는, 거래자의 자율성이 강화된 '소규모 자유시장'과 국가와 거래자간에 후견인-추종자 관계가 새롭게 형성되는 '대규모 제도시장'이 분단되어 각각 발전해왔다. 한편 중국의 WTO 가입으로 중국의 유통시장의 개방이 확대됨으로써, 외자를 중심으로 한 '대규모 자유시장'도 시장화의 한 축을 담당하게 되었다. 이러한 중국 시장의 '삼중구조'는, 발전단계가 낮은, 그래서 더욱 압축적인 동아시아 모델의 새로운 특징을 보여 준다.

18 영미형 국가에서는 입법부에 의해 사전적으로 규칙이 설정되는데, 일본형에서는 부처 간, 부처-민간 관계에 의존하여 사후적인 규칙 변경이 이루어진다.

제6장

중국 농산물 유통 시스템의 변화:
자오둥 지역 청과물의 사례

1. 문제의 제기

흔히 중국 경제의 개혁·개방은 '시장화' 과정으로 인식되고 있다. 개혁·개방 이후 중국에서 최종적 자원배분과 관련하여 시장의 규모가 확대되었으며, 또 계획경제의 비중보다 시장경제의 비중이 증대되었다는 점은 명백한 사실이다. 확실히, 유령이 지금 중국을 배회하고 있다(A spectre is haunting China)—공산주의 대신 시장이라는 유령이.

그러나 이와 같이 중국의 개혁과정을 '시장화'로 표현하더라도 그 함의가 모두 동일한 것은 아니다. 중국 외부에서는 중국의 경제개혁을 '시장 메커니즘의 승리', 또는 '이데올로기의 종언'을 나타내는 표상으로 평가하기도 한다. 그러나 지금까지 중국 정부는 법률상으로 사유제를 개혁의 최종 목표로 설정하지 않고 있으며, 또 현실적으로 사영기업이 농촌의 향진기업과 도시의 국유기업을 급속히, 그리고 완전히 대체할 수 있을 것 같지도 않다.

이하에서의 관심은 중국에서 '시장'이 여타의 '제도'를 구축하는 방향으로 작용하고 있는가 하는 것이다. 과연 중국에서는 일물일가(一物一價), 경쟁균형, 정합적(整合的) 유인체계, 자원의 최적이용이 달성되는 '시장'이 등장하고 있는 것인가?

중국에서도 농촌부문은 그간 가장 극적인 변화가 일어난 곳이다. 흔히 중국 경제개혁 과정을 '점진주의'로 성격을 규정하지만, 농업부문은 그 예외라고 하지 않을 수 없다. 농업부문의 변화는 농장내 관계의 변화, 농장 간 또는 농장–국가 간 관계의 변화의 두 가지로 구분하여 볼 수 있다. 그리하여 여기에서는 '시장'의 모습이 가장 뚜렷이 관찰되는 유통부문에서의 시스템 변화를 관찰하고 분석함으로써 '시장'에 대하여 보다 구체적으로 이해하는 데 기여하고자 한다.

이 연구에서 정보경제학과 제도경제학에서의 논의와 관련하여 중국의 농산물 유통시장을 고찰하면서 제기하는 쟁점은 다음과 같다. 중국의 농산물시장의 거래주체 간에 정보의 비대칭성이 현저한가 아닌가? 급속하게 시장 시스템으로 대체되고 있는 중국의 농산물 유통시장은 경쟁시장인가 아닌가? 농산물유통에서 시장은 조직·제도를 몰아내고 일원적·전일적 지배력을 확립하는 방향으로 발전하고 있는가? 본 연구에서는 청과물이라는 품목을 중심으로 산둥성 자오둥 지역 일원의 청과물시장의 사례를 현지 조사함으로써, 이런 문제들에 대해 보다 구체적으로 인식할 수 있는 기초를 마련하고자 한다.[1]

이 연구에서는 시장 그 자체, 또는 시장기능을 지지하는 법제도적 틀, 비가격적 대응에 의한 거래 메커니즘을 모두 포함하는 유통시스템을 조사·분석대상으로 삼는다. 이에 따라 사례조사를 통해 농산물 유통의 시장화와 농업의 산업화 과정 속에서 형성되고 있는 시장조직, 유통채널에 대해 고찰한다. 또 유통시장 성립의 요소로서의 거래주체, 거래관계, 거래규칙

1 이러한 문제제기는 보통 정보문제, 거래비용 문제 때문에 시장이 완전하지 않을 수 있다는 논의에 기초한 것이다(Akerlof 1984; Stiglitz 1988).

에도 주목하는데, 도매시장, 소매시장과 같이 구성원이 명확한 조직적 제도뿐만 아니라 농가와 상인 간에 형성되고 있는 자생적 제도에도 관심을 기울인다.

필자가 조사한 사례에 따르면, 정보 격차에 따른 비정상이윤은 크지 않았지만, 그렇다고 해서 중국의 시장을 완전경쟁적 시장의 완전한 세트(complete set of perfect markets)로 보기도 어렵다.[2] 이 지역의 청과물 시장은 가공기업, 중간상인, 농민 등 거래주체들 사이에 직접교섭과 중개 등 여러 가지 거래관계가 병존하는 이중적·다중적 시장이라고 할 수 있다.

2. 조사 개요 및 조사지 개황

이 연구를 위한 사례조사는 2000년 7월과 2002년 8월 두 차례 이루어졌다. 먼저 채소·과일류 중에서도 특히 사과, 배, 고추의 유통구조를 구체적으로 파악하기 위해 2000년 7월 산둥반도의 자오둥(膠東) 지역 일원의 시장체계를 조사했다. 그리고 이후의 상황 변화와 농업산업화에 따른 거래주체들 사이의 거래 관계의 구체적 현황을 관찰하기 위해 2002년 8월 핑두시의 가공·유통기업, 중간상인, 농가 등을 조사했다.

산둥성은 중국 동부 연해, 황하 하류에 위치하고 있으며 산둥반도와 내륙 양 부분으로 구성되어 있다. 산둥성 중부지역은 해발이 비교적 높은

2 '완전경쟁'이란 완전한 가격정보, 다수의 시장참가자, 자유로운 진입과 퇴출, 거래비용이 제로일 것 등을 의미한다. 또 '완전한 세트'란 서로 다른 시점 사이의 거래와 불확실성하의 모든 사태에 대처할 수 있는 청구권의 거래를 포함한 '시장'이 존재한다는 것을 의미한다(米倉等 編 1995, 5).

'루중난'(魯中南)의 산지구릉지역으로 린이시(臨沂市), 자오좡(棗庄市), 쯔보시(淄博市), 타이안시(泰安市)의 대부분, 지난시(濟南市) 남동부, 웨이팡시(濰坊市) 남서부를 포함하고 있다. 동부는 칭다오시, 옌타이시(煙台市), 웨이하이시(威海市)를 포함하는 산둥반도 부분으로 '자오둥' 구릉지역에 속한다. 자오라이(膠萊)평원은 '루중난'지역과 자오둥지역 사이에 위치한 지역으로 웨이팡시 대부분과 칭다오시 북서부를 포함한다. 루시난(魯西南)-루시베이(魯西北)평원은 자오라이평원과 인접하는 황하 하류의 충적 평원으로 화북평원의 일부를 구성하는데 허저(荷澤), 랴오청(聊城), 더저우(德州), 빈저우(濱州), 지닝(濟寧) 등과 타이안 일부가 포함된다.[3]

산둥반도의 자오둥 지역의 경우 일부 산지를 제외하고는 대부분이 해발 200~300m의 파상 구릉지대로 농업에 유리한 온난하고 습윤한 기후를 나타내고 있다. 이 지역은 전국적 광역유통망에 편입되어 비교적 양호한 정보전달체계와 운송조건을 갖추고 있다. 또 3면이 바다로 둘러 싸여 있어서 일본, 한국, 동남아 등지와의 무역과 외국인 직접투자가 활발하게 전개되고 있다.

한편 산둥성은 농업산업화가 활발하게 추진되고 있는 지역이다. 중국정부는 농업 산출은 늘어나더라도 농민 수입은 증가하지 않는 상황(增産不增收)을 타개하기 위하여 양보다는 질로, 양적 생산성보다는 부가가치 위주의 생산성으로 전환하는 노력을 기울이고 있다. 이러한 정책 방향에 따라 농업산업화가 추진되었는데, 산둥성은 이러한 농업산업화의 선구적이

3 국무원의 지시에 따라 진행된 농업구획 분획에 의하면, 산둥성은 8개 1급구, 30개 2급구로 나누어진다. 1급구인 자오둥 농림어구(農林漁區)는 펑룽라이(蓬龍萊) 양우어구(糧油漁區), 푸라이(福萊) 양유림구(糧油林區), 원룽뭐(文榮牟) 양림어구(糧林漁區), 칭다오 양채림어구(糧菜林漁區), 르자오자오난(日照膠南) 양유림어구(糧油林漁區)의 5개 2급구를 포괄하고 있다(『中國農業全書-山東卷』 1994, 147-150).

고 중심적인 역할을 수행했다.[4]

3. 청과물의 시장화와 산업화

1) 청과물 유통개혁의 전개

중국은 공식적으로 1985년을 기하여 채소, 과일 등 농부산품에 대한 경영 및 가격을 개방하여 계획경제에서 시장경제로의 전환을 시작했다. 시장화 개혁에 따라, 채소 및 과일 유통에 있어서, 국가의 계획적 수매·판매에서 자유로운 구매·판매로, 국영상업의 독점체제에서 여러 형태의 유통기업의 경쟁체제로, 정부가 가격을 결정하던 데에서 시장가격에 의한 결정으로, 계획적 자원배분 차원의 유통방식에서 도매시장, 집무시장, 각종 소매업에 의한 유통으로 변화했다(洪濤 2002, 15).

1980년대 중반의 시장개방에 따라 도매시장이 농산물 유통에서 차지하는 지위가 크게 강화되었다. 1985년 말 전국 20개 도시에서 60여 개의 도매시장이 설립되었으며 1998년에는 4,234개로 늘어났다. 도매시장 경

4 농업산업화는 1990년대 중반 이후 중국 농업정책의 중요한 지주가 되었다. 농업산업화의 최초의 움직임은 1987년 산둥성 주청시(諸城市)에서 시작되었다. 1990년 초 주청시에서 '생산에 판매를 더하는(産加銷) 일체화' 체제 조직을 결정했으며, 서우광시에서도 같은 슬로건으로 야채를 중심으로 전업단지를 형성했다. 1993년 4월 웨이팡시(濰坊市)의 현에서 행한 조사를 산둥성 전역에 통달했으며, 8월에는 이 결과가 농민일보 보도로 전국에 전파되었다. 1996년 3월 전국인민대회에서 승인한 '9·5계획과 2010년까지의 장기계획'에 농업산업화가 포함되었으며, 1998년 10월 중국공산당 제15기 3중전회에서 농업산업화를 농업정책의 지주로 삼을 것을 결의하기에 이르렀다(小島麗逸 1999, 55-58).

유율에 대한 정확한 통계는 존재하지 않지만, 1993년의 경우 전국 평균으로 채소의 약 30%, 과일의 약 40%가 도매시장을 경유하며, 도시의 경우 채소의 58%, 과일의 74%가 도매시장을 경유했다고 한다(譚勇向 外 2001, 307). 과일의 경우 일찍부터 생산-유통의 일체화(產銷一體化)가 시도되었다. 이 경우 농가는 생산을 담당하고 기업이 수매와 판매를 담당하는 것이다(譚勇向 外 2001, 258).

그러나 유통개혁의 구체적인 정책집행 과정에서는 상당한 정도의 지역별 차이가 존재했다. 예를 들면 베이징의 경우 1988년 들어 바깥 성(外省)으로부터의 채소 유입을 허용하고 국유 소채공사에 의한 독점적 유통체제를 폐지했다. 상하이의 경우에는 1991년 11월 채소시장에 대한 "시장개방, 계획개방, 가격개방"을 실시했다(洪濤 2000, 15).

산둥성의 경우 채소, 과일의 시장화가 급진전된 것은 1980년대 중반이다. 1979년부터 국가는 농부산품에 대해 계획수매(統購, 派購)와 협의수매(議購)의 두 가지 형식으로 수매를 행했다. 1980년부터 협의수매·협의판매를 확대하기로 결의하여, 과일의 경우 1983년에는 사과, 대추를 제외한 전 품목에 이를 적용했다. 1984년에는 이전의 수매정책을 조정하여 모든 과일에 대해 유통을 개방했으며 중점 도시(지난, 칭다오, 쯔보, 자오좡)에 6개의 과일도매시장을 건립했다(『中國農業全書-山東卷』 1994, 356). 채소의 경우에도 1979년 이후 시장화 개혁이 진행되어 1985년에 이르러 채소시장과 채소가격에 대한 당국의 통제가 대폭 완화되었다.[5]

그러나 시장화가 진전되는 가운데 거시적 조절을 강화하려는 움직임도 나타났다. 채소의 경우 유통개혁과 함께 공급능력 부족과 가격 급등 문

5 산둥성의 채소 유통량 중에서 국유상업에 의한 수매 비율은 1961년 80% 전후, 1965년 65% 수준에서 1985년에는 22% 수준으로 감소했다(『中國農業全書-山東卷』 1994, 359).

제가 발생하자 대도시 위주로 일정 정도의 정부계획관리를 유지하는 한편, 공급 부족 문제를 해결하기 위해 중앙정부 주도로 '채소바구니프로젝트'를 실시했다. 여기에는 산지화 추진, 생산구조 조정, 기술진보 촉진 등 생산촉진 정책, 도매·소매시장 건설, 시장법제 정비 등 유통개선 정책, 비축제도, 안정기금제도, 시장조절체계 건설 등 가격안정 정책 등이 포함되었다(譚勇向 外 2001, 303).[6]

산둥성에서도 근교 농촌의 농지전용에 따른 채소공급 감소에 대응하여 경작면적을 안정시키는 것이 중요한 과제가 되었다. 이를 위해 도시 근교에서는 종전과 같이 채소재배를 위주로 하도록 하고, 정부의 채소기지에 대해서는 총면적은 지령성 계획을, 품종은 지도성 계획을 하달했다. 과일의 경우 재배면적은 크게 확대되었으나, 품질 저하와 시장질서 혼란에 따른 가격의 급등락이 문제가 되었다. 이에 따라 1989년 각급 정부의 지도에 따라 유통질서를 정리하도록 했다.

2) 청과물 생산·유통·가공의 산업화

앞서 서술한 바와 같이 중국에서는 청과물의 유통을 시장화하면서 생산자–도매시장–소매시장–소비자의 유통채널이 형성되었다. 그런데 중국

6 1988년 중국에는 전국적으로 부식품 부족에 따른 가격 급등과 시장 혼란이 발생했다. 이에 농업부는 생산능력 강화, 공급수준 제고, 수급모순 완화를 위한 대책으로 '채소바구니프로젝트'을 마련하여 국무원의 비준을 얻은 후 전국적 차원에서 거시적 조절을 시도했다. 여기에는 채소, 식육, 계란, 우유, 어류 등이 포함되었는데, 그 중 채소가 가장 중요하게 취급되었다. 1990년에는 생산 안정의 과제를 보다 분명히 하여 '시장책임제'로 했으며, 1995년에는 부식품 확보 업무를 시장 책임하에 부시장이 맡도록 확정했다(洪濤 2000, 18-19). 공급능력 부족 문제가 해결된 후, 1995년부터는 채소시장의 불안정과 낮은 유통효율 문제에 대처하기 위한 제2차 '채소바구니프로젝트'을 개시했다(譚勇向 外 2001, 304)

에 있어서 청과물 유통의 시장화는 유통부문에 한정된 것이 아니라, 생산–유통–가공이 서로 연계되면서 시장화가 전개된다는 특징을 지니고 있다. 즉 청과물 유통의 시장화는 농업의 산업화와 병행하여 이루어졌던 것이다.

산둥성에서 시작된 농업산업화의 경험은 1995년 12월의 『인민일보』(人民日報) 보도를 계기로 전국적으로 알려지기 시작했는데, 이에 따르면 농업산업화는 국내외시장을 지향하며 경제적 수익성 제고를 중심으로 하며 해당 지역 농업의 지주산업 및 주도 산품에 대해 배치의 구역화, 생산의 전업화, 경영의 일체화경영, 서비스의 사회화, 관리의 기업화를 실행하며, 생산–판매–구매, 유통–가공–농업, 경영–과학–교육을 긴밀하게 결합하여 하나의 틀로 묶은 경영체제이다(『人民日報』 95/12/11).[7] 이 연구의 조사지역에서도 청과물의 저장·가공을 담당하는 기업들에 의해 청과물 유통이 주도되었다.

이러한 농업산업화에서 중요한 것은 산업화를 주도하는 조직이다. 어떤 산업화조직이 농가와 결합하는가에 따라 산업화의 경영형태는 크게 4가지로 나누어지고 있다. 첫째는 가공·유통기업이 중심이 되는 경우이고, 둘째, 농촌의 전업협회 등 중개조직이 중심이 되는 경우, 셋째, 가공과 판매에 주력하는 농촌의 전업농가, 상인 등이 중심이 되는 경우, 넷째, 전문시장이 중심이 되는 경우 등이 있다. 그리고 여기에서 중심이 되는 업종은 '경종농업+가공업'의 형태인데, 그 중에서도 특히 과수와 야채의 가공부문이 급속히 발전했다. 2000년 6월에 비공식적으로 실시된 전국 규모의 조사에 따르면, 농업산업화의 중심이 되는 조직은 전국적으로 6.5~7만 개

7 용어 사용과 관련하여, 1997년 9월 12일 이전까지는 '농업산업화'로 사용했고 지금도 대체로 이와 같이 이와 같이 칭해지고 있다. 한편, 1997년 9월 12일 장쩌민(江澤民)의 보고에서 '농업산업화경영'이라고 언급된 데 의거해 농업산업화경영으로 칭하기도 한다(趙邦宏 外 2002, 19).

가 존재하고 있고 이에 관련된 농가는 5,900만 호(전체 농가의 25% 정도)에 이르렀다. 이들 조직은 기업 중심의 조직이 41%, 중개조직 중심이 33%, 농가·상인 중심이 14%, 전문시장 중심이 12% 등으로 구성되었다(日中經濟協會 2002, 75).

3) 치샤시의 사례

(1) 과수산업의 발전

치샤시(棲霞市)는 옌타이시에 속한 부분 시로 치샤시 시구의 서남부에는 옌타이 사과의 주산지가 형성되어 있다. 시 전체 면적은 2,017㎢에 달하고, 21개 향진, 953개 행정 촌(村), 인구 68만 명으로 구성되어 있다(山東省棲霞市人民政府, 『膠東明珠棲霞』).[8] 평균 해발 178m의 지형에, 연평균 기온 11.3°C, 연평균 강수량 754㎜의 기후조건을 지니고 있다. 산지구릉이 총면적의 93.4%이고 그 중 산지 면적이 72.1%인 전형적인 산지라 할 수 있는데, 기온과 토양은 과일 재배에 적합하다.

1991년부터 시 차원에서 산지에 대한 종합개발을 추진하여 3년간 매년 10만 무를 개발하여 1995년까지 과수원 65만 무를 확보한 이후 과수산업이 치샤시 농촌의 가장 중요한 산업이 되었다. 특히 특색 있는 산지개발을 추진함으로써 장자좡(臧家庄)은 전국 '후지사과 제일진'(富士第一鎮)으로, 서워보(蛇窩泊)는 전국 '과일 제일진'(水果第一鎮) 등으로 불리는 과수전업지역으로 발전했다. 그리하여 치샤시의 1999년 농민 1인당 순수입은 3,110위안으로, 전국 100개 상위 현에 랭크된 바 있다. 시에 속한 과수원

8 2001년 말 인구는 66만 명으로 약간 감소했다(中國民政部 2002, 82).

면적은 65만 무이며, 사과 생산량은 9.5억kg이다.[9] 주요 품종은 후지(富士), 가라(嘎啦), 신홍싱(新紅星), 차오나진(喬納金) 등 신품종이다.[10]

한편 치샤시는 외국 자본을 적극 도입하여 가공기업을 적극적으로 발전시켰다. 장자좡진은 오스트리아 중앙합작은행으로부터 자금을 대출하는 한편 스위스 기업과 합자하여 '위앤통 주스 유한책임공사'(源通果汁有限責任公司)를 설립했다. 즉 외자 600만 달러를 도입하여 연 8만 톤의 과일을 가공하여 1만 톤의 과즙을 생산함으로써 2억 위안에 달하는 생산액을 실현했다. 서워보진은 대만 자본과 함께 '엔타이농파 실업유한공사'(煙台農發實業有限公司)를 설립하여 1,000무에 대해 일본 품종인 풍수(豊水) 배를 심어 현대적으로 관리했다. 수확 후 우량 배는 진공 냉풍 창고에서 가공 처리한 후 일본으로 판매하여 수출액이 천만 위안을 넘어서게 되었다. 먀오허우향(廟后鄉)은 중국건설은행 무단장(牧丹江) 지점 투자공사와 합자하여 과즙가공기업을 설립했다. 총투자액은 6,000여만 위안으로 기업 설립 후 생산량은 1,500톤, 판매수입은 3,000만 위안에 달했다(呂志海 1997, 139).[11]

아울러 포장전문 기업도 발전시켜 '과일포장재료 유한공사'(果品包裝材料有限公司)를 설립했으며, 주요 품종의 상표를 통일했다. 보관·저장 시설도 크게 확충했다. 주식합작제, 연합기업제 등 다양한 방식을 통해 과일 냉풍창고 11개소를 건립했다.

9 관계자들은 2000년 재배면적은 68만 무, 생산량은 10억kg 정도로 추정하고 있었다.

10 치샤시에서는 시 당국의 주도로 품종개량에 힘써서 1995년 제2회 전국농업박람회에서 후지, 가라, 황자가라(皇家嘎啦), 서우홍(首紅), 신차오나진룽(新喬納金榮) 등 품종이 금장을 획득한 바 있다(呂志海 1997, 138).

11 2000년 조사 시점에서 한국에서도 사과 관련 업체 12개, 배 관련 업체 1개 업체가 진출해 있었다.

(2) 과일 유통경로의 활성화

과일의 생산·가공능력을 확충한 치샤시는 시장 유통의 강화도 적극적으로 추진했다. 시 전체에 과일만 다루는 전문시장을 20여 곳 설립했으며, 특히 타오춘진(桃村鎭)에는 면적 5만㎡, 연 거래량 300만 톤에 달하는 과일 도매시장을 세웠다. 이와 함께 기존의 집무시장 63곳을 확장했으며, 전국 30개 도시에 판매연락소를 설립했다. 또 생산을 지원하기 위해 3,000만 위안을 투입하여 '생산자재시장'(狠抓果品生産要素市場)을 건설했다.

농가와 관련해서는 여러 가지 형태의 판매조직을 만들어 유통을 활성화하고자 했는데, 그 조직형태는 크게 보아 '기업+농가', '집체+농가', '농가+농가'의 3가지이다.

'기업+농가'의 대표적인 사례는 치샤시 과품집단공사(果品集團公司)가 200개 촌의 과일 농가와 과일의 장기계약을 맺은 것이다. 여기에는 4.8만 호의 농가, 11만 무의 과수원, 연 1억 kg의 생산량 3,000만 kg의 거래량이 포함되어 있다.

'집체+농가'는 향진 혹은 촌이 단위가 되어 판매조직을 결성하는 것이다. 시 전체로 100여개의 과일 생산합작서비스조직이 설립되었다. 그 중 쑹산향(松山鄕)의 60% 촌에는 과일산업 생산합작연합조직이 만들어져서 생산 이전, 생산 과정, 생산 이후를 계열화하는 서비스를 제공했다. 서워보진 정부는 15개 촌, 1,500호의 과수농가를 연합하여 과일 생산판매 합작사를 결성했다.[12]

'농가+농가'는 과수 농가 상호간의 호조 합작조직을 의미한다. 예를

12 합작서비스조직은, 인민공사 해체 이후 개별농가의 힘만으로는 행하기 어려운 생산·유통·분배·소비 등 경제행위와 관련된 서비스를 제공하는 조직을 의미한다. 중국 정부는 이러한 합작조직의 발전을 통하여 농가가 시장에 진입하는 정도를 높이고 분산경영의 단점을 보강하고자 하고 있다.

들면 둥린촌(東林村)의 7개 농가는 서로 연합하여 과수원을 개발함으로써 무당 생산량이 2,000kg에서 3,500kg으로 75% 증산되었으며, 1995년 수출량도 50% 증가하여 50만kg에 이르렀다(呂志海 1997, 140-143).

(3) 저장·가공과 유통: 치샤시 톈위 과품냉장공사의 사례

본 연구에서는 저장·가공과 유통 업무를 기업적으로 처리하고 있는 사례를 고찰하기 위해 '톈위 과품냉장공사'의 경우를 조사했다.

톈위 과품냉장공사(天譽 果品冷藏公司) 치샤 시구에 위치하고 있는데, 북으로 옌타이시와 70㎞, 남으로 칭다오시와 170㎢의 거리에 위치하고 있다. 1987년에 설립되어 국가 농업부가 자오둥반도 최대의 과일생산기지로 육성하기 위해 투자했으며, 국가 대외무역경제합작부에 의해 대외무역권이 부여되어 있다. 이 회사는 고정자산이 1,000만 위안, 유동자금이 2,000만 위안에 이르렀으며, 전체 면적은 15,000㎡에 달한다. 이 회사는 '톈위'(天譽)라는 브랜드의 후지 사과를 말레이시아, 태국, 싱가포르, 필리핀, 영국, 러시아, 홍콩 등지로 연 5,000톤 이상 수출했다.

이 회사는 주로 인근 농촌의 도매시장으로부터 사과를 구입하는데, 모두 연간 1만 톤 정도를 구입하고 있다. 과일 생산이 늘어나는 추세 속에서 1999년의 경우 농민의 판매난이 존재했으며, 10월 기준으로 1kg당 0.4위안에 구입했다. 이 회사의 냉풍 냉장창고에서는 한 번에 5,000톤까지 저장이 가능하며, 비닐 상자, 그물 바구니, 과일 쟁반을 생산하는 공장도 갖추고 있다. 1997년에는 미국자본과 합작하여 사과주스 공장을 건립하여 연 2만 톤을 생산했다.

구매·저장된 물량은 국내적으로는 베이징 및 상하이 상인에게 공급했다. 또 저장 사과를 말레이시아, 태국, 싱가포르, 필리핀, 영국, 러시아, 홍콩 등지로 수출했는데, 1999년 수출가격은 1kg당 4.3위안(FOB 가격 기준)이었다.

4) 라이양시의 사례

(1) 과일채소산업의 발전

라이양시(萊陽市)는 칭다오, 옌타이 등 연해의 개방도시 사이에 위치한 곳으로 옌타이시에 속한 부분 시이다. 시 전체 면적은 1,734㎢에 이르고, 3개 향, 21개 진, 2개 가도판사처(街道辦事處), 1개 외향형 공업가공구, 784개 행정 촌, 89만 인구(2001년 말 현재)를 포괄한다.[13] 5개 하천이 시의 남북을 관통하고 하곡평원과 산간분지평원으로 이루어져 있으며, 기후조건이 채소와 과수 재배에 적합하다.

라이양시가 농업산업화에 착수할 시점에 이미 서우광시의 채소재배 규모가 크고 전국적으로도 유명한 상황이었다. 이 때문에 라이양시는 국내시장보다는 국제시장에 주목하지 않을 수 없었다. 때 마침 일본의 채소시장이 1990년대 이전에는 한국, 대만을 수입기지로 하다가 1990년대 들어서는 중국의 산둥, 장쑤, 푸젠 등으로 수입기지를 이전하기 시작했고, 이것이 라이양시에게는 기회가 되었다.

라이양시는 1990년대 초의 이러한 시장기회를 포착하여 가공기업을 적극 육성했다. 주식합작제, 주식제를 이용하여 10년 동안 십수억 위안의 자금을 모집하여 룽다(龍大), 루화(魯花), 지룽(吉龍), 산러(三樂), 훙푸(宏富), 용창(永昌) 등 가공기업을 건립했다. 또 삼자기업을 육성하여 적극적으로 외국자본을 도입했다. 라이양시는 1999년까지 900여만 달러의 외자를 도입하여 79개의 식품가공 삼자기업을 설립했다.[14] 이로써 라이양시 전체의

13 중국의 행정단위는 성·직할시–현·시·구–향·진·가도(街道)의 3단계로 이루어져 있다. 가도판사처는 현 급의 시나 구 산하에 있는 행정단위인 가도의 행정기관을 의미한다.

14 3자기업(三資企業)이란 '외국자본투자기업법'(外商投資企業法)에 의해 규정된 합자경영기업(합자기업, 합영기업), 합작경영기업(합작기업), 외자기업(독자기업) 등 3개 기업 형태를

가공기업은 1999년 현재 115개에 이르고, 시 전체 노동력의 1/4이 여기에 종사하게 되었다(劉東明 2001, 154-155).

이러한 가공기업의 발전에 따라 농업구조조정이 진척되었다. 채소의 경우 10여개의 채소생산기지의 20만 무의 재배면적, 20만 톤의 생산량을 확보하게 되었으며, 축산의 경우 젖소 5,000두, 육우 5만 두, 육계 1,200만 수, 계란계 1,000만 수가 길러지고 있다. 과일의 경우 전통의 라이양(萊陽) 배를 개량하는 한편, 후지(紅富士) 사과를 심는 과수원 10만 무를 새로이 확보했다.

라이양시는 가공기업과 함께 전업협회 등 중개조직의 발전에도 노력을 기울이고 있다. 1992년 7월 라이양시 당국의 지도하에 5개 수출가공기업이 '라이양시 식품기업가협회'(萊陽市食品企業家協會)를 발기한 이래 1999년 현재 회원사는 74개에 이르게 되었다. 협회는 시내 농산물 수매가격의 안정화를 위한 엄격한 규정을 제정하여 시행하고 있다. 또 가공업의 발전에 따라 라이양시는 외부와의 연계가 더욱 밀접해졌는데, 외부와의 협력을 위해 1994년 5월 라이시(萊西), 창러(昌樂), 린수(臨沭), 진샹(金鄉), 서우광, 타이안 등 6개 현시가 '산둥성 농산품 생산가공유통 연석회의'(農產聯)를 조직하여 성급 사단조직으로 발전시켰다. 현재 회원단위는 1999년 57개(현시구 22개, 기업 35개)에 이르렀다(劉東明 2001, 158-162).

또 1995년 이후 농촌전업합작사를 추진하여 212개의 합작사를 조직했다. '홍다 과일채소합작사'(宏達果蔬合作社)의 경우 홍다 공사(宏達公司)가 주도하여 583호 농가를 묶어 가공기업을 위해 전문적으로 원료를 생산하도록 한 경우이다(가공기업 → 합작사). 한편 '중징징양 과일채소합작사'(中荊荊陽果蔬合作社)의 경우에는 593호 사원으로 합작사를 조직하고 170

총칭하는 개념이다.

만 위안을 투자하여 '다양 식품가공창'(大洋食品加工廠)을 설립했다(합작사→가공기업). 이러한 합작사의 조직을 통해 기업은 원료를 안정적으로 확보하고 농민은 판매 문제를 해결하는 효과를 낼 수 있었다. 또 유통의 활성화와 경쟁성을 제고하는 데에도 기여했다(劉東明 2001, 164-167).[15]

(2) 생산과 출하 방식: 자오왕좡진의 사례

자오왕좡진(照旺莊鎭)은 라이양시 동남부 7㎞에 위치하며, 남으로는 황해에 연하고 북으로는 칭다오-옌타이 간 도로에 접하고 있다. 진의 전체 면적이 58㎢이고, 29개 행정 촌으로 구성되어 있다. 총 인구는 3.5만 명이며, 경지면적은 4.2만 무이다.

자오왕좡진은 라이양 배의 산지로 배 과수원 면적이 1만 무에 이르는데, 라이양 배 품종이 그 중 5천 무에 식재되어 있다. 전국적으로도 유명한 진내의 리수왕(梨樹王) 배나무는 수령이 400년에 달한다고 한다. 1999년에 진 전체에 2.5만 톤의 배를 생산했는데, 그 중 라이양 배가 1.5만 톤, 신고(新高) 배가 1만 톤이었다. 총수입액은 1.1억 위안, 수출 허가액이 1,000만 달러에 달했다.

배의 경우 사과에 비해 품종 개량의 속도가 느린 편이다. 그러나 전통적인 라이양 배의 생산규모를 확대하는 다른 한편으로 품종개량을 시도하기도 했다. 1993년부터 일본 등지로부터 왕자이십일세기(王子二十一世紀), 풍수, 행수(幸水), 신고 등 우량 품종을 도입했다. 독자, 합자의 방식으로 과수원 2,000무를 개조하여 신품종을 생산하고 이를 홍콩, 일본, 미국, 대

15 이와 관련하여 라이양의 경험을 높이 평가하여 '삼양시대'(三陽時代)를 거론하기도 한다. 즉 산시 시양(昔陽)이 대표하는 인민공사 시대((大寨 모델), 안후이 평양(鳳陽)이 대표하는 가정연산승포책임제 시대(小崗 모델)에 대비하여 산둥 라이양이 대표하는 것은 농업산업화경영 시대라는 것이다.

만, 한국 등으로 수출했다. 1997~99년 사이 진 차원에서 연속적으로 10만 위안을 투입하여 라이양 배에 대해 단위 포장 실험을 진행하여 2000년부터는 실험결과를 전역에 확대했다.

자오왕좡진에서는 보통 9월 중순에 대대적인 거래가 이루어진다. 유통상인들에게 판매된 생산물은 옌타이, 칭다오 등의 도매시장으로 반출되고 무역기업을 통해 홍콩, 대만 등으로 수출되기도 했다. 유통 상인들에게 판매되지 않은 물량은 비교적 소규모로 각 촌마다 존재하는 산지도매시장에 농민들이 직접 가서 판매했다. 거래 방식은 유통상인과 농민간의 직접 거래가 압도적 비중을 차지하는데, 때에 따라서 진 정부가 그 사이에 중개 역할을 하기도 했다.

1999년의 경우 풍수 배는 1근당 10위안에, 라이양 배는 4~5위안에 상인에 판매되었는데, 가격결정에 있어 상인이 일방적으로 우위에 있는 것은 아니다. 대체로 수요량과 공급량의 크기에 따라 교섭력과 가격이 결정되는 것으로 볼 수 있다. 진 정부 산하에 있는 과품공사는 가격 결정에는 개입하지 않고, 주로 품종 선택, 기술개발, 광고 등의 역할을 수행하지만, 거래에 참여하는 경우 공사(公司)는 상인과 같은 방식으로 활동했다.

(3) 저장 · 가공 및 수출

자오왕좡진에는 4개의 주요 가공기업이 있다. 그 중 홍다 식품유한공사는 1986년 건립되었으며, 1993년에 홍콩의 흥판(興辦)과 합자했다. 현재 대외무역권을 보유하고 있으며 고정자산은 2,600만 위안에 이르렀다. 이 회사의 면적은 3만 9,800㎡이며, 2,600톤 규모의 항온보관 저장창고, 1,600톤 규모의 저온냉동고와 완전밀폐 무균가공실을 구비하고 있다. 여기에서 연간 가공, 냉동, 보관하는 채소·과일이 1만 톤에 이르며, 일본, 한국, 동남아, 구미 등에 수출했다.

한편 기업이 가공·유통은 물론 생산에까지 참여하는 경우도 있다. 한 농산공사의 경우 1993년부터 대만의 자본이 독자 투자되어 2,000무의 과수원을 조성했다. 과수원에는 풍수 배가 500무, 신고 배가 150무에 식재되었다. 무당 45그루가 심어졌는데, 조사 당시 본격 생산에 들어가지는 않았으나, 1그루 당 900~1,000개가 수확 가능할 것으로 기대하고 있었다(개당 400~500g). 예상대로라면 1그루 당 8,000위안 수입이 생기는 셈이다.

기업적 방식으로 생산할 경우 생산비용으로는 토지사용료의 비중이 큰 편이다. 토지사용료는 초년도에 무당 330위안으로 설정되었으며, 매년 15%씩 인상하기로 했다고 한다. 1그루 당 비료, 농약 등 경상투입비용은 20위안으로 추정하고 있었다. 이런 방식으로 생산할 경우 국내에 유통시키는 것으로는 수익을 기대하기 어렵다. 이 회사의 경우 판매는 국내보다는 주로 동남아 쪽으로 수출하고 있다.

4. 기업–중간상인–농가 간의 거래관계

그러면 농산물 거래의 시장화와 농업의 산업화가 진행되는 가운데 기업–중간상인–농가는 구체적으로 어떠한 거래관계를 맺고 있는가? 이러한 문제를 구명하기 위해 본 연구에서는 핑두시에 소재한 한 가공·유통기업과 중간상인, 재배농가의 사례를 조사했다.

1) 가공·유통기업

핑두시는 행정구역상으로 칭다오시에 소속된 현급 시로, 칭다오 시구에서 북서쪽에 위치한 근교농업 지구에 해당한다. 45개의 향진, 1,791개의 행정 촌을 포함하고 있으며, 1990년대 전반기에 총인구 130.7만 명 중 농업인구는 122만 6,000명, 농업노동력은 57만 6,000명에 이른다. 전체 토지는 310.6만 무인데, 그 중 경지는 259.6만 무이다(『中國農業全書-山東卷』 1994, 580).[16] 핑두시의 사과 재배면적은 모두 2,000무 정도이고, 생산량은 500톤 정도인데, 과수 재배의 특성상 재배면적은 비교적 안정적인 편이다. 사과 품종은 대개 후지이고, 사과의 품질은 직경으로 구분하는데, 직경이 8~9㎝ 이상이 되는 것을 우량품으로 인정한다.

'진산 농산품 구판매 유한공사'(農産品購銷有限公司)는 핑두시 남서쪽의 장거좡진(張戈庄鎭) 상허터우촌(尙河頭村)에 위치하고 있다. 이 회사는 1988년에 설립되었는데, 1993년 한국 자본과 합작했다. 이때 도입된 자금을 이용하여 1995년 고추 저장·가공공장을 건축했는데, 그 면적은 1,922㎡였다. 2001년 겨울~2002 년 봄에 새로 부지를 확보하고 건설비 160만 위안을 투입하여 공장을 크게 확장했다. 새 부지에 마련된 저장·가공공장의 면적은 6,000㎡인데, 그 중 1,200㎡에는 냉동창고를 설치했다. 시와는 50년간 차지계약을 맺었는데, 차지료는 모두 10만 위안으로 정했다. 조사 시점에서 이 회사에서는 상시직원으로 28명을 고용하고 있었으며, 임시고는 연 수백에 이르는 것으로 조사되었다. 상시직원의 임금은 대략 월 600위안 정도 수준이었다.

이 회사는 원래 국유기업이었는데, 외국으로부터의 자금 도입을 통해 합작기업으로 전환되었다.[17] 지배구조의 핵을 이루고 있는 회사 대표는 시 당위원회의 간부 출신이며, 경리는 공청 출신이다. 한국 측 자본과는 50대 50의 자본 출자로 합작했는데 총자본금은 600만 위안이다. 회

16 2001년 말 인구는 133만 명, 면적은 3,166㎢로 보고되고 있다(中國民政部 2002, 83).

17 외국 자금이 들어와 기업을 이루는 형태는 대략 3가지이다(三資企業). 즉 외자측이 지분 소유 없이 협력하여 경영하는 경우(合作企業), 외자측이 중국측과 지분을 나누어 소유하는 경우(合資企業), 외자측이 100% 지분을 소유하는 경우(獨資企業) 등이다.

사 경영권은 출자비율과 상관없이 중국 측이 갖는 것으로 하고 한국 측은 무역권을 갖는 것으로 했다.

이 회사가 취급하는 품목은 주로 고추, 양파, 마늘 등이지만, 꼭 이에 국한하는 것은 아니고 주문이 있는 대로 다양하게 취급하고 있다. 매입선은 중간상인과 농가인데, 양자 간 매입가격의 차이는 거의 없다. 처음에는 회사가 직접 농가로부터 매입하는 경우가 대부분이었으나 점차 중간상인을 통하여 매입하는 비중이 늘어났다. 2001년에는 중간상인을 통한 매입이 20%, 산지농민으로부터의 직접 매입의 비중이 80% 정도를 차지했다.

농가와 사전에 계약하여 생산하도록 한 경우는 없고, 전량을 수시 매입했다. 고추의 경우 1999년 11월에는 농가에 톤당 8,000위안을 지불하고 고추를 매입했고, 2001년에는 8,000~1만 위안에 구입했다. 가격 결정은 주로 회사가 제시한 수준에서 이루어지지만 칭다오시 전역에 공유된 정보를 토대로 하기 때문에 일방적인 가격결정이 이루어진다고 할 수는 없다.

1999년의 취급량은 2,500톤이었는데, 1,500톤은 가공하여 판매했고, 1,000톤은 가공하지 않은 채로 바로 유통시켰다. 2001년에는 1,500~ 2,000톤 정도 취급했는데, 이전에 비해 취급량이 감소한 것은 이 지역 일대의 작황 부진에 따른 것이다. 그러나 가공하지 않은 채로 그대로 판매하는 양은 거의 없어졌는데, 이는 가공공장 확장의 결과인 것으로 보인다.

판매선은 국내와 국외로 구분할 수 있는데, 국내에는 주로 쓰촨, 후베이, 후난 등지에 판매하고 있으며, 국외에는 한국, 일본, 태국, 싱가포르, 말레이시아에 수출했다. 국내 유통량보다는 주로 수출에 주력했는데, 한국에는 건고추, 일본에는 고춧가루 형태로 수출했다. 고추의 경우 1999년 건고추는 톤당 3,200달러, 고춧가루는 2,900달러 정도에 수출가격이 형성되었다. 이 회사에서 취급하는 고추는 전량을 태양건조 방법을 이용하여 건조되었으며, 이에 따라 건조기계시설을 이용하여 화건하는 한국보다 출하시기가 2개월 정도 늦은 편이었다. 또 고추장은 가공식품으로 분류되어 관세율이 낮으므로 수출하기에 유리한 점이 있었다.

회사가 농가에게 특별한 재배기술지도를 행하지는 않지만, 매입과정을 통해 회사가 농가들에게 일종의 품질관리의 표준을 제시하고 있다고 할 수 있다. 회사가 농가로부터 고추를 매입할 때 고추의 수분함량은 30% 정도를 유지할 수 있도록 요구하기 때문이다. 이렇게 매입한 고추를 건조·가공을 통해 수출할 때에는 수분함량을 17% 수준으로 낮추며, 특히 한국 등지에 통관되는 시점에는 14% 수준에 맞추도록 했다. 시간이 지나면서 품질 요건이 약간 강화되는 추세여서 2001년에는 고추 매입 시의 수분함량은 25% 수준이었다.

2) 중간상인

'진산 농산품 구판매 유한공사'와 거래하고 있는 한 중간상인의 경우를 보면 가공·유통기업이 발전하면서 산지의 농민 일부가 거래를 매개하는 중간상인으로 형성되고 있음을 알 수 있다. 조사 대상이 되었던 중간상인의 경우 전형적인 농민에서 중간상인으로 변신한 경우이다.

A씨는 2001년까지 구량전 2무, 책임전 5무 등 모두 7무를 경작하는 농민이었다.[18] 부부와 2명의 자녀로 구성된 4인 가족이므로 구량전은 가구원 1인당 0.5무씩 모두 2무가 배정되었다. 이 지역에서 농지가 분배된 것은 1982년인데, A씨는 이때 농지를 분배받았다. 2001년에는 경작면적 7무 중 4무에 고추를, 3무에는 땅콩을 심었는데, 고추 성숙기에 많은 비가 내려서 수확에 타격을 입었다. 당시 고추 수확량이 200kg에 그침으로써 한

18 핑두시 일대는 전형적인 '양전제'가 실시되고 있는 지역이다. 이 제도하에서는 집단의 토지를 '口糧田'과 '상품전'(또는 '承包田', '責任田')으로 구분하였다. 이 책의 제3장을 참조.

해 농사가 거의 성과를 거둘 수 없었다. 이에 따라 2002년에는 책임전 5무를 반납하고 구량전 2무에 한해 콩, 땅콩, 옥수수 등을 식부했다. 고추는 분배 이전 집체경영 때부터 재배했던 것인데, 농사 실패를 계기로 고추재배를 그만 두기로 한 것이다.

대신 A씨는 작은 운송 차량을 하나 마련하여 2002년부터 중간유통 일을 하기로 했다. 아직 자금력이 부족하므로 별도의 가공·보관시설을 마련하지는 못했고, 수시로 수집하여 바로 판매하는 방식을 취했다. 주로 주변의 다른 농가로부터 매입하는데, 미리 계약은 하지 않고 차량을 직접 가지고 다니면서 물건을 보고 즉시 매입했다. 2000년의 경우 고추를 500g당 4위안에 매입했다.

상허터우촌의 가공·유통기업에 대부분 판매하는데, 일부는 자오저우(膠州)의 가공공장에 판매하기도 했다. 판매선과의 계약도 미리 이루어지기보다는 물량이 확보되는 대로 수시로 이루어졌다. 판매물량은 중간상인이 직접 운송하는 경우가 대부분이었다.

가격정보는 대체로 국제시장가격을 고려하여 가공·유통기업이 중간상인에게 제시하고 이것이 농민에게 전달되었다. 가격을 둘러싼 협상의 여지는 거의 없었는데, 이는 거래주체 간 교섭력의 차이라기보다는 거래주체들이 대체로 공개된 가격정보를 수용하는 입장이기 때문인 것으로 판단된다. 또 품질의 면에서는, 중간상인은 가공기업에의 판매를 의식하여 농가로부터 매입할 때 품질을 고려하는 정도이다.

3) 재배농가

핑두시 장거좡진 상허터우촌의 고추 재배는 최근 크게 위축되었다. 1999년에 고추재배 농가는 보통 호당 7~8무, 1인당 2무 정도를 경작했는데, 2002년에는 호당 1무, 1인당 0.3무 정도로 축소되었다. 또 생산성도 하락하여 종래 1무당 200kg 정도의 고추를 생산하던 데에서 2002년에는 1무당 150~200kg 수준으로 떨어진 것으로 관측되었다. 그전까지 고추재배 면적은 지속적으로 확대되어 온 추세였으나, 근래 2년간은 연간 40%씩 감소했다. 이 일대의 농가는 대체로 익도종(益都種)의 고추를 재배하고 있었다.

상허터우촌에 거주하는 고추농가 B씨는 4인 가족(부부, 자녀 2인)으로 구량전(口糧田) 2무, 책임전 4무 등 모두 6무를 경작하고 있다. 3무에는 옥수수와 밀을 이모작했으며, 나머지에는 콩 1무, 땅콩 1무, 고추 1무 등을 재배했다. B씨가 경작을 개시한 시기는 이 지역에서 농지 사용권이 분배된 1982년이다. 조사 당시 농지사용료는 1무당 200위안이었다.

가족 이외에 경작을 위한 고용인원도 없고 별도의 가공·보관시설도 없으며 다른 농민으로부터 매입하는 품목이나 물량도 없다는 점에서, 전형적인 소농이라고 할 수 있다. 고추의 경우 수확된 물량 중에서 자가 소비분 일부를 제외하고는 핑두와 자오저우의 가공공장에 50% 정도, 중간상인에 50% 정도 판매하고 있었다. 가격은 양측 모두 일정하게 500g당 2.5위안 정도였다. 2001년 판매한 고추는 800근 정도인데, 계약서 등 양식은 갖추지 않고 구두로 교섭하여 판매했다.

가격정보는 가공공장이나 중간상인으로부터 전해지는 것을 그대로 수용했다. 농가가 느끼기에 가공기업이나 중간상인과 거래함으로써 특별히 품질이 개선되었다고 느끼지는 않고 있으나, 단 수확 후 등급을 구분하여 판매하게 된 점이 과거와는 다르다고 보고 있었다. 계약재배를 행하는 경우 고추 종자를 제공받지만, 이렇게 계약재배를 행하는 경우는 거의 없었다.

C씨는 사과 3무, 옥수수 5무를 경작하고 있었다. 정부의 독려에 의해 일정 면적의 옥수수를 경작하고 있지만, 수익성은 사과 재배가 훨씬 높은 편이라고 했다.

사과 수확기가 되면 상하이, 베이징, 샤먼(厦門)의 유통상인이 직접 농가를 방문하여 생산물을 수집하는데, 이 농가의 경우 대부분의 물량을 이들에게 판매한다고 말했다. 가까운 자오저우나 핑두에 소재한 도매시장에 직접 출하하는 방법도 있으나, 원격지 상인을 통하는 것이 오히려 운송문제를 용이하게 해결할 수 있으므로, 반드시 근거리 시장에 직접 출하할 필요성이 없다고 했다. 오히려 유통 상인에게 출하할 수 없는 품질이 좋지 않은 것만 부분적으로 핑두의 도매시장에 출하하고 있었다.

그러나 이 농가의 출하 방식은 사과라는 품목의 특성에서 기인한 것으로 여겨진다. 사과의 경우 이 지방이 전국적 주산지로 부각되어 있어서 전국적 광역유통망이 형성된 것으로 평가할 수 있으나, 포도와 같은 경우는 중간 상인을 통하는 경우가 많은 것으로 조사되었다.[19]

4) 거래주체와 거래관계의 유형: 다른 사례와의 비교

이 연구의 조사지역 사례를 검토해 볼 때, 가공기업, 중간상인, 농가 사이에 종속적인 거래관계가 존재하는 것으로 보기는 어려웠다. 이는 이 지역이 정보화 정도, 교통·물류 여건이 상당히 양호한 편이어서 가공기업이나 상인이 교섭에서 압도적인 우위를 차지하기 어렵기 때문이다.

특히 농가와 유통상인은 거의 동등한 지위에서 거래하고 있었다. 조사지역의 중간상인의 경우 전형적인 농민에서 중간상인으로 변신한 경우였

---

19 포도의 경우에는 핑두시에 주산지가 형성되어 있으나 사과와는 달리 지방 차원의 주산지이므로 주로 산둥성 내에서만 유통되고 있다. 한편 핑두시 다쩌산진(大澤山鎮)의 경우 포도의 전국적 주산지로 성장하고 있는 중인데, 진 전체가 포도를 주로 경작하여 재배면적이 3만 무에 이른다. 보통 호당 3~4무를 재배하는데, 규모가 큰 경우 7~8무를 경작하기도 한다. 조사과정에서 만난 한 재배 농가는 전량을 산둥성 내에서 활동하는 중간상인에 판매했다고 한다(1999년 판매가격은 kg당 3~4위안 정도).

다. 이 중간상인이 보다 대규모의 상인으로 발전하여 기존 농가와는 차별적 지위를 가지게 될 가능성도 있지만, 다시 종전의 농가로 되돌아갈 가능성도 없지는 않은 것으로 보인다. 물론 유통과정 전체에서 주도적인 역할을 하는 것은 자금규모에서 우위를 차지하고 있는 가공기업이다. 가공기업이 가격을 일방적으로 결정하는 것은 아니고 또 가공기업을 경유하지 않는 유통량도 상당히 존재하지만, 가공기업과 연결된 계약에 있어서는 계약을 제안하는 것은 주로 가공기업이었다.

가공기업과 연결된 계약의 경우, 농가와 유통상인, 그리고 가공기업 사이에 존재하는 상호신뢰관계에 의해 계속적이고 안정적인 거래관계로 유지되는 경향이 있다. 이 지역의 가공기업도 종래 지방정부 부문이 관할하는 농촌기업이었으며 합작기업으로 전환한 이후에도 지방정부와의 신뢰관계에 기초하여 운영되고 있다고 할 수 있다.

이 지역의 경우 기존의 신뢰관계를 기초로 한 가공기업의 주도하에 농가–유통기업–가공기업 사이의 거래관계가 정형화되고 있기도 하지만 그것이 시장적 관계를 대체할 만한 것은 아니고 시장질서를 보완하는 정도라고 할 수 있다. 물론 상당한 정도로 수직적 통합(vertical integration)이 진전되고 있는 경우도 있다(朴紅 外 2002).

그러면 애그리비즈니스의 개입 정도, 수직적 통합의 정도의 차이를 규정하는 요인은 무엇인가? 아직 보험시장이 본격적으로 전개되지 않았다는 점을 고려할 때, 기업규모, 자본규모의 차이에 따라 기업이 위험을 흡수할 수 있는 능력에 차이가 있을 것으로 추정된다. 이 지역의 가공기업의 경우 거래관계의 고정화를 통해 위험을 경영체 안으로 통합함으로써 발생하는 비용이 아직은 크다고 판단하고 있는 것 같다. 이러한 점에서 이 지역의 가공기업은 위험중립적 또는 위험기피적으로 행동하고 있다고 할 수 있다. 중간상인도 비슷한 이유에서 가공기업과 크게 다르지 않은 태도를 취하고 있는 것으로 판단된다.

농가의 경우에는 가공기업이나 중간상인에 비해 더욱 위험기피적인 것으로 여겨진다. 일반적으로 위험중립적 생산자는 중간상인을 선호하고, 저위-중위 위험기피 생산자는 중간상인과 가공기업 두 채널에 생산물을 배분하며, 고위 위험기피 생산자는 가공기업을 선호하는 것으로 기대된다.[20] 조사지역의 농가는 위험기피도가 높은 소규모 생산자로서 유통채널을 분산하되 가공기업을 좀 더 선호하고 있는 것으로 볼 수 있다.

5. 요약 및 결론

이상에서는 시장이 완전히 시장적 요소만으로 구성되어 있지 않고 제도·조직적 요소를 내포하고 있다는 제도경제학의 논의를 점검하기 위해 중국 산둥성 자오둥지역의 시장화 과정을 사례 조사했다. 특히 산둥성에서 활발히 전개되고 있는 농업의 산업화경영에서는 핵심기업이 시장화에 중요한 역할을 수행하고 있기 때문에 이를 중심으로 시장-조직 관계를 고찰했다. 사례 조사결과, 중국 시장화 과정의 선단을 형성하고 있는 중국의 농산물 유통부문에서는 극적인 변화 속에서도 '시장'이 여타의 '제도'를 구축하면서 일원적·전일적으로 자신의 지배영역을 확대하는 것은 아니라는 사실을 확인할 수 있었다.

중국 농산물 중에서도 청과물은 1980년대 중반 이후 시장부문이 급속

20 이 모델에서는 단일의 밀러, 단일의 브로커, n개의 생산자로 구성된 유통시스템에서 계약 파라미터가 결정된다. 이때 밀러는 위험중립적인 것으로 가정되며, 브로커 역시 위험중립적인 것으로 가정된다. 생산자는 위험기피적인 것으로 가정된다(Zusman 1989).

히 확대되면서 생산자–도매시장–소매시장–소비자의 유통채널이 형성되었다. 그런데 중국에 있어서 청과물 유통의 시장화는 유통부문에 한정하여 이루어진 것이 아니라, 생산–유통–가공이 서로 연계되면서 시장화가 전개된다는 특징을 지니고 있다. 즉 청과물 유통의 시장화는 농업의 산업화와 병행하여 이루어지고 있는 것이다.

생산–유통–가공이 계열화되는 방식은 크게 보아 '기업+농가', '중개조직+농가', '농가+농가', '전문시장+농가' 등의 네 가지 형태이다. 본 연구의 사례조사에서는 주로 '기업+농가'형이 많았는데, 이는 개별농가는 생산을 담당하고, 산업화의 중심을 이루는 기업은 집하, 가공, 판매과정을 담당하고 있다. 상부법인과 농가의 관계는, 상부법인과 농가가 계약관계를 맺고 거래하는 경우, 상부법인 설립에 농민이 자본 참가하는 경우, 상부법인이 협동조합으로 조직되는 경우 등 다양하게 존재할 수 있으나, 조사 사례의 경우 기업과 농가는 계약을 통해 관계하고 있는 경우에 해당했다.

조사 지역 청과물의 유통에 관계하는 주체는 기업, 중간상인, 농가 등인데, 이들은 도매시장 채널을 경유하기도 하지만 이를 거치지 않는 경우도 있다. 농가로부터 청과물을 집하하는 경로는 크게 세 가지이다. 첫째는 중간상인이 농가로부터 매입하여 산지 도매시장에 판매하는 경우로, 아마 전체 물량의 면에서 보면 가장 큰 비중을 차지할 것이다. 둘째는 중간상인이 농가로부터 매입하여 가공·유통기업에 판매하는 경우, 셋째는 가공·유통기업이 직접 생산을 조직하거나 농가로부터 매입하는 경우가 있다.

조사 지역의 경우 가공기업의 주도하에 농가–유통상인–가공기업 사이의 거래관계가 정형화되고 있기도 하지만, 그것이 시장적 관계를 대체할 만한 것은 아니었다. 전체 비중으로 본다면 조직화된 거래관계 보다는 시장을 통한 유통의 비중이 훨씬 높다고 할 수 있다. 또 가격관련 정보는 대체로 거래주체들 간에 대칭적으로 공유되고 있는 것으로 조사되었다. 또 유통에 참여하는 각 주체들 사이에 종속적인 거래관계는 관찰되지 않았다. 특히 농가와 유통상인은 거의 동등한 지위에서 거래하고 있었다.

한편, 가공기업과 연결된 계약의 경우, 농가와 유통상인, 그리고 가공기업 사이에 존재하는 상호신뢰관계에 의해 계속적이고 안정적인 거래관계로 유지되는 경향이 있었다. '기업+농가', '집체+농가', '농가+농가', '시장+농가' 등의 형태로 조직화된 거래관계가 존재한다는 것은 우하향하는 수요곡선을 인식하는 거래주체가 존재한다는 것을 의미한다. 이들 거래주체들은 위험을 담보하는 '시장'의 부재에 대응하여 나름대로 유통채널을 분산·다각화하고 있다고 할 수 있다.

제4부

WTO와 중국 농업

제7장

중국의 WTO 가입 농업협상의 경제적 효과

1. 문제의 제기

2001년 중국의 WTO 가입으로 국제 농산물 무역체제에는, 기존의 미국, EU, 케언즈(Cairns Group) 그룹으로 불리는 수출국들, 일본 등 수입국들에 이어 중국이라는 5번째의 거대한 세력이 참여하게 되었다. 중국의 WTO 가입은 당시 세계 농산물 시장에 지각 변동을 일으킬 수 있는 사건으로 평가되었다. 특히 미국은 중국의 회원국 가입으로 개도국 사이에 자유무역을 위한 활력소가 될 것으로 기대를 걸고 중국의 WTO 가입을 지지했다.

중국의 입장에서는 개혁·개방을 가속화하는 새로운 고삐를 마련하기 위해 WTO 가입이라는 중대한 결단을 내렸다고 할 수 있다. 중국 국내적으로는 농업개방에 의한 사회적 모순의 격화가 여론의 중심 이슈가 되었다. 당시 주룽지(朱鎔基) 총리도 WTO 가입을 앞두고 "(9억에 달하는) 농민 및 농촌 문제가 WTO 가입의 가장 큰 고민거리"라고 시인한 바 있다. 한국에서는 중국의 WTO 가입은 농업분야에 대한 새로운 수입개방 압력이 등장하는 것이 아닌가 하는 우려의 시각이 많았다.

중국 농업문제의 중요성 때문에 WTO 가입을 전후로 농업부문에 미치는 영향에 대한 여러 연구가 쏟아졌다. 이들 연구는 대체로 개방이 중국 농업생산, 농산물무역에 미치는 영향을 계량하는 방향으로 연구되어 왔다. 이러한 연구들로는 미국 농무부 ERS(1997), 리산통 외(李善同 外 1998), 중국농업대학(中國農業大學 1999), 황지쿤 외(黃季焜 外 1999), 임정빈 외(1999), 윤석원 외(2000) 등이 있다. 또 특정 품목과 관련해서는, 원예부문의 품목 사례를 중심으로 한 이일영 외(2000), 김병률 외(2001), 가공산업에 대한 한이쥔(韓一軍 2001) 등이 있다.

이하에서는 이러한 논의들과의 중복을 가급적 피하면서 중국의 WTO 가입에 결정적 관건이 되었던 농업협상에 집중하여 협상의 내용과 결과, 영향에 대해 구체적으로 검토하기로 한다.

2. 농업협상의 경과

중국이 1986년 GATT 복귀를 신청했는데, 2001년 11월에 가입이 승인되었으므로, 중국의 WTO 가입 협상은 15년 만에 결말을 본 셈이다(〈표 1〉 참조). 중국의 WTO 가입에 있어 중요한 고비가 되었던 것은, 미국과 중국 사이에 이루어진 1999년 4월, 2001년 6월의 농업협상이다.

〈표 1〉 중국 WTO 가입 관련 일지

-1948년 3월. 중국 국민당 정부 WTO 전신인 관세일반무역협정(GATT) 가입
-1950년 3월. 대만정부, 공산당 정부에 패한 후 자진 GATT 탈퇴 선언
-1986년 7월. 중국 GATT 복귀 신청
-1987년 7월. GATT, 중국 가입 작업반 설치 후 중국 가입 검토 시작
-1978~94년. 텐안먼 사태 및 미-중 간 지적재산권 분쟁으로 20차례에 걸친 실무회의 결렬

-1995년 5월. WTO측과 새 협상 착수. 미국, EU, 일본 등 37개국이 양자회담 요청
-1995년 7월. 옵서버국 지위 획득
-1996년 4월. 중국, WTO 가입 위해 평균 23%의 관세율 인하 발표
-1997년 7월. 아시아 금융위기로 직접적인 WTO 가입 노력을 잠정 유보
-1997년 9월. 일본과 제품 무역에 관하여 합의
-1997년 10월. 2004년까지 평균 관세율 17% 인하 발표
-1999년 3월. 주룽지 총리, 미국에 양보 용의를 발표, WTO 가입 노력 재개
-1999년 4월. 주룽지 총리 미국 방문, 중미농업협정 체결, WTO 가입 타결 실패
-1999년 7월. 일본과 서비스 무역에 관하여 합의
-1999년 11월. 클린턴 미국 대통령, 바세프스키 무역대표부장관 중국 파견, 협상 타결
-2000년 5월. EU와의 5년간의 협상 끝에 양자 간 협상 타결
-2001년 6월. 미국 및 EU와 미타결 사안에 대하여 합의, 농업 국내보조금 8.5%로 타결
-2001년 9월. 멕시코와의 합의를 끝으로 중국 WTO 가입에 대한 다자간 협상 종결
-2001년 11월. WTO 각료회의(도하)의 가입 승인, 중국 전인대의 비준
-2001년 12월. 중국의 WTO 가입 정식 발효

자료: http://www.yonhapnews.net 등을 토대로 작성.

WTO 가입을 위한 중국의 농산물 시장개방 문제는 1999년 4월 10일 중국과 미국이 '중미농업협력협정'에 조인함으로써 표면화되었다. 그러나 공동성명 문안에는 "미국이 중국의 1999년 내 WTO 가입을 확고하게 지지한다"는 정도의 내용만이 공표되었지만, 그러나 협의과정에서 USTR은 4월 8일 양국 간 공동성명 내용을 발표하면서 농산품, 자동차를 포함한 공산품 관세인하, 통신, 보험, 금융시장 개방 등 비교적 상세한 부문별 합의 내용을 공개한 바 있다.

WTO 가입을 위한 중국의 협상대표는 전적으로 대외무역경제합작부에 의해 구성되었으며, 농업협상의 내용은 중국 내에서는 알려지지 않고 있었다. USTR의 발표에 대해 중국의 국내여론이 크게 동요하자 중국 정부

는 미국측의 발표가 합의된 내용이 아니라고 일단 부인했으나, 같은 해 11월 미국과의 양자 협상이 타결되면서 발표된 농업협상의 결과는 4월에 미국이 미리 발표한 내용과 큰 차이가 없었다.

그 중요한 내용은, 농산물 관세의 대폭 인하, 곡물(쌀, 소맥, 옥수수 등), 식물유, 면화 등에 관한 관세할당량 확대, 농산물에 관한 수출 보조금 사용 금지, 국내보조금 한도 설정, 중국 국내의 모든 제도를 WTO 협정에 합치시킬 것 등이다.[1]

먼저 인하율에 대하여, 농산물의 평균관세율을 17%로 인하하되, 미국의 관심품목에 대해서는 14.5%까지 인하하기로 했다. 미국이 관심을 가지고 있던 품목은 육류 중에서 쇠고기, 돼지고기, 가금육 등이고, 과일류 중 감귤, 포도, 사과 등, 유제품 중 치즈, 아이스크림 등이다(〈표 2〉).

가장 관심의 초점을 모은 것은 관세할당 양허였다. 중국은 이미 1996년 4월 1일 쌀, 밀, 옥수수, 대두, 식물유 등에 대하여 관세할당관리를 실시했다. 단 구체적인 관세할당량을 밝히지 않았으며, 어떻게 관리를 행하는지도 공개하지 않았다. 1999년 중미 간 농업협상의 결과로 결정된 할당량은 1995~97년 평균 시장접근량, UR에서 합의한 최소시장접근량에 근거했고 관세수준은 1998년 관세수준이 참조가 되었다. 이러한 할당량의 수입을 보장하기 위해 민간업자에게도 할당량을 배정하고 국유 무역기업에서 이행하지 못할 경우 민간업자에 할당량을 다시 배정하기로 했다.

2001년 6~9월에 집중적으로 진행된 다자간 협상의 결과는 협상 대상에 카놀라유, 양모 등이 포함되었으며 쟁점사항에 대해서도 양자 간 협상과는 약간의 차이가 있다(Hsin-Hui and Gale 2001).

먼저 관세할당과 관련해서는 할당량과 일정이 약간 조정되었다(〈표 3〉

1 이밖에도 동식물검역과 관련해서는, 밀·감귤류·육류의 수입금지 중단에 양국이 합의했다.

〈표 2〉 1999년 농업협상에서 합의한 중국 농산물 관세 인하 폭 (단위: %)

품목	1999년	2004년	품목	1999년	2004년
소고기	45	12(10)	사과	30	10
돼지고기	20	12(10)	아몬드	30	10
가금육	20	10	포도주	65	20
감귤	40	12	치즈	50	12
포도	40	13	아이스크림	45	19

자료: 中國農村經濟 編輯部(1999); http://www.usda.gov/news/releases/2001/11/0229.htm.
주: ( )은 WTO 가입 당시 미국 농무부에서 언급한 수치임.

〈표 3〉 관세할당과 관련된 1999년과 2001년 합의의 주요 내용

품목	초기할당 (만 톤)		최종할당 (만 톤)		민간부문 비율 (%)		최종년도	
	1999	2001	1999	2001	1999	2001	1999	2001
밀	730	730	930	963.6	10	10	2004	2004
옥수수	450	450	720	720	25~40	25~40	2004	2004
쌀	260	266	530	532	50	50	2004	2004
대두유	170	171.8	330	326.1	50-90	50-90	2006	2005
면화	74.3	74.3	89.4	89.4	67	67	2004	2004

자료: 中國農村經濟 編輯部(1999), Hsin-Hui and Gale(2001).

참조). 또 할당량이 최소한으로 수입해야 하는 의무사항으로 되지는 않았다. 단 관세 삭감으로 수요가 공급을 초과할 때 수입이 가능하도록 했다. 한편 수출 보조금의 폐지와 국내보조금의 삭감에도 합의했다. 특히 미국과 중국이 2년 가까이 줄다리기를 해온 AMS 감축 면제 기준(De-minimis)을 농업 총생산액의 8.5%로 합의했다. 그러나 농가가 보유한 잉여 식량에 대하여 정부가 보호가격 수준으로 수매하는 것에는 제한을 두지 않도록 했다.

3. 관세인하에 대한 평가

관세인하는 수입품의 가격경쟁력을 증대시키지만, 중국의 WTO 가입에 따른 중국의 농산물관세 인하가 수입량을 증대시키는 효과는 제한적이다. 미·중이 관세율 대폭적인 인하에 합의한 농산물은 종래의 일정의 관세율로 수입이 인정되고 있던 품목이며, 실제로 육류, 채소, 과일은 국내 생산규모와 비교해서 미미한 비율만 수입되었을 뿐이다. 우선 쇠고기의 경우, 일반적으로 국산품의 품질이 나쁘고 수입품과의 가격차도 돼지고기에 비교해서 그다지 크지 않다. 당장은 대도시와 연해지역의 고급품 시장을 중심으로 수입이 확대될 가능성이 크다. 또한 과일의 경우에도 대도시와 연해부에서 고급 수입품이 널리 소비되어 왔으므로 관세 인하에 의해 수입과일에 대한 잠재적인 수요를 현재화시키는 효과는 있을 것이다. 다만 이러한 고급품 시장이 중국 농업에 있어서 차지하고 있는 비중이 작아 큰 문제가 되지는 않는다.

오히려 이러한 관세 인하 품목 중 중저급품의 경우 수출 확대의 움직임이 강화되는 효과가 있다. 특히 개혁·개방 이후 급속히 재배면적이 확대된 채소, 과일의 경우 과잉공급기조가 심화되어 국내적으로 수출 증대 압력이 강한 상황이다.

4. 관세할당에 대한 평가

1) 할당량 수준

관세할당은 ① 할당내관세, ② 할당량, ③ 할당외관세 등 3가지로 구성

〈표 4〉 중국의 곡물 관세할당량과 수입량 비교 (단위: 만 톤)

	기간 초 할당량 (A)	기간 말 할당량 (B)	연평균 수입량 (95~97)	연평균 수입량 (96~98)	연평균 소비량(C) (95~97)	A/C (%)	B/C (%)	2000년 수입량
밀	730	930	725	389	11,400	6.40	8.16	88
쌀	250	530	91	44	13,086	1.91	4.05	24
옥수수	450	720	187	23	10,758	4.18	6.69	0
합계	1,430	2,180	1,003	456	35,244	4.06	6.19	112

자료: 孫大光(2001, 30).

된다. 그런데 이 세 가지는 규칙적으로 서로 대응되는 것은 아니다. 첫째, 할당량과 관세번호가 하나로 대응되어 있지 않다. 관세는 세분화된 개념으로 HS체계에 의해 명확하게 분획되어 있으나 할당량은 총량개념으로 할당량은 종종 서로 다른 관세번호를 포괄하고 있다. 둘째, 동일 품종내 다른 상품의 할당내 또는 할당외관세 수준은 서로 다르다. 이러한 불일치는 일반적으로 가공도가 높을수록 관세수준이 높아지는 관세승급의 원칙에 따른 것이다.

중국의 WTO 가입을 위한 농업협상에서 특정 기준기간을 선택함으로써 관세할당량이 증가했다. UR에서는 시장접근과 관세삭감의 기준기간이 모두 1986~88년으로 일치되었으나, 중미 간 협상 중에서 양자의 기준기간은 서로 차이가 있었다. 중국이 양허 기준으로 삼은 1998년 관세수준은 1995~97년보다 낮았고, 할당량 양허 기준이 된 1995~97년 곡물평균 수입량은 1996~98년에 비해 547만 톤 많았다. 따라서 이러한 기준기간 선택으로 중국이 양허한 곡물 관세할당 수량은 증가했고 세율은 저하했다.

관세할당량의 설정과 UR에서의 협정 결과와도 약간 차이가 있다. 1995~97년을 할당 기준으로 삼았으나 기간 초 할당량과 기준기간 수입량과는 427만 톤의 차이가 있고 기간 말 할당량도 최소시장접근 비율 5%에 비하면 1.19% 포인트 높게 설정되었다. 품목별로 보면 쌀을 제외하고 밀,

옥수수 등의 할당량은 최소시장접근량이 총소비량 중 차지하는 비율 3%, 5%를 상회하도록 설정되었다(〈표 4〉).

중국의 식량수입이 정점에 달했던 1995년의 경우 쌀, 밀, 옥수수 등 3대 품목의 수입량은 1,841만 톤(식량수입 2081만 톤)에 달했으나, 1990년대 중반의 상황과 최근의 상황은 상당한 차이가 있다. 1992~95년의 식량 생산량은 4.4~4.6억 톤으로 공급부족 상태였으나, 1997~2000년에는 5억 톤 내외의 생산을 기록하여 공급초과 상황이 되었다. 2000년 수출량 1,231만 톤에 기간 초 할당량 1,430만 톤을 더하면 2,661만 톤에 이르는데, 이는 국내소비량의 8%, 상품량액으로는 20%에 달하는 것이다.

2) 할당관세율과 할당이행 수준

중국이 양허한 할당내관세는 1998년 할당내 세율 수준과 동일하고, WTO 가입을 위한 과도기에도 추가적으로 삭감하지는 않기로 했다. 그러나 할당외관세는, 밀의 경우 우선 1998년 우대관세세율 114%, 91.2%를 77%(99년 합의에서는 80%)로 삭감하고 또 가입을 위한 과도기 동안 65%가 되도록 했다. 옥수수와 쌀의 경우에도 대부분 상품의 할당외관세의 삭감은 밀과 동일하다(〈표 5〉). 단 옥수수 종자의 관세는 기간초의 40%에서 20%까지, 쇄미(碎米)의 할당외관세는 기간초의 40%에서 10%까지 삭감하도록 했다.

밀은 중국의 주요 수입식량으로, 특히 경질 밀과 전용 밀은 중국 국내에서 공급이 크게 부족하여 미국, 오스트레일리아, 캐나다로부터 수입했다. 중국의 밀 수입은 주로 고품질 밀의 중국내 수요에 의해 이루어지고 있으므로, 밀 수입의 관세에 대한 반응은 민감하지 않고 수입수요의 가격 탄력성은 낮다. 고품질 밀의 수요는 경제발전과 소득 증가에 따라 계속 증가할 것이고 밀 수입은 이러한 기조에서 이루어질 것이다.

〈표 5〉 할당관세율 수준 (단위: %)

		2000	2001	2002	2003	2004	2005
밀	할당내세율	1	1	1	1	1	
	할당외세율	77	74	71	68	65	
옥수수	할당내세율	1	1	1	1	1	
	할당외세율	80	70	60	50	40	
쌀 (중단립종)	할당내세율	1	1	1	1	1	
	할당외세율	80	70	60	50	40	
쌀(장립종)	할당내세율	1	1	1	1	1	
	할당외세율	80	70	60	50	40	
대두유	할당내세율	9	9	9	9	9	9
	할당외세율	74	61	48	35	22	9
면화	할당내세율	1	1	1	1	1	
	할당외세율	69	62	54	47	40	

자료: Hsin-Hui and Gale(2001).

한편, 국제시장에서 옥수수의 주요 수출국은 미국, 중국, 아르헨티나이다. 그러나 중국의 옥수수 수출은 가격 우위에 기초한 것은 아니었다. WTO 가입 협상 전후로 미국 3등 황옥수수 수입가격은 중국산 옥수수에 비해 낮은 수준이었다(〈표 6〉). 또 중국산 옥수수의 함수율이 비교적 높은 편이다. 중국의 옥수수는 주로 북방에서 생산되어 남방에서 소비되고 있는데, WTO 가입의 효과는 지역별로 차별적으로 작용하게 되었다. 즉 남방의 옥수수 수입은 대폭 증가하고 북방의 옥수수는 재고가 누적되어 수출 또는 감산의 압력이 발생하는 것이다.

세계시장에서 쌀의 주요 수출국은 태국, 베트남, 중국, 미국, 오스트레일리아 등이다. 미국과 오스트레일리아는 중단립종 시장에서 중국과 치열한 경쟁을 벌이고 있으며 고품질, 고부가가치의 브랜드 제품을 내세우고 있다. 중국산과 비교할 때 미국과 오스트레일리아의 쌀은 가격 우위를 지니고 있지 못하고 있으므로, WTO 가입의 효과는 거의 없다. 중국의 쌀 관세할당량 중에서 중단립미가 거의 절반을 차지하고 있으나, 당분간은 중

〈표 6〉 주요 곡물의 가격수준 (단위: 위안/톤)

		FOB가격	CIF가격 (A)	내외가격차 (B)	B/A (%)
밀					
경홍동맥(11.5% 단백)	미국 태평양서북안	1202	1368	-218	-15.9
경홍춘맥(14% 단백)	미국 태평양서북안	1329	1495	-345	-23.3
연백맥	미국 태평양서북안	1014	1180	-30	-2.5
중국산 2등백맥	광둥 식량도매시장	1150			
옥수수					
3등 황옥수수(14.5% 함수)	미국 서북태평양	729	958	142	14.8
중국산 황옥수수	광둥 식량도매시장	1100			
쌀					
2급 향미	태국	4477	4601	-2531	-55.0
2급 백미	태국	1699	1824	246	13.5
중국 동북산 중등미	광둥 식량도매시장	2070			
쇄미(25%)	태국	1285	1409	71	5.0
쇄미(5%)	태국	1617	1741	-261	-15.0
중국산 조생 인디카 미	광둥 식량도매시장	1480			

자료: 孫大光(2001, 33).

단립미의 수입 효과가 나타나기는 어렵다.

중단립종 쌀과 관련하여 향후 주목할 점은 두 가지이다. 첫째, 현재 중국의 쌀 소비량이 안정되고 심지어 하강하는 상황하에서도 중단립종 소비 수요는 계속 증대되고 있으므로 장기적으로 이 부분의 할당 이행 가능성은 점차 높아질 수 있다. 둘째, 지역적인 농업구조조정으로 중국 쌀의 수출 압력이 강화될 수 있다. 특히 동북3성에서는 중단립종 쌀의 재배면적이 계속 확대되고 있다. 특히 헤이룽장성의 재배면적 증대가 괄목할만하다.[2]

2 관개, 경지조건 등 때문에 쌀 재배면적 확대는 이제 한계에 달했다는 의견도 제시되고 있다. WTO 가입으로 한국, 일본 등에 상당한 양을 수출할 수 있을 것으로 기대하기도 하지만, 이는 상대국의 제도·정책, 소비자의 품질 차별의 벽을 넘어야 가능한 것이다.

〈표 7〉 중국의 주요 농산물의 수출입 동향 (단위: 만 톤)

	쌀		밀		옥수수		대두		대두유		면화	
	수입	수출	수입	수출	수입	수출	수입	수출	수입	수출	수입	수출
1995	314	50	1325	67	1,213	23	1,269	96	156	9	119	7
1996	186	64	984	111	661	31	1,299	143	145	19	111	4
1997	122	160	351	101	597	676	1,727	479	208	82	114	2
1998	102	574	312	59	527	474	1,436	298	163	50	64	6
1999	93	427	209	43	514	438	1,264	104	107	14	43	26
2000	101	468	264	54	516	1,064	1,574	64	53	7	44	30
2001	109	314	231	109	550	618	1,898	76	46	9	42	6
2002	117	321	234	140	531	1,193	2,047	95	118	11	61	16
2003	125	412	225	298	531	1,670	3,449	52	202	4	119	12
2004	185	153	892	163	512	274	2,809	98	266	4	220	2

자료: FAOSTAT.

태국와 베트남은 주로 장립미 위주로 수출하고 있으며, 향미(香米)는 고품질 쌀에 속한다. 태국산 향미 가격은 중국산 쌀에 비해 현저히 높은 수준이므로, 중국 내에 적당한 대체품이 없는 경우에 한해서만 부분적으로 수입될 수 있다. 따라서 관세의 영향을 크게 받지 않는 부분이다. 사실상 태국으로부터 중국에 수입되는 쌀의 대부분은 높은 가격의 향미이다. 결국 WTO 가입 후 장립미의 할당 이행량이 중단립미보다는 많을 것이지만 단기간 내에 할당량을 넘어서기는 어려운 조건에 있다.

〈표 7〉은 중·미 간 관세할당량 합의에 포함된 품목의 수출입 동향을 나타낸 것이다. 이에 의하면 쌀과 옥수수는 중국의 수출 품목이며, 수입량도 관세할당량 확대에 의해 의미 있는 영향을 받지는 않았다고 할 수 있다.[3] 밀의 경우 2004년을 제외하면 거의 국내자급이 달성되는 쪽으로 추

3 일부에서는 할당량 배분과정에서 수입을 제한하는 조치가 있었다는 견해도 나온다. 즉 중국 당국이 할당량을 경제적 단위에 미치지 못하는 소량으로 나누어 배정하거나 수입수요가 작은

세가 진행되었는데, 향후에는 수입이 더 늘어날 요인이 있는 것으로 여겨진다. 면화의 경우 1990년대 후반부터 2000년대 초까지 국내 수요가 감소하여 생산조정을 실시했으며, 이에 따라 수입량도 감소했다. 면화 수입량은 2003~04년간 관세할당량 수준을 넘어섰는데, 이는 국내 수요의 증가에 따른 것으로 보인다. 대두와 대두유의 경우에도 국내 소비량의 변동과 대두 작황, 축산업의 상황에 따라 수입량이 변동하고 있는데, 수입량이 관세할당량에는 미치지 못했다.[4]

5. 보조금 협상에 대한 평가

중국은 무역관리체제의 개혁이라는 차원에서 1992년 수출 직접보조금을 폐지한 바 있으나, 수출장려 및 수입대체를 위한 간접보조금과 농업생산보조금은 유지했다. 이제 중국의 WTO 가입에 의해 수출 보조금은 완전 폐지되게 되었다. 그러나 분명히 밝혀진 자료는 없지만, 지금까지 중국이 농업부문에 수출 보조금을 지급할 재정적 여력은 크지 않을 것으로 판단된다.

동북 및 서부 지역에 배분하고 있다는 것이다. 물론 할당량 제한이 실제 있었는지에 대해서는 논란이 있을 수 있으며, 수입수요 자체가 크지 않았던 것이 중요한 요인이라는 주장도 있다(최정섭 2005a; USDA ERS 2004a).

4 대두 무역의 경우 WTO 가입에 앞선 정책 변경이 훨씬 중요한 요소로 작용했다. 대두는 식용으로 쓰이는 대두유의 원료가 되고 그 부산물인 대두박은 축산업에 사료로 공급된다. 중국 정부는 1990년대 중반 축산업의 발전을 위해 대두박 수입을 늘렸다가 점차 대두 수입을 늘려 가공산업을 촉진하는 정책방향을 취하고 있다. 즉 대두 생산 대신 가공산업과 축산업 육성을 초점을 맞추고 있는 것이다.

수출 보조금 폐지가 영향을 미칠 수 있는 부문은 중국의 옥수수 및 면화 수출이다. 근래 중국에서는 농산물 과잉 문제가 심각하여 옥수수와 면화에 대하여 수출 보조금이 지급되었다. 특히 1997년부터 옥수수는 대량으로 국외 수출되고 있는데, 수출에는 중앙정부, 지방정부, 식량유통기업, 농업개발은행, 철도 및 항만, 수출업체 등이 개입하고 있다. WTO 가입으로 직접보조는 철폐되었으나, 부가가치세나 철도건설세 감면, 저장에 대한 지원, 금융 지원 등 간접적 방식의 보조수단은 남아 있다.

또 옥수수의 주산지는 비교적 동북지역에 집중되어 있지만, 이 지역에 적절한 소비처가 없으므로, 급격한 변화가 있을 경우 감당하기 어렵다. 특히 옥수수의 주산지인 지린성의 경우 상당한 타격을 받을 수밖에 없다. 중앙정부는 수출보조 정책으로 인한 재정부담을 회피하려는 유인이 있지만, 동북지역의 지방정부, 양식국 지방사무소, 수출업체는 이 정책의 수혜자이므로, 일정한 선에서 타협이 이루어질 수밖에 없다.

옥수수의 주요 소비지인 광둥성, 쓰촨성에서는 미국산 옥수수가 가격 경쟁력을 가질 것이며 따라서 옥수수 수입이 대폭 증가할 것으로 보인다. 그러나 주요 생산지인 동북 지방의 경우 농업이 비중이 높으므로 농업발전에 주력하지 않을 수 없고 노력 여하에 따라 일정하게 경쟁력을 확보할 수 있을 것이다. 중국의 동북지방은 곡물 수출에 매우 민감한 이해관계를 갖고 있으므로, 향후 옥수수 수출 확대를 위해 품질 향상(수분과 불순물 함유 비율을 낮춤)에 주력할 것이다. 즉 옥수수의 경우 광둥성 등의 수입은 크게 증가하지만, 헤이룽장성, 지린성 등의 수출 역시 확대되는 '북출남입'(北出南入)의 구조가 형성될 가능성이 크다.[5,6]

---

5 중국 동북지방의 경우 한국, 일본 등으로의 옥수수 수출이 매우 중요하다. 2000년의 경우 1047만 톤의 옥수수를 수출했는데, 그 중 602만 톤을 한국에 수출한 바 있다.

6 중국 옥수수 생산의 과잉기조는 향후 축산업의 발전에 따라 역전될 가능성이 많다. 수출량에

한편 국내보조금 감축에 관한 합의도 당장은 중국 농업에 큰 영향을 미칠 것으로 보이지는 않는다. 중국은 오랜 협상 끝에 AMS 감축의무 면제 상한을 8.5%로 적용받게 되었다. 그린박스(삭감대상 제외부분)를 제외한 국내보조조치와 국내외가격차상당액의 합계를 AMS(보호총액측정치)라 한다. UR 농업협정에서는 1986~88년 기준으로 6년간 20% 감축하기로 했는데, AMS가 농산물 생산액의 5% 이하일 경우 AMS 감축이 면제되었다(De-minimis).

개발도상국의 경우에는 우대조치를 받아서 AMS를 10년간 13.3% 감축하며, AMS 감축의무 면제상한을 농산물 생산액의 10%로 했다(이재옥 외 1994). 중국에 적용되는 8.5%의 AMS 감축의무 면제상한은 개도국 지위를 요구하는 중국과 이를 인정하지 않으려는 미국 등과의 사이에서 만들어진 '건설적 모호성'(constructive ambiguity)인 셈이다. 중국은 합의 발표 이후에도 "개도국 지위를 포기하지 않겠다"고 공언했다.

또한 적어도 1990년대 중반까지는 식량가격이 국제가격을 상회했음에도 불구하고 이들 작물에 대한 국내보조액이 마이너스(−)로 추정되고 있다(張仲芳 1997, 25-26). 중국 농업의 국내보조는 식량안보, 국유유통부문 지원 등을 포괄하고 있어서 농민에게 직접 보조하는 부분은 일부분에 지나지 않는다. 또 각종 농업세를 계산에 넣어야 한다. WTO에 제출한 문건에 따르면 중국의 1996~98년의 산품에 특정되지 않은 국내보조액은 주로 농약, 화학비료, 농업용 비닐 등에 대한 보조로써 294.02억 위안으로 농업 총생산치의 1.44%에 불과하다. 산품에 특정된 국내보조액은 옥수수만이 9.35억 위안으로 플러스일 뿐 나머지는 모두 마이너스이다. 국내 농업세

서 재고분이 차지하는 비중이 컸는데, 장기적으로는 국내 재고가 소진되면서 수출량은 줄고 수입량은 늘어 순수입국으로 전환할 것으로 보인다. 미국 농무부는 2009/10년에 중국은 옥수수 순수출국으로 전환할 것으로 전망한 바 있다(최정섭 2005a; USDA ERS 2004a).

부담이 1200억 위안임을 감안하면 AMS 총량은 –900억 위안으로 국내지지수준은 –5%이다(柯炳生 2002, 6-7).

뿐만 아니라 UR 협정에서 국내보조의 감축수단으로 채택된 AMS는 품목별, 정책별로 계산하는 것이 아니라 전 품목의 보조를 합산한 것이고, 정부가 직접 지불한 지원금액 뿐만 아니라 국경조치로 인한 보호효과까지도 포함되어 있다. 최근까지 중국의 농업재정지출이 생산총액에서 차지하는 비율은 3~4%에 불과하다. 또 농업재정지출이 재정지출총액에서 차지하는 비율은 8~10%이나, 이를 이 이상 증대시키는 것도 매우 어렵다고 할 수 있다. 따라서 국내보조금 총액을 삭감해야 할 상황에 부딪힐 가능성은 거의 없는 것으로 볼 수 있다.[7]

무엇보다 중국에서는 아직 여러 종류의 가격 개념이 존재하고 있으며 원가 개념도 분명하지 않으며 중앙과 지방의 재정관계도 복잡하기 짝이 없다. 따라서 단일가격제를 정착시키고 국내 시장가격 산출의 기초자료를 마련하며 재정관계를 투명하게 정비해야 한다. 이 과정에서 적지 않은 시간이 소요될 것이다.

7 WTO 가입을 준비하는 과정에서 비교우위 품목으로의 구조조정이 진행되었다. 경제작물과 축산업의 비중이 증대했으며, 과잉기조에 있던 식량은 2000년경부터 생산이 감소했다. 이에 중국 정부는 식량생산을 장려하는 재정지출을 다시 늘였다. 구체적으로, 식량생산 농가에 대한 직접지불금, 식량작물(대두, 옥수수, 밀, 쌀)의 우량종자보조금 및 식량작물 생산을 위한 농기계구매보조금 지급을 새로이 실시했다.

6. 협상결과의 품목별·지역별 영향

중국의 WTO 가입은 중국 농업에 품목별·지역별로 매우 차별적인 영향을 미치게 된다. 충격을 심하게 받는 품목은 면화, 당료, 유료, 옥수수, 대두 등이고, 지역적으로는 중서부지역에 불리한 영향이, 동부지역에 유리한 영향이 작용한다(柯炳生 2002, 8-11).

쌀 시장에 미치는 영향은 비교적 작은 편이다. 관세할당량이 국내 생산량의 3% 정도인 데다가 국내외가격차에 있어서도 중국에 반드시 불리하다고 할 수는 없다. 생산지역의 분포도 상당히 분산되어 있으며 농민 생산량의 일부는 자가 소비된다. 밀의 경우 할당량은 식량 중에서 최대이고 국내 생산량의 8~9%에 이른다. 그러나 국내외가격차가 그다지 크지 않고 생산이 지역적으로 분산되어 있으며 자급적 성격이 강하여 농민에게 미치는 충격이 상대적으로 크지 않다. 또 중국의 밀 수입은 세계시장가격에 영향을 미치기 때문에 중국의 밀 수입 규모는 일정하게 제한될 것이다.

옥수수는 불리한 영향이 큰 품목이다. 옥수수의 관세할당량도 2004년 720만 톤으로 상당히 많은 양이지만 이보다는 수출 보조금 폐지의 영향이 중요할 것으로 보인다. 2000년의 보조금 수출량은 1000만 톤에 이르는데, 옥수수 전업농이 집중되어 있으며 전국 생산에서의 비중이 높은 지린성에 영향이 크다. 대두는 최근 수입량이 급속히 증가하여 2000년에는 1000만 톤을 넘어서서 국내 생산량의 70%에 이르고 있다. 이는 대두 시장이 국제시장과 긴밀하게 연계되어 있다는 것을 의미하며 WTO 가입은 이러한 추세를 강화할 것이다. 향후 정책 위험은 감소하는 반면 시장 위험은 증가할 것이며, 특히 대두의 주산지인 헤이룽장성이 받는 영향이 크다.

면화는 WTO 가입에 따라 불리해지는 품목이다. 이는 할당량이 국내 생산량의 20%에 이를 정도로 많은 양이라는 점, 할당량 중 비국유무역의 비중이 높다는 점, 주산지가 고도로 집중되어 신장성(新疆省)의 생산량이

〈표 8〉 칭화(淸華)대학이 행한 국제경쟁력 분석

	경쟁력지수	농산물수출 중 비중	농산물수입 중 비중
경쟁력이 큰 품목(4그룹)	0.8~1	27%	
1) 야채(엽채, 근채)			
2) 커피, 차, 조미향료			
3) 어패류, 척추동물제품	경쟁력 증가 중		
4) 야채, 과일, 기타 식물제성품			
비교적 경쟁력이 있는 제품(5그룹)	0.5~0.8	13%	
1) 산 동물			
2) 육류 및 식용잡쇄			
3) 곡물분, 전분, 식료, 술, 자			
4) 낙성품			
5) 잠사			
비교적 경쟁력이 없는 제품(5그룹)	0~0.5	3%	3%
1) 유제품, 란제품, 벌꿀, 기타 식용동물			
2) 기타 식물섬유제품, 종이제품			
상당히 경쟁력이 없는 제품(5그룹)	-1~-0.8	3%	3%
1) 곡물	-0.8~-0.5	6%	15%
2) 면화		17%	24%
3) 식량			
4) 양모 및 기타 동물모			

자료: 『中國信息報』, 00/12/21; 日中經濟協會(2001)에서 재인용.

전국의 1/3을 차지하고 전업적 성격이 강하다는 점 등 때문이다. 또 당료작물의 경우도 충격이 클 것으로 전망된다. 당료의 경우도 면화와 마찬가지로 할당량이 많고 비국유무역의 비중이 크다. 또 당료의 생산은 광시(廣西)에 전국의 40%가 집중되어 있으며 윈난성의 상황도 이와 유사하다.

채소, 과일은 중국 농업에서 경쟁력이 강한 부문이다(〈표 8〉). 관세인하에 따라 일부 수입 증가가 있을 것이지만 대중적인 소비시장을 잠식하기는 어려울 것이다. 수출방면에서는 가격경쟁력을 토대로 주산지인 동부지역이 유리한 입장에 서게 될 것이다. 지금까지 한국과 일본은 식물검역법에 의해 중국으로부터 과채류 수입을 금지하여 왔으나, 중국은 과감한 관세인하와 검역규정 완화를 동시에 요구할 것이다. 지금까지 중국의 채소 수출은 엽채류와 근채류를 중심으로 이루어졌으나 향후에는 과채류, 과즙의 수출 압력이 증대될 것이다.[8]

축산품의 경우 품목별로 수출이 증가할 수도 있고 수입이 증가할 수도 있다. 육류 산품은 중국의 가격우위가 분명하기 때문에 수출 압력이 강화될 것이다. 유제품, 계란 등 부산품은 수입 증가 요인이 있으나 수송·저장 등 비용이 크기 때문에 수입이 단시간 내에 크게 증가하기는 어렵다.

7. 제도개혁 문제에 대한 평가

중국의 WTO 가입을 농업협상 결과 가장 중대한 의미를 지니는 것은 무역제도 개혁과 관련된 것으로 볼 수 있다. 이는 미·중 간 합의의 핵심적 고리라 할 수 있는데, 중국의 농산물무역제도에 민간의 참여를 보장함으로써 수출입절차에 투명성과 경쟁성을 제고하겠다는 것이다.

중·미간 양자협상의 결과에서는 수입관리와 관련하여 특별 규정을 두고 있다. 밀 수입의 경우 사영부문에 10%의 할당을 배정, 쌀은 최종적으로 사영부문에 50%를 배정, 옥수수 수입의 사영부문에의 배정은 기간 초 25%로부터 기간 말 40%까지 증대, 동시에 국유부문이 사용하지 못한 할당량은 매년 10월 사영부문에 새로이 배정한다는 것이다(〈표 9〉).

이 협상결과는 가장 직접적으로 현재의 농산물 무역기업 체제에 엄청

8 물론 중국 산품의 질, 안전성 문제, 무역상대국의 위생·검역문제, 여러 국경보호조치 등이 있으므로 단시간 내에 급격한 변동이 일어나지는 않는다.

〈표 9〉 할당량 중 민간부문의 비중 (단위: %)

	2000	2001	2002	2003	2004	2005
밀	10	10	10	10	10	
옥수수	50	50	50	50	50	
쌀(중단립종)	50	50	50	50	50	
쌀(장립종)	10	10	10	10	10	
대두유	50	58	66	74	82	90
면화	67	67	67	67	67	

자료: Hsin-Hui and Gale(2001).

〈표 10〉 중국의 현행 비관세장벽

	수출	수입
쌀	수출허가증관리품목 (특파원사무소 발급) 수출통일경영상품	수출허가증관리품목 (특정등록수입상품)
밀	없음	수입허가증관리품목 (특정등록수입상품) 지정무역기업에 의한 수입관리
옥수수	수출허가증관리품목 (할당허가증사무국 발급) 수출통일경영상품	수출허가증관리품목 (특정등록수입상품)

자료: 日中經濟協會(2001).

난 영향을 미치게 된다. 지금까지 수출용 쌀의 정제업자는 스스로 양질미를 농가로부터 구입할 수 없었고, 모두 국가비축국의 배분을 받아야 했다. 수입곡물의 경우 지금까지 할당관리제도하에 있으며 국영무역 형태를 취하여 '중국양유식품수출입총공사'(中國糧油食品進出口總公司) 집단이 곡물 수입의 독점권을 가지고 있다. 또 소매로의 흐름은 국가양식공사가 담당했다. 또 현행제도하에서는 쌀, 옥수수, 밀은 수입허가증 관리상품으로 지정되어 있다. 수출에서는 밀을 제외하고는 수출허가증 관리상품으로 지정되어 있다(〈표 10〉).

합의의 정신을 철두철미하게 이행하기 위해서는 대대적인 식량기구의 개혁이 이루어져야 한다. 수입업자의 민영화가 추진되어야 하고 현행의 무역관리제도를 전면 개혁되어야 한다. 그러나 WTO 가입 후에도 식량무역과 유통에 관한 정부의 기본 방침은 바로 확정되지 않았다.[9] 2002년부터 식량유통의 시장화 문제에 관한 연구에 착수했으며, 2003년말까지 지방에서 다양한 실험을 거쳐, 2004년에서야 '중앙 1호 문건'과 '국무원 17호 문건'을 통해 식량유통제도 개혁의 방향을 제시했다(葉興慶 2004).

여기에서는 식량 구판매의 시장화와 시장주체의 다원화를 기본 요소로 제시했는데, 판매가격과 유통은 이미 개방되었으므로, 문제는 시장에서 활동하는 유통주체가 주로 국유기업이라는 현실을 개선하는 것이다. 그러나 현실적으로 식량 국유기업의 개혁이 급속히 이루어질 가능성은 그다지 높지 않을 것으로 여겨진다. '삼로(三老) 문제', 즉 국유식량기업의 노령화 인력, 식량재고, 부채 문제를 어떻게 해결할 것인지, 그에 필요한 비용을 어떻게 부담할 것인지에 대한 구체적이고 현실적인 방안이 아직 마련되어 있지 않기 때문이다.

8. WTO 농업협상에 대한 종합적 평가와 시사점

전체적으로 본다면 중국의 WTO 가입을 위한 농업협상 결과는 크게 과장할 필요는 없다고 본다. 관세할당량과 관세수준의 문제, 보조금 문제, 제도개혁 문제 등에서 현재 상황, 기존의 추세에 협상결과 자체가 막대한

9 중국 대외무역제도의 기본 골격을 규정하고 있는 '대외무역법'은 WTO 가입의 조건을 정비하기 위해 1994년 제정되었으며, 이후 수정 없이 계속 유지되고 있다.

〈표 11〉 곡물 수입시 각 산업 생산액의 감소율 (단위: %)

	부문	케이스1	케이스2	케이스3	케이스4
01	쌀	0.08742	0.00004	0.00002	0.08749
02	밀	0.00006	0.08948	0.00002	0.08956
03	옥수수	0.00005	0.00004	0.06233	0.06243
04	기타경종	0.00017	0.00003	0.00001	0.00022
05	축산업	0.00003	0.00002	0.00001	0.00006
06	기타농업	0.00018	0.00014	0.00007	0.00039
07	공업	0.00009	0.00008	0.00003	0.00020
08	건설업	0.00000	0.00000	0.00000	0.00000
09	교통운수업	0.00012	0.00010	0.00005	0.00027
10	상업음식업	0.00009	0.00008	0.00003	0.00021
11	비생산부문	0.00005	0.00004	0.00002	0.00011
전 산업		0.08827	0.09007	0.06260	0.24094

주: (1) 케이스1은 쌀 수입액이 10% 증가하는 경우
(2) 케이스2는 밀 수입액이 10% 증가하는 경우
(3) 케이스3은 옥수수 수입액이 10% 증가하는 경우
(4) 케이스4는 쌀, 밀, 옥수수 수입액이 동시에 10% 증가하는 경우
자료: 李海英 外(2000, 145)에서 인용.

영향을 미칠 것으로 보이지는 않는다.

이와 관련하여 중국의 산업연관표를 이용한 한 연구의 분석결과가 시사적이다(李海英 外 2000). 여기에서는, 중국에서 발표되는 산업연관표를 농산물무역 분석에 사용하기 위해 농업분석용 산업연관표를 작성하여 농산물 수입 증가의 영향을 분석했다. 중국의 1995년 산업연관표에는 수입, 수출 항목은 나와 있지 않으나 순수출 항목은 제시되어 있다. 따라서 수입률을 구하여 수출입액을 추계했다. 그리고 1995년 표에는 농업부문 1개 부문만이 게재되어 있다. 1992년 표에는 쌀, 밀, 옥수수, 기타경종농업, 축산업, 기타농업 등 6개 부문으로 분할되어 있으므로 이로부터 각 부문의 비율을 구하여 1995년 표에 적용했다.

분석결과에 의하면, 쌀 , 밀, 옥수수의 경우 해당 부문에의 영향이 압도적이다. 한편 부가가치 감소액의 구성비는 노동자수입의 비중이 가장 커

서 84~93%를 점하고 있다. 쉽게 예측할 수 있는 것처럼, 한 품목의 수입 증가는 해당 품목에 피해가 집중되며, 그 피해는 주로 농민의 수입 감소로 나타날 것이라는 것이다. 미국 농업부는 중국의 WTO 가입에 의해 1200만 명의 농민 실업을 예상한 바 있고, 중국 국가발전계획위는 2000만명의 실업을 예측하기도 했다. 이는 중국 전체적으로 큰 문제는 아닐 수 있으나 피해가 특정 부문, 특정 지역에 집중될 경우 정치·사회적 위협이 될 수도 있다.

다만 중국의 경우 농산물수입의 증가에 따른 국내 생산에의 영향의 정도는 매우 작다. 쌀의 경우 10% 수입이 증가할 경우에도 국내 쌀 생산에 미치는 영향은 0.08742%에 지나지 않는다. 이는 중국이 세계 농산물 시장에서 취할 수 있는 포지션이 한국, 일본과는 매우 다르다는 점을 의미한다(〈표 11〉).

오히려 훨씬 더 중요한 점은 중국에서 진행 중인 농업구조조정의 방향인데, 이는 중국의 WTO 가입 이후 더욱 가속화될 것이다.

첫째, 식량의 경우 보호가격 수준이 인하되고 있으며, 수매대상을 축소하는 중이다.[10] 농민이 보유한 과잉분에 대해 민간상인이 매입하는 것이 법적으로는 금지되었으나, 이를 허용하는 쪽으로 변하고 있다. 2004년에는 식량수매와 수매가격을 전면 자유화했으며 식량 유통에 비국유 민간주체가 진입하는 것을 허용했다. 물론 이러한 추세는 식량 작황, 재고 수준에 따라 언제든지 조정 또는 역전될 수 있다고 본다.[11]

---

10 2000년 남부의 조생 장립종 쌀과 붉은 밀, 북부의 봄밀을 보호가격 수매 대상에서 제외했다. 2001년에는 연해 8개 성에 대해 식량 구판매를 완전 자유화했으며, 이는 2003년말까지 14개 성으로 확대되었다(葉興慶 2004).

11 실제로 2000년부터 식량이 감산되자 다시 생산 확대 정책을 실시하기도 했다. 중국에 있어 개방화는 돌이킬 수 없는 '여건'이라기보다는 선택 가능한 정책의 하나이다. 중국의 농업개방을 제동하는 것은 첫째, 생산실적 또는 자급도에 따른 제약이며, 둘째, 축적전략의 선택에 따

둘째, 식량작물의 지역적 구조조정이 진행되고 있다. 동부는 식량작물로부터 경제작물과 수출용 작물 위주로, 중부는 식량생산기지로(밀은 제외), 서부는 퇴경하여 산림, 초원을 조성하는 방향으로 재편되고 있다. 물론 이것도 식량자급에 대한 상당한 자신감에 기초한 것이다.

셋째, 채소, 과일의 재배면적이 급증하여 과잉상태에 있다. 넷째, 고품질화에 대하여 대대적으로 강조하고 있다. 다섯째, 거대 농업기업이 육성되고 있다. 채소, 과일, 축산 등 부문에 소농-가공기업 간 계약하고 수출로 연결시키는 움직임이 계속되어 왔으나, 최근에는 대기업이 직접 농업과 농산물판매에 참가하는 움직임이 나타나고 있다.

한국과 관련해서 주목할 점은 다음과 같다. 첫째 쌀, 옥수수 등의 수입압력이 지린성, 헤이룽장성 등 동북으로부터, 그리고 과채류 수입압력이 산둥성 쪽으로부터 가해질 것이다. 둘째, 중국은 개방으로 인해 국내적으로 정치사회적 위협이 증대될 수 있으나, 농업의 개방화로 인한 전체 국민경제에의 영향은 상대적으로 크지 않다. 따라서 중국과 한국은 세계 농산물 시장에서 경제적 이해관계가 상충되는 쟁점이 제기될 수 있다.

른 제약, 그리고 셋째, '분절된 국가'에 의한 제약이다. 이 책의의 제8장 참조.

제8장

중국의 농업개방을 제약하는 요인들

1. 문제의 제기

주지하는 바와 같이 중국은 계획경제에서 시장경제로, 농업경제에서 산업경제로, 농촌경제에서 도시경제로, 전근대경제에서 근대경제로 이행 중에 있는 발전도상경제이다. 이러한 과정은 거대한 '경제발전'의 과정이자 계급적 이해관계의 재편과정이기도 하다. 거대한 중국 인구를 부양하고 있는 농업부문은 중국 경제 또는 사회변동의 중요한 단면이다. 따라서 농업부문을 중심으로 중국의 개방 확대가 미치는 효과와 그 영향력의 한계에 대해 분석해보면, 중국의 개방화가 '경제발전' 과정에서 어떠한 의미를 지닌 것인지, 국가와 각 계급간의 관계와 어떤 관련이 있는지에 대해 인식할 수 있는 단서를 제공한다.

그리하여 이하에서는 "중국의 농업개방은 불가역적인 추세인가"하는 물음을 제기해보기로 한다. 이러한 문제 제기는, 다시 말하여 농업개방의 직접적 효과를 살펴보는 데에서 더 나아가, 농업개방의 한계, 그 한계를 규정하는 요인들에 대하여 고찰하는 것을 의미한다. 이는 중국의 개방화가 독립변수로서 경제실적에 어떻게 영향을 미치는가 하는 측면을 넘어서, 중국의 개방화가 종속변수로서 역사적 경로, 체제·제도 등에 의해 영향을 받는 측면을 살펴보기 위한 것이다.

그간의 연구는 대체로 개방이 농업·농민에 미치는 영향을 계측하는 방향으로 진행되어 왔다. 그러나 중국에 있어 개방은 그 자체로 목적함수가 되는 것은 아니다. 중국에서는 그간 급속한 발전을 추구하는 전략에 의해 개별 정책이 규정되고 이 전략에는 그간 여러 가지 유형이 존재해왔다. 또 성장·발전에의 열망은 인구 억제와 식료 확보를 제약조건으로 추진될 수밖에 없다. 이하에서는 경제실적으로서의 식량수급과 농업개혁 사이의 관계, 외부환경으로서의 축적전략·국가기능과 농업개혁의 관계를 분석하기로 한다.

2. 수급실적과 제도·정책 개혁의 관계

중국에서의 농업제도·정책과 생산실적의 관계는 개혁을 전후로 하여 크게 변화했다. 즉 개혁 전에는 수요를 통제하는 제도·정책이 생산실적의 상승을 억제하는 구조였으나, 개혁 후에는 제도·정책과 생산 및 수급상황이 상호 영향 속에서 변동하는 구조가 되었다.

개혁 전부터 중국의 농촌과 농민에게는 막대한 인구를 부양하는 역할이 부여되었다. 농촌은 잉여노동력이 취업하는 저수지 역할을 해야 했으며, 과다한 인구를 먹여 살리기 위해 '식량생산 제일주의'(以糧爲綱)가 채택되었다. 또 호구제도를 통해 농촌호구를 지닌 주민은 도시로 이동할 수 없도록 제도화함으로써 농촌은 급속한 도시화를 막아 도시가 적절히 기능할 수 있도록 했다. 결국 농촌은 중국 전체의 과잉인구 문제를 감당해야 했으며, 이에 따라 농업에의 노동력 다량 투입에 의해 토지 생산성을 극대화하는 전통기술 체제를 유지할 수밖에 없었다.

너무 많은 부담을 짊어진 중국 농업은 1978년 이전까지 자체적인 발전의 계기를 찾지 못하고 장기적인 정체상태에 빠져 있었다. 가격은 농민에게 불리하게 설정되었으며 국가는 낮은 가격으로 너무 많은 양을 수매해 감으로써 농민의 소득을 낮은 수준에서 정체했다. 또한 집단적 경영체제는 농민 개인에게는 생산을 증대할 어떤 유인도 제공하지 않고 있었으므로, 농업생산은 구조적으로 정체될 수밖에 없었다.

이러한 상황에서 개혁이 시도되었다. 1970년대 말~80년대 전반에는 제도·정책 개혁을 통해 생산유인을 확대함으로써 수급구조의 호전을 가져왔다. 수매가격의 대폭적인 인상과 시장유통의 증대, 집단경영에서 가족경영으로의 전환에 따라 중국의 식량생산은 파종면적의 감소에도 불구하고 그 이전에 비하여 빠른 속도로 증가했다. 특히 높은 수매가격이 유지되던 1978년부터 1984년까지 식량생산은 3억 톤 남짓에서 4억 톤 이상으로 크게 증대되었다.[1]

그러나 1980년대 중반~후반은 생산실적 및 수급구조의 악화로 시장유통에 대한 국가개입이 다시 증대된 시기이다. 중국 정부는 1985년 국가의 계획수매제도를 계약수매제도로 전환하여 시장적 요소를 대폭 확대하고자 했다. 그러나 그 해 식량생산은 전년에 비해 약 3천만 톤이나 감소했으며 식량의 시장가격이 급등했다.[2] 시장가격이 상승하여 계약수매가격을 상회하는 상황에서, 국가는 다시 수매량 확보를 위해 강제적 수단을 동원했고 지방정부는 수매임무를 완수하거나 상업이윤을 증대시키기 위해 비시장적인 조치를 실시했다.

1990년대 초반에는 생산 회복과 수급구조 개선으로 다시 제도·정책

---

1 농업개혁이 농업생산에 미친 효과에 관한 구체적 분석에 대해서는 이일영(1997)의 제3~4장을 참조.

2 시장개방의 폭이 컸던 부식품의 경우에는 "시장 개방에 따른 가격상승 → 생산의 급격한 팽창 → 가격 폭락과 판매난"과 같은 가격·생산의 파동이 더욱 심각하게 반복되었다.

개혁이 추진되었다. 1989년부터 생산이 회복되고 1990년 식량이 전년에 비해 약 4천만 톤이나 증산됨에 따라 식량가격은 폭락했다.[3] 이러한 상황에서 정부는 생산자를 보호하려 하는 한편으로, 국가에 의한 시장개입을 축소하고 시장유통을 확대함으로써 부담을 줄이려는 유인을 갖게 된다. 그리하여 이 시기 제도·정책 개혁의 초점은, 첫째, 배급가격 인상, 나아가 배급체제 철폐, 즉 소비자 유통의 자유화에 의해 국가재정부담을 해소하는 것, 둘째, 계약수매에서의 의무적 성격을 제거하고 수매가격을 시장 가격화하는 것, 셋째, 보호가격 설정, 계약수매 가격 인상 등 생산자 보호 시책을 도입하는 것에 두어졌다.

그러나 1990년대 중반 이후에는 다시 수급문제에 대처한 시장조절의 움직임이 강화된다. 즉 1994년, 1995년에는 사상 최대의 인플레, 식량생산의 일시적 정체에 따라 식량부문에 강력한 국가 개입이 다시 등장했다. 각 성·자치구의 행정지도자에게 식량수급 조절 임무 책임을 부과했고, 국가특별비축식량을 대폭 확보했다. 식량위험기금(糧食風險基金)을 두어 가격하락시 '보호가격'으로 식량을 무제한 수매하도록 했으며, 국유 식량비축기업만이 농촌에서 수매를 행할 수 있도록 조치했다. 이러한 정부의 강력한 증산정책에 따라 1990년대 후반의 수급상황은 다시 호전되었다.

중국이 WTO 가입을 위해 농업부문에서 일련의 양보조치를 시행할 수 있었던 것은 이러한 수급조건의 호조를 배경으로 하고 있다고 볼 수 있다. 앞에서 본 것처럼 중국에 있어 농산물유통의 시장화과정은 수급실적이 뒷받침되는 시기에 한하여 제한적으로 이루어져 왔다. WTO 가입을 위한 합의사항도 이러한 과정의 일부분으로, 중국의 거대한 규모 때문에 형성되

3 1989~90년에 식량생산은 상당히 증가하여 4억 5,000만 톤 생산에 육박했으나, 이러한 생산 증가는 시장 및 가격유인에 의한 것이라기보다는 투입재의 증가, 파종면적의 확대와 함께 양호한 기상 및 생육조건에 힘입은 것이었다.

는 국제시장에서의 영향력, 국제기구에서의 지위 등을 고려할 때, 이는 불가역전적인 것은 아니다. 수급조건이 악화되면 이들 국제규범의 형식 안에서 증산을 시도하거나 국제규범의 변경을 시도할 것으로 여겨진다.[4]

3. 축적전략의 제약

개혁 전 중국의 농업 제도·정책은 중공업 우선 전략이라는 외생적 조건에 의해 규정되는 것이었다. 즉 축적전략이 제도를 규정했던 것이다. 그러나 농촌으로부터 시작된 개혁과 함께 종래의 축적전략을 일정한 변경이 불가피하게 되었다. 이에 따라 축적전략과 제도·정책 사이의 보완적 관계에 변동이 생기게 되었다. 외부로부터 축적자금이 원활하게 공급될 경우 시장화 및 국제화 추세가 가속화되었지만, 중국이 내수를 향후 얼마나 중시할 것인가에 따라 이러한 추세에 제동이 걸릴 가능성은 남아 있다고 볼 수 있다.

개혁 전 중국은 다른 사회주의 국가와 마찬가지로 중공업을 우선 발전시킴으로써 선진공업국을 추월하고자 하는 정책의지를 가지고 있었다. 그리하여 중공업 우선성장과 수입대체를 추구하는 발전전략을 채택했다. 이러한 경제발전전략하에서는 대량의 자본이 필요했으나 부존자원이 부족

4 2000년 식량생산이 감소하자 중국 정부는 다시 생산증대 정책을 실시한다. 이때 사용된 수단은 WTO에서 허용되는 수준의 것이었다. 첫째로는, 허용 보조금을 확대했는데, 식량 농가에 대한 직접지불, 식량작물의 우량종자에 대한 보조금 지급, 농기계구매보조금 지급 등이다. 둘째로는, 농업과학기술의 개발과 실용화인데, 다수확 품종 개발과 절수형 재배법 개발 등 육종과 재배분야에서의 과학기술 개발 및 실용화를 강조하고 있다(정정길 2007).

하고 농촌의 비중이 엄청나게 큰 것이 당시 중국의 현실이었다. 이러한 모순을 해결하기 위하여 요소가격, 생산재 가격, 소비재 가격을 억압하는 거시정책, 고도로 집중된 자원배분제도, 국가계획에 의해 통제되는 미시경영 메커니즘이 형성되었는데(林毅夫 外 1996), 공업 발전 수준이 낮은 중국으로서는 농촌과 농업을 통제하는 것이 매우 중요한 과제가 되었다.

큰 틀에서 보면 중국도 전형적인 사회주의 공업화 전략의 패턴을 충실히 따른 셈이며, 이에 따라 농업·농촌부문에 수립된 집권적 계획경제 체제는 농업·농촌으로부터 공업화를 위한 축적자금을 동원하는 수단으로 기능했다. 공업 생산의 요소가격을 낮추기 위해 저농산물 가격정책을 시행했으며, 농촌·농업부문에서 형성된 잉여를 공업부문으로 효과적으로 이동시키기 위해 국가가 유통부문을 독점적으로 장악했다. 1953년 이후 골격을 갖춘 '계획수매·계획배급' 제도는 유통의 국가독점의 핵심 요소였다. 나아가 생산까지 사회적으로 조직함으로써 농촌·농업의 잉여는 완벽하게 통제될 수 있었다. 이러한 맥락에서 농업집단화가 추진되었는데, 중국의 경우 인민공사를 통하여 농민의 무상 집단노동에 의해 농촌의 고정자본을 형성함은 물론 전통적인 토착기술에 기초한 공업화의 가능성을 모색하기도 했다.[5]

그러나 개혁 후에는 농촌의 제도·정책 개혁 축적자금 원천의 일정한

5 러시아혁명 이후 공업화의 방법을 두고 부하린과 프레오브라젠스키가 치열하게 논쟁을 벌였다. 부하린은 농업을 먼저 발전시키고 여기에서 형성된 잉여가 공업으로 흘러넘치게 하는 순차적 발전과정을 구상했으나, 프레오브라젠스키는 공업발전을 우선하고 농업은 그를 뒷받침하도록 하는 사회주의 공업화를 주장했다. 스탈린 집권으로 부하린과 프레오브라젠스키 모두 집권 세력에서 탈락했으나, 스탈린적 발전전략에는 프레오브라젠스키의 구상의 핵심이 반영되었다. 마오쩌둥 발전전략의 경우 두 다리로 걷는 공업화, 농촌과 정신적 자극의 중시 등 스탈린 전략과 일정한 차이가 있으나, 공업화 자금의 원천이 주로 농촌 또는 농민이며 자금 이전의 핵심 수단이 가격정책이라는 점에서 사회주의 공업화 전략의 핵심 요소를 함께 가지고 있다고 할 수 있다.

변경이 불가피해졌다. 특히 1970년대 말~80년대 전반의 제도 및 정책개혁은 농업 및 식량생산에 크게 기여했으나, 다른 한편으로는 더 이상 종래와 같은 발전모델을 유지하기 어렵게 했다. 즉 이 시기 농산물 가격의 대폭 인상으로 가격차를 통한 자본축적 메커니즘은 붕괴되었으며 인민공사의 해체로 대중동원에 의한 노동축적의 방법도 소멸했던 것이다. 중국은 새로운 축적자금의 원천을 구해야 했으며, 경제특구를 통해 외국자본을 도입하는 조치를 취하기 시작했다.

그러나 1980년대 후반에는 농촌개혁의 진전이 실적 증가로 이어지지 않게 되자 1980년대 전반의 경제성장을 견인하던 농촌소비가 정체했다. 농촌개혁의 모순은 보다 직접적으로 심각한 재정문제의 발생으로 이어졌다. 1980년대 전반까지 수매가격이 배급가격을 상회하는 상태에서 수매량과 배급량이 함께 증대했다. 1984년에 도시 배급분 집행에 대한 보전 지출액이 200억 위안에 이르렀고, 국가 식량부문이 관할하는 식량기업에 대한 보조액이 200억 위안을 넘어섰다(『中國統計年鑑』 1989, 673; 『中國統計年鑑』 1991, 223). 이러한 상황은 당시까지만 하더라도 재정자금을 주요한 기축으로 삼던 축적메커니즘에 일정한 위기가 발생했음을 의미한다. 이에 따라 축적 자금원의 애로를 타개하기 위해 1980년대 후반에는 직접적인 시장조절 또는 통제에 나서지 않을 수 없게 되었다.

농업생산으로부터 발생하는 재정부담은 수매가격과 판매가격의 차이에 기인한 것이었다. 생산을 자극하고 일정한 수매량을 확보하기 위해서 중국정부는 국영 상업부문에 통상의 계약수매·협의수매 이외에 시장가격보다 높은 보호가격에 의한 수매를 실시하도록 했다. 이에 따른 재정보조부담의 증가 문제를 해결하기 위해 다시 시장화의 방향으로 제도개혁이 추진되었다. 결국 1990년대 들어 수매와 판매에 있어 모두 높은 가격을 설정하면서 시장화를 진전시키는 조치가 이루어지게 되었다. 1990~92년의 연속적인 풍작은 배급제도의 개혁을 추진할 수 있는 여건을 제공했고, 이로써 공급자와 수요자에게 모두 효과적인 자원배분의 신호를 제공할 수 있는 단일가격제도, 전면적인 시장유통체제의 기본 틀이 만들어졌다. 이 시기의 제도개혁을 통해 중국 농촌에 있어 시장체제의 기본 골격이 대체로 완성되었다고 할 수 있다.

이러한 농업 제도·정책 개혁 과정은 축적메커니즘의 전환과 함께 진행되고 있는 것이며, 중국의 WTO 가입은 이러한 축적구조 또는 전략의 변동과정에서 추진된 시장화·국제화 조치의 하나이다. 그런데 농업부문의 변동과 개방 확대의 추세가 선순환적인 효과를 발생시키던 데에서 상충적인 효과가 커지는 시점에 다다르면, 중국의 자본축적구조에 중대한 모순이 드러나게 된다. 중국의 자본축적 전략이라는 차원에서 보면, 개방 확대가 중요한 요소이기는 하지만, 전략 자체를 구성하는 것은 아니다.

중국과 같은 인구대국에서 고용흡수력을 고려하지 않고 일방적으로 개방 확대와 산업구조 고도화를 추진했을 경우 발생할 수 있는 부작용은 체제의 근간을 흔들 수 있다. 따라서 현행과 같은 축적전략은 개방과 구조조정을 통해 높은 수준의 성장률을 유지하고 그 과정에서 발생하는 실업문제가 체제 안으로 수용될 수 있다는 것을 조건으로 유지될 수 있다.

일단 중국은 선택할 수 있는 최적의 방안이 WTO에 가입하여 국제무역질서에 참여하는 것이라는 쪽으로 의견을 모았다고 할 수 있다. 국무원발전연구중심(國務院 發展硏究中心)에서 계측한 바에 의하면, 중국이 WTO에 가입하여 관세·비관세장벽 삭감, 농업의 무역자유화, 섬유협정의 폐지 등이 이루어지면, 2005년 GDP는 WTO에 가입하지 않았을 때보다 1.53% 늘어난다고 주장한 바 있다(李善同 外 1998, 381). 그러나 또 한편으로 중국의 WTO 가입으로 인하여 얼마간의 식량 자급률 하락과 농업부문 실업률 증가가 불가피하다. 중국 농업과학원의 추정에 의하면, 1995년에 103%에 이르던 식량 자급률은 WTO 가입의 여러 가지 시나리오에 따라 2005~2020년에 90~96%로 하락하게 된다(黃季焜 2000, 63; 黃季焜 外 1999, 5). 국무원 발전연구중심의 연구에 의하면, 2005년까지의 농업부문의 취업인구 감소율이 쌀 2.8%, 밀 14.2%, 면화 22.6%에 이른다(李善同 外 1998, 381).[6]

더욱이 국제시장으로부터의 충격은 식량·면화·유지 작물 재배 농민, 저소득 농민, 빈곤지역 농민들에게 집중될 것이다. 이들은 낮은 교육수준, 비농업부문에 이용되는 기능, 시장정보 획득 능력 때문에 단기간 내에 비농업부문에 취업하기가 어렵다. 빈곤지역의 교통조건, 통신설비, 시장정보의 낙후는 WTO 가입으로 인한 경제발전과 소득증대의 기회의 차이를 가져온다. 무역자유화는 농업 생산자재 가격을 하락시키지만, 빈곤지역 농가의 자재 투입 수준이 낮기 때문에 실질적인 혜택을 누릴 기회가 적다. 소득수준이 낮은 농민들은 자금, 기술과 정보 등의 제한으로 품목 전환의 기회가 적을 수 있기 때문에, 그 과정에서 계층분화가 심해질 수 있다. 만약 국내 농산물에 구조적, 일시적 과잉이 발생한다면, 이러한 충격은 더욱 증폭되게 된다.

WTO 가입이라는 개방의 충격 효과는 일정 기간 나타났다가 서서히 소진되겠지만, 도시와 농촌의 이원적 경제구조, 소득분배구조의 악화, 도시에 편중된 소비구조의 획일성에 따른 농촌 수요의 부족은 지속적으로 문제를 확대시킬 수 있다. 현재 중국 당국은 '삼농문제'의 중요성을 대대적으로 강조하고 있으나, 결국 문제는 자본축적 구조상에서의 농업의 위치에 관한 것이다. 중국으로서는 농촌인구를 수용할 수 있는 도시의 고용력이 마련되지 않는 한, 급속한 농업 축소의 추세를 감내할 수 없다.[7]

---

6 중국농업대학 연구팀에서도 중국의 WTO 가입으로 인한 산출량 변화의 효과를 계측한 바 있다. 시뮬레이션에 사용한 모형과 가정의 차이 때문에 구체적인 수치의 차이가 존재하지만, 추계 결과의 의미는 서로 크게 다르지 않다(中國農業大學 1999).

7 물론 종전에도 농업·농촌부문에 과잉인구가 존재하지 않았던 것은 아니었으며, 앞으로 농촌 주민을 계속 농촌에 잠재실업 상태로 묶어둔다고 해서 실업문제가 해결되는 것도 아니다. 도농 간의 자유로운 노동력 이동을 억압한 상태에서 도농 간 격차가 확대되고 있는 것이 보다 근

아직 농촌 수요의 개발을 위한 농업정책이 어떠한 것인지는 구체적으로 마련되어 있지는 않다. 그러나 개방과 그에 따른 농업구조조정이 농촌인구의 실업으로 귀결되는 방식으로 축적전략이 구조화되기는 현실적으로 어렵다고 판단된다. 중국에 있어 농민의 자신의 이해관계를 제도·정책에 반영할 수 있는 조직적 역량을 보유하지는 못하고 있다. 그러나 중국의 발전단계를 규정하고 있는 농업·농촌의 규모, 인구-식량 밸런스의 문제 때문에 국가는 농업을 일방적으로 배제하고 발전전략을 추진할 수는 없다.

4. 국가의 역할

중국의 농업분야는 자동차산업과 함께 WTO 가입으로 인해 크게 피해를 입을 분야로 거론되었지만, WTO 농업협상 결과의 경제적 효과를 과장할 필요는 없다.[8] 관세할당량과 관세수준의 문제, 보조금 문제 등에서 기존의 추세에 협상결과가 대단히 심각한 영향을 미칠 것으로 보이지는 않는다. 그보다는 농업협상 결과 가장 중대한 의미를 지니는 것은 무역제도 개혁과 관련된 것으로 볼 수 있다. 이는 미·중간 합의의 핵심적 고리라 할 수 있는데, 중국의 농산물무역제도에 민간의 참여를 보장함으로써 수출입 절차에 투명성과 경쟁성을 제고하겠다는 것이다.

이렇게 될 경우 가장 직접적으로는 현재의 농산물 무역기업 체제에 엄

본적인 문제라고 할 수 있으므로, 결국은 점진적인 도시화의 진전을 통해 도농 간 격차를 해결할 수 있는가가 중요하다.

8 이 책의 제7장 참조.

청난 영향을 미치게 된다. 대대적인 식량기구의 개혁이 이루어져야 한다. 수입업자의 민영화가 추진되어야 하고 현행의 무역관리제도를 전면 개혁해야 한다. 그러나 아직까지 할당제와 허가증제를 기본 축으로 하는 '대외무역법' 체제가 유지되고 있다. 중국 현지의 전언, 그리고 다른 나라의 사례를 보더라도 기본식량의 무역에 시장체제가 전면적으로 도입되는 개혁이 이루어질 가능성은 그다지 높지 않다고 판단된다.[9]

중국의 경우 개혁·개방 이전은 물론 지금까지도 국가로부터 분리된 사회는 존재하지 않았지만, 미시적인 구조로서 단위(單位)체제와 결합한 '분절된 국가'(fragmented state)가 존재했다. 분절된 국가는 부문 국가와 지방 국가로 이루어져 있다. 종래 계획계통은 부문 계통과 지방계통으로 분리되고 각각 줄(條條, 정부 각 부문을 의미함)과 덩어리(塊塊, 지방정부를 의미함)로 이루어져 있었다. 개혁·개방 과정에서 중앙의 부문 국가와 지방 국가간의 분절이 더욱 현저하게 진행되는 경향이 있으며 이는 전체주의적 국가로 하여금 어느 정도 유연성을 갖게 하여 시장경제로의 이행을 매끄럽게 했다(이동진 외 2001).

농업과 관련해서도 '분절된 국가'는 농업개혁을 견인한 동력이었다. 농업관련 정책은 농업부 뿐만 아니라 국가발전계획위원회, 산하 국가양식(糧食)비축국, 국가경제무역위원회, 산하 국가국내무역국, 산하 국가연초전매국, 국토자원부, 산하 국가해양국, 수리부, 해관총서, 산하 국가출입경검험검역국(出入境檢驗檢疫局), 대외무역경제합작부, 국가세무총국, 국가임업국, 각 지방정부에 널리 분산되어 있다(國務院辦公廳秘書局 1998)

9 핵심은 국유 식량유통기업이 독점적 지위를 차지하고 있는 체제에서 경쟁기업 체제로 이행하는 것이다. 그러나 국유식량기업이 보유하고 있는 식량재고와 부채, 그리고 인력 문제를 일거에 해소할 방안은 사실상 존재하지 않는다. 지금까지 그래왔던 것처럼 점진적인 개선을 도모하는 수밖에 없을 것이다.

최초에 가격 및 유통상의 인센티브를 제공한 것은 식량상업부문이었으며, 가족농으로의 탈집단화를 이끈 것은 지방정부, 즉 '분절된 국가'였다. 전체주의적 '국가'는 이를 묵인했을 뿐이었다.

그런데 중국의 WTO 가입은 전체주의적 '국가'가 추진한 것이다. 가입 교섭은 주룽지 총리의 지시와 지지 하에 룽용투(龍永圖) 부부장을 수석대표로 하여 대외무역경제합작부가 전권을 위임받아 행했다, 농업협상의 구체적인 내용은 1999년 중미 간 합의에 이를 때까지 중국 내에서는 전혀 논의된 바 없었다. 당시 협상 대표로 협상에 관계한 농업전문가는 그나마 대외무역경제합작부와 관계를 갖고 있던 청궈창(程國强, 농업과학원) 정도가 유일한 경우라 할 수 있다.

그러나 중국에서 '분절된 국가'가 전체주의적 '발전지향 국가'(developmental state)의 공격에 순순히 포섭되어 '통합적 국가'(integrative state)로 발전할 수 있을지는 미지수이다. 여건의 변화에 따라 '분절된 국가'는 여러 가지 태도를 취할 수 있을 것이다. 지방은 물론이고 중앙의 지도부들 사이에서도 "중국의 농업분야가 중대한 도전에 직면해 있다", "경쟁력이 향상될 때까지 농업을 보호할 것이다", "더 늦기 전에 농민 생활수준을 개선하는 대책을 마련하지 못하면 위험한 상황에 직면할 수 있다"는 언급이 공개적으로 나타나고 있다. 아직 농민의 정치력이 존재하지 않는 상황에서 이러한 상층부의 움직임이 나타나는 것은, '분절된 국가'가 '국가'에 의해 추진된 농업개방의 결과에 대하여 일정하게 제동을 걸고 있는 것으로 해석할 수도 있을 것이다.

5. 요약 및 결론

중국은 WTO에 가입하는 조건으로 농산물에 대해 관세율을 인하하고 관세할당 등을 통해 시장접근을 확대하며 수출 보조금을 폐지하기로 했다. 그러나 중국 농업의 개방화가 일방통행식으로 진행되고 있는 것은 아니다. 국내보조금의 경우에도 중국의 농업재정지출이 생산총액에서 차지하는 비율이 현재 높지 않은 상황이므로 당장은 문제가 되지 않으며, 비관세장벽의 관세화, 나아가 국가에 의한 무역관리체제의 폐지 등과 같은 제도개혁은 아직도 불투명성이 강하다.

이와 같이 일방적인 농업개방으로의 경사를 제동하는 것은 첫째, 생산실적 또는 자급도에 따른 제약이며, 둘째, 축적전략의 선택에 따른 제약, 셋째, '분절된 국가'에 의한 제약이다.

중국에서의 개혁 후 농업제도·정책과 생산실적의 관계를 볼 때, 제도·정책과 생산 및 수급상황이 상호 영향하에서 변동하고 있다. 지금까지의 수급실적과 제도·정책의 형성과정 사이의 관계를 기초로 볼 때, 콩의 경우를 제외한다면, 자급도가 위협받는 수준에 도달할 때 그간의 시장화·개방화 추세에 일정한 제동이 걸릴 것이라고 예상할 수 있다.

개혁 전에는 중공업 우선의 축적전략이 제도를 규정했으나, 농촌으로부터 시작된 개혁과 함께 종래의 축적전략과 제도·정책 사이의 보완적 관계에 변동이 생기게 되었다. 외부로부터 축적자금이 원활하게 공급되고 개방의 부작용을 흡수할 수 있을 경우 시장화 및 국제화 추세가 유지되었지만, 중국 농촌의 거대한 규모, 인구압력 등을 고려할 때 이러한 추세가 향후에도 장기 지속될 것으로 확언하기는 어렵다. 중국이 내수를 중시하는 전략을 병행할 가능성은 얼마든지 남아 있고 그렇다면 개방과 그에 따른 농업인구의 실업으로 귀결되는 제도·정책 기조에 제동이 걸릴 가능성은 충분히 남아 있다.

중국의 개방화에서 중대한 의미를 지니는 것은 국내제도개혁, 즉 '분절된 국가'를 개혁하는 문제였다. 중앙의 발전주의적 '국가'는 WTO 가입을 통하여 지방이나 부문 등 '분절된 국가'를 포섭하여 '통합적 국가'로 발전시키려 했던 것이다. 그러나 문제는 발전주의적 '국가' 역시 산업구조 변동과 농업 축소의 과정에서 발생하는 복잡한 사회적 문제에 대응할 좋은 수단을 가지고 있지 못하다는 점이다. 따라서 농업부문은 개방과 그에 따른 제도개혁을 지연시키는 '분절된 국가'의 거점이 될 가능성이 크다.

중국의 농민은 자신의 이해관계를 제도·정책에 반영할 수 있는 조직적 역량을 보유하지는 못하고 있다. 그러나 중국의 발전단계를 규정하고 있는 농업·농촌의 규모, 인구–식량 밸런스의 문제 때문에 국가는 농민을 일방적으로 배제하고 발전전략을 추진할 수는 없다. 이와 같이 '전체주의적'(totalitarian)인 것만은 아닌 국가, 그리고 '이익집단'(interest group)으로서 제대로 기능하지 못하는 농민으로 구성된, '국가–농민관계'의 범위 안에서 중국의 개방화는 진행되고 있다. 변화의 속도가 빨라지고 있지만 의연히 변화하지 않고 있는 부분도 있다.

에필로그

중국 경제, 더 압축된 동아시아 모델

1. 중국형 농업·농정 모델의 특징

1970년대 말 중국의 농업은 개혁·개방이라는 새로운 엔진을 시동하는 점화기 또는 기폭제 역할을 했다. 2000년대 전후 중국은 정체되는 개혁의 엔진을 계속 가동하기 위해 국제화 또는 개방의 확대에 나섰다. 이때 개방 확대가 가능했던 것은 농업이 그 때까지는 개방의 장애 요인으로 작용하지 않았기 때문이다. 상대적으로 견고한 농업의 공급 능력, 낮은 보호 수준, 약한 정부 재정 능력은, 중국 정부가 개방 확대를 선택하도록 결심하는 조건이 되었다(1장, 2장).

그러나 이러한 개방 확대의 조건이 향후에도 장기 지속될 것으로 보기는 어렵다. 지금까지는 외부로부터 축적자금이 원활하게 공급되고 개방의 부작용을 흡수하면서 고도성장이 이루어졌다. 그러나 중국 경제의 규모가 커질수록 외부 자금에만 의존하는 축적방식은 더욱 더 지속되기 어려워진다. 거대한 농촌의 규모와 인구 압력, 지금까지의 중국에서의 농업제도·정책과 생산실적의 관계를 볼 때, 식량 자급도가 위협받는다면 개방 확대 추세에 일정한 제동이 걸릴 것이라고 예상할 수 있다(8장).

1970년대 말~1990년대 말의 20여 년간 중국의 정책개혁은 한국과 대만에서의 1960년대 말 또는 1970년대 초의 정책전환과 유사한 성격을 지니고 있다. 즉 농업에서 공업으로 자원이 이전되는 발전모형으로부터의 공업에서 농업으로 자원 흐름이 변화시키는 과정을 밟아오고 있다(2장). 또한 1990년대 후반 이후에는 동아시아 3국과 중국의 농업에서 시장화와 구조조정의 추세가 강화되고 있다(7장).

구조조정 압력이 강화되는 것은 국제화가 진행되는 여건에 대한 동아시아 국가들의 공통적인 대응방식 때문이라고 할 수 있다. 그러나 발전단계의 차이, 규모의 차이 때문에 중국 농업구조의 변화 양상은 다른 나라들과 다르게 나타나고 있다(3장, 4장).

중국의 경우 한편으로는 WTO 가입 등 개방 확대를 통해 국제화의 흐름에 편승하면서, 다른 한편으로는 국가 개입에 의한 시장제도 형성에도 적극성을 보이고 있다. 즉 개혁 초기의 분권화에 따라 거래자의 자율성이 강화된 '소규모 자유시장', 국가와 거래자간에 후견인–추종자 관계가 새롭게 형성되는 '대규모 제도시장', 그리고 외자를 중심으로 한 '대규모 자유시장'이 따로 그리고 함께 발전하고 있다(5장, 6장).

중국은 시장화 도상에 있지만, 국가가 거래주체들 사이의 규칙을 사후적으로 변경하는 일이 빈번하게 일어나고 있다는 점에서 영미형 모델과는 확연히 구분된다. 중국 농업·농정도 개혁·개방 과정에서 급속한 시장화를 경험하고 있으나, 현 시점에서는 영미형 모델로의 진화 가능성을 논하기는 어렵다. 중국 농업은, 발전단계가 낮은, 그래서 발전 속도를 더 압축하면서 개방의 과제에도 응해야 하는 새로운 모델의 특징을 보여주고 있는 부문이다.

2. 더 압축된 동아시아 모델

그러면 중국 농업에서도 자신의 특색을 드러내고 있는 중국 경제의 모델을 과연 무엇이라고 불러야 할까. 더 많은 탐구가 이루어져야 하겠지만, 필자는 현 단계의 중국을 움직이고 있는 경제 모델을 '더 압축된 동아시아 모델'(A More Highly Compressed East Asian Model)이라고 칭하고 싶다. 이는 기업·노동·농업·국가의 효율을 개선하면서 현재의 정치체제를 지속시키는, '중국 특색'의 동아시아 모델이다.[1]

기업 측면에서 보면, 현 단계의 중국에서는 국가와 내부자가 지배력을 분점하는 '절충적인' 형태를 취하고 있다. 중국 국유기업제도 중에서 가장 진보된 형태인 주식회사에서 감사회나 이사회의 관계는 일본형과 비슷하고, 업무집행제도에 관한 이사회와 경영진의 관계는 영미형의 임원제도와 유사하며, 감사회에의 노동자 참가라는 면에서는 독일의 공동결정시스템과 각각 비슷하다(李維安 1998; 中兼和津次 1999). 내부자를 감독할 수 있는 기제인 주식시장(영미형)이나 주거래은행제도(독일·일본형)가 충분히 발전하지 못한 상태이다.

노동시스템에서는, 노동계약제를 도입했지만 과거 동아시아형의 특징을 많이 가지고 있다. 실업이 증가하는 속에서도 국유기업 노동자의 근속연수는 길고 임금격차는 작은 편이다. 이는 일본형 모델에서와 같이 장기고용에 의한 기능 축적 때문이 아니라 아직 기업이 사회보장기능을 털어

---

1 동아시아 모델에 대한 정의에는 여러 가지 논의가 있을 수 있지만, 필자는 국가가 '발전을 지향'하며 이를 위해 '자원배분에 개입'하는 정책수단을 사용하는 것이 핵심적 내용이라고 생각한다. 중국의 발전단계를 고려하면 발전지향을 결코 포기할 수 없을 것이다. 글로벌화, 제도개혁, 시장화에 의한 기업·노동·농업·국가의 효율화는 그 자체가 목적이 아니라 발전을 위한 제도·정책 설계의 일종이므로 '절충적' 성격을 띠게 된다. 이일영(2003b)을 참조.

내지 못하고 있기 때문이라고 할 수 있다. 이제 고용과 임금을 계약하는 시스템으로 전환하고 있지만, 그것은 업적과 능력, 한계생산성에 의해 고용과 임금이 결정되는 영미형 모델을 지향하고 있다기보다는, 단기고용을 통해 기능적 기능을 저임금·장시간노동 체제에 포섭하는 시스템에 가깝다(이일영 2004).

아울러, 정부–기업관계에 대해서도 살펴보자. 경제관계에서 정부는 조정자 역할을 행하는데, 여기에서 보통 세 가지 유형이 논의된다. 권위주의형 정부는 3권 및 각 부처가 최고권력에 지배되는 형태이고, 관계의존형(일본형) 정부는 입법·행정의 통합도가 높고 사법의 유효성이 낮으며 각 부처는 분획되어 있다. 규칙의존형(미국형) 정부는 3권이 분립되어 있고 각 부처는 집권적으로 조직되며 입법을 중시한다(Aoki and Okuno-Fujiwara 1996). 중국은 현재 공산당 일당지배의 유지를 전제로 경제, 사회체제의 다원화에 대응하는 능력을 강화시키려 시도하고 있다(이남주 2002). 이는 권위주의형의 정부형태를 기본으로 하되 정부·행정개혁을 통해 일본형과 미국형의 요소를 일부 도입하려는 것으로 볼 수 있다.

3. 더 좋아진 동아시아 모델

동아시아 모델에 대한 본격적인 논의의 한 계기가 되었던 세계은행의 『동아시아의 기적』에서는, 그 에센스로 급성장과 불평등도의 저하라는 두 가지 결과와, 농업의 역동성, 수출 확대, 인구구조 변화, 높은 저축·투자율, 인적자본 구축, 높은 생산성의 여섯 가지 특징을 거론한 바 있다.[2] 지금 시점에서 다시 보면, 중국은 이러한 동아시아 모델의 구성 요소들 중 많은 부분을 공유하고 있음을 알 수 있다.[3]

물론 90년대 후반 이후에도 동아시아 모델이 성립 가능한가 하는 논란이 있을 수 있다. 국내적으로 높은 저축·투자율을 가능케 했던 금융억압이 금융세계화로 더 이상 잘 기능하기 어렵고, 각국 단위의 수출촉진정책이 자유무역을 지향하는 국제규범과 충돌하며, 기술형성에 있어 추격의 경로보다는 비약의 경로가 더 많아지고 있기 때문이다. 또 기업 수준에서의 관리와 경쟁이 가혹하고 개인과 가족이 무한경쟁에 편입되어 성장의 성과에 비해 삶의 질은 높지 않다는 평가도 있다(末廣昭 2000).

중국의 경우는 압축성장의 경로를 다시 압축했다. 중국은 변화된 국제환경, 부족한 정부능력, 미처 형성되지 못한 시장제도에 대처하기 위한 수단으로 '제2의 개혁·개방'을 선택했다. 즉 글로벌화의 외압을 지렛대로 삼아 국내산업 구조조정 및 시장제도 형성, 국유기업 개혁, 정부·행정 개혁 등 내부 개혁을 시도하려는 것이다. 그러나 이는 장기적으로 지속 가능한 모델은 아니다.

농업문제와 함께 노동문제가 중국 모델의 아킬레스건이 될 가능성이 높다. 현재 중국에서 인민은 명목상 국가 재산의 주인이지만 사실상 아무런 소유권도, 처분권도 행사하지 못하고 있다. 증가된 지방 정부 및 기업 권력자의 전제적 권력, 사영화 정책으로 증가된 사적 자본의 횡포 등이 사실상 무권리 상태의 노동자에게 가해지고 있다고 볼 수 있다(장윤미 2003). 또한 1990년대 중반 이후 기업의 구조조정으로 향진기업과 국유기업의 고용 확대 능력이 현저하게 하락했다. 이러한 구조조정 움직임은 WTO 가입

2 그리고 이러한 성공의 원인으로 기본적으로 건전한 개발정책, 즉 복수채널을 통해 개발에 개입하는 선택적 진흥전략을 들고 있다(World Bank 1993).

3 논란이 될 수 있는 것은 분배와 생산성 문제이다. 중국의 분배상태는 1980년대에는 개선되었으나 1990년대 이후에는 악화되어 성장의 공유(shared growth)를 실현했다고 할 수는 없다. 생산성 문제는 엇갈리는 주장이 있으나, 1970년대 말 개혁·개방 이후 총요소생산성(TFP)의 개선이 있었다는 연구성과가 많다.

등 개방 확대로 더욱 가속화될 수밖에 없다(장영석 2002).

동아시아 모델은 여러 가지 문제에 봉착해 있으며, 이를 다시 압축한 중국 모델은 더 큰 취약성을 가지고 있다. 여기에 대해 고민하고 해답을 찾아가는 것이 중국은 물론, 한국·일본에도 중요하고, 나아가 새로운 '동아시아'의 형성에도 관건이 된다. 현실에서 잊어서 안 될 것은, 기존의 동아시아 모델에서 홀연히 이탈할 수 있는 것은 아니라는 점이다. 그러므로 우리는 동아시아 모델의 '개선'(improvement), 즉 '더 좋아진 동아시아 모델'(An Improved East Asian Model)을 모색해야 한다.[4]

어려운 과제지만, 핵심은 개방적 국제환경과 사회적 연대성을 조화시키는 것이다. 동아시아는 인구 압력이 세계 어느 곳보다도 높기 때문에 일정한 고용력과 농업의 규모를 갖추고 필요한 사회정책체계를 설치해야 한다. 적정한 성장 기조를 유지하기 위해서 수출시장을 안정적으로 확보해야 하고, 이를 위해서 동아시아 역내와 동아시아–미국 간 교환관계를 건전화하면서 확대하는 방안을 찾아야 한다. 일부 실리콘밸리 모델이 적합한 산업이 있지만, 많은 경우에는 점진적 누적과 학습에 의해 기술이 형성되므로, 이러한 부문에 대한 사회적 투자와 혁신을 또한 중요시해야 한다.[5]

4 이들 개념은 아카마츠, 페이, 레이니스, 오카와, 세계은행 등이 일본, 한국, 대만 등의 발전과정에 대해 '압축화된 산업화'(compressed industrialization), '산업화의 압축과정'(telescoping process)이라고 표현한 것을 의식하여 응용한 것이다. 이에 대한 영어 번역은 백낙청 교수의 가르침에 힘입었다. 그에 의하면, 'The More Highly Compressed East Asian Model', 'The Improved East Asian Model'이 자연스럽고 뜻에 부합하는데, 재압축과 개선이 한번으로 끝날 게 아니고 계속될 수 있음을 전제한다면 부정관사를 써서 'A More Highly Compressed East Asian Model', 'An Improved East Asian Model'으로 하는 게 더 나은 표현이다.

5 '더 좋아진 동아시아 모델'을 우리 입장에서 다시 말한다면, 필자는 이를 '한반도 경제'라고 부르고 싶다. 이는 세계화의 흐름에 국내체제 혁신과 선진화, 남북한의 점진적 통합, 동아시아 연대와 지역혁신 등 세 차원에서 호응·대응하는 과정에서 형성되는 것이다. 이에 대해서는 한반도사회경제연구회(2007)를 참조.

참고문헌

한국어 문헌

김병률 외. 2001. 『중국의 WTO 가입과 시장개방에 따른 채소·과수·화훼산업 영향과 대응방향』. 한국농촌경제연구원. 2001. 4.

김익수. 1999. 『중국의 WTO 가입이 동아시아와 한국경제에 미치는 영향』. 대외경제정책연구원.

나카가네 카즈치. 2001. 『중국경제발전론』. 이일영·양문수 역. 도서출판 나남.

농림부 국제농업국. 2000. 『농업통상용어해설』.

로이드 이스트만. 1999. 『중국사회의 지속과 변화』. 이승휘 역. 돌베개.

린이푸 외. 1996. 『중국의 기적』. 한동훈 역. 서울: 백산서당.

문순철. 1996. "1980년대 후반 이후 중국 농촌 토지제도의 변화." 『대한지리학회지』. 제31권 제3호. 대한지리학회.

박기형. 2006a. "중국 제11차 5개년 계획의 농업정책 개요." 『세계농업정보』. 한국농촌경제연구원. 2006. 3. 23.

______. 2006b. 중국 농민공 문제의 실상과 해결방안. 『세계농업정보』. 한국농촌경제연구원. 2006. 5. 26.

박복영. 2001. "자본자유화론에 대한 재고." SIES Working Paper Series No.110. 서울사회경제연구소 2001 참조

박월라. 1999. "朱鎔基 총리 訪美 성과 및 WTO 가입협상에 관한 중국측 평가." 『세계경제속보』. 제99-43호(1999. 5. 6). 대외경제정책연구원.

박제훈. 1997. "이행기경제의 체제전환." 한국비교경제학회 편. 『비교경제체제론』. 박영사.

박진도. 1993. "한국의 농업문제와 농업정책." 강봉순 외. 『세계의 농업문제와 농업정책』. 농민신문사.

박찬억. 1997. "경제체제론의 회고와 전망." 한국비교경제학회 편. 『비교경제체제론』. 박영사.

서봉교. 2001a. "중국 수출 둔화에도 고도화 진행 중." 『주간경제』. 636호. LGERI. 2001. 8. 15.

______. 2001b. "중국에 대한 외국인직접투자의 뉴트랜드." 『주간경제』. 642호. LGERI. 2001. 9. 26.

송유철·정인교. 2001. "중국의 WTO 가입이 한국경제에 미치는 영향 및 대응방안."

『KIEP 세계경제』. 2001. 10.
양문수·서봉교. 2001.『중국 WTO가입이 국내산업에 미치는 영향: 가전, 화학, 통신 산업을 중심으로』. LG경제연구원. 연구보고서 2001-CI.01-08호.
양평섭. 2000.『중국의 WTO 가입 이후 산업별 개방 계획과 그 영향』. KIEP 지역연구회시리즈. 제00-11호.
유진석. 1999. "중국의 WTO 가입 및 영향." 삼성경제연구소.
______. 2001. "중국의 WTO 가입에 따른 영향과 대응." 삼성경제연구소.
윤석원 외. 2000. "중국의 WTO 가입과 농업분야의 파급효과." 사단법인 농정연구포럼 월례세미나 No. 80, 2000. 2. 29.
이남주. 2002. "중국 WTO 가입의 정치논리." 이일영 외.『WTO로 가는 중국: 변화와 지속』. 박영률출판사.
이동진 외. 2001. "중국의 변호사와 체제개혁: 국가, 시장, 사회관계를 중심으로."『21세기 중국과 한국-의미의 재해석』. 현대중국학회. 2001. 11. 30.
이동진. 2002. "중국의 분절된 국가와 시장 형성: 변호사사무소를 사례로."『현대중국연구』. 4(2). 현대중국학회.
이일영 외. 1995. "중국 향진기업의 성과와 한계: 이부문모형의 적용과 관련하여."『農村經濟』. 제18권 제3호. 한국농촌경제연구원.
______. 2000.『중국 농산물 생산 및 유통 실태에 관한 조사연구-사과, 배, 고추를 중심으로』. 사단법인 한국농어촌사회연구소. 2000. 12.
______. 2001.『WTO로 가는 중국: 변화와 지속』. 박영률출판사.
이일영. 1994. "사회주의 집단농업의 구조 및 제도개혁에 관한 비교연구-소련·중국·북한농업을 중심으로."『農村經濟』. 제17권 제4호. 한국농촌경제연구원.
______. 1995. "중국 농업구조 개혁의 성과와 한계—1978년 이후의 생산책임제를 중심으로」.『중소연구』. 제19권 제1호. 한양대학교 중소연구소.
______. 1996. "체제전환과 국가·농민관계: 구소련 농산물 조달·가격제도의 변천."『농업정책연구』. 제23권 제2호. 한국농업정책학회. 1996. 12.
______. 1997.『중국의 농촌개혁과 경제발전』. 서울대학교 출판부.
______. 1998. "최근 중국 농정의 동향과 농촌분화의 현상." 농정연구포럼 제65회 정기월례세미나 발표문. 11. 7.
______. 1999. "중국농업에 있어 '쌍층경영'의 형성과 분화: 北京市 근교의 사례연구."『경제학연구』. 47(2). 한국경제학회.
______. 2000a. "경제발전에서 구조조정으로: WTO 가입과 중국농업." SIES Working Paper Series. No.109. 서울사회경제연구소. 2000. 1.
______. 2000b. "발전단계, 개방화, 산업보호정책: 중국과 동아시아 국가의 농업정책 비교." 한국사회과학연구소 편.『동향과 전망』. 통권47호. 박영률출판사. 2000년 겨울.

______. 2001. "중국의 개방화와 국가-농민관계: WTO 가입의 효과." 『동북아경제연구』. 제13권 제1호. 한국동북아경제학회. 2001. 11.
______. 2003a. "중국 농산물 유통시스템 변화의 사례연구: 膠東地域 청과물의 경우." 『농업경제연구.』 44(2). 한국농업경제학회.
______. 2003b. "WTO 가입 이후의 중국경제." 『계간사상』. 2003년 가을호(통권 58호). 사회과학원.
______. 2004. "중국 기업·노동의 인센티브 개혁: 성격과 유형." 『동향과 전망』. 통권 62호. 한국사회과학연구소·박영률출판사.
이재옥 외. 1994. 『우루과이라운드 농산물협상 백서』. 한국농촌경제연구원.
임정빈 외. 2001. "중국의 WTO 가입에 다른 국내외 영향 및 대응방안." 『농촌경제』 24권 제 3호. 2001.
임정빈. 1999. "중국의 WTO 가입과 한국 농업." 『WTO 농업정보』. KREI. 1999. 12.
장영석. 2002. "중국의 WTO 가입과 경제개혁 딜레마." 이일영 외. 『WTO로 가는 중국: 변화와 지속』. 박영률출판사.
장윤미. 2003. "개혁시기 중국의 노동자와 노동운동." 한신중국포럼. 2003. 6.
정영일. 1993. "농업구조정책의 과제와 방향." 『경제학연구』. 제41집 제1호. 한국경제학회.
정인교 외. 2001. "중국 WTO 가입의 한·중 교역에 대한 영향과 정책시사점." 『동향분석속보』. 제01-14호. KIEP. 2001. 6. 19.
정정길. 2007. "WTO 가입 이후 중국의 식량 수급과 정책 변화." 『KREI 논단』. 한국농촌경제연구원. 2007. 1. 5.
조현준. 2002. 『중국 유통산업의 개방과 활용전략』(정책연구 02-16). 대외경제정책연구원.
지만수. 2002. "중국 위기론, 어떻게 볼 것인가." 『주간경제』. 661호. LGERI. 2002. 2. 6.
차홍균. 1993. "일본의 농업문제와 농업정책." 강봉순 외. 『세계의 농업문제와 농업정책』. 농민신문사.
최정섭. 2005a. "중국 옥수수 산업의 현황과 전망." 『세계농업정보』. 한국농촌경제연구원. 2005. 3. 10.
______. 2005b. "중국 대두 산업의 현황과 전망." 『세계농업정보』. 한국농촌경제연구원. 2005. 4. 27.
한국비교경제학회 편. 1997. 『비교경제체제론』. 박영사.
한동훈·이근. 1998. "중국은 동아시아 발전모델을 건너뛰는가?." 『경제발전연구』 4(2). 한국경제발전학회.
한반도사회경제연구회. 2007. 『한반도경제론』. 창비.
한홍석. 1999. "중국 WTO 가입의 정치경제학." 『주간경제』. 546호. LGERI. 1999. 11. 24.
LGERI. 2001. 중국 WTO 가입이 국내산업에 미치는 영향. 연구보고서 2001 CI.01-08호.

葉興慶. 2004. "중국 식량유통정책의 개혁방향." 동북아농업발전 국제심포지엄. 한국농촌경제연구원. 2004. 8. 18.
池上彰英. 2000. "중국의 WTO 가입과 농업정책의 과제."『國際農林業協力』. 第23卷 第1號,國際農林業協力協會. 2000. 4. http://www.krei.re.kr. 2000. 10. 11. WRD-00010.hwp
韓一軍. 2001. "중국의 WTO 가입이 중국 농산물 가공산업에 미치는 영향과 대책."『중국의 WTO 가입과 한·중 농업협력』. 한국농촌경제연구원. 2001. 4.

중국어 문헌

『中國統計年鑑』
『中國統計摘要』
『中國農業統計年鑑』
『中國農業年鑑』
『臺灣農業年報』
『中國農業全書-山東卷』. 農業出版社. 1994.
柯炳生. 2002. "加入WTO與我國農業發展."『中國農村經濟』. 第1期.
江小涓. 1996.『經濟前軌時期的産業政策』. 三聯書店.
國家統計局農村社會經濟調查總隊 編. 1989.『中國分縣農村經濟統計概要 1980~1987』. 中國統計出版社.
______. 1992.『中國分縣農村經濟統計概要 1990』. 中國統計出版社.
國家統計局農村經濟社會統計司. 1989.『中國農村統計年鑑』. 中國統計出版社.
國務院辦公廳秘書局 編. 1998.『中央政府組織機構(1998)』. 改革出版社.
紀良網 主編. 2002.『商品流通學』. 中國物價出版社.
紀永茂. 1989. ""雙田制"是土地集中過程中一種可行的過渡形式."『中國農村經濟』. 第11期.
綦好東. 1998. "我國現行農地産權結構的缺陷及重構的實證分析."『農業經濟問題』. 第1期. 中國農業經濟學會·中國農業科學院農業經濟研究所.
農産物批發市場課題組. 1994. "我國農副産品批發市場事例分析及分析."『農業經濟問題』. 1994. 4.
農業部計劃司.『農業經濟資料(1949~1983)』.
農業部農村經濟研究中心農産品批發市場課題組. 1995. "我國農産品批發市場建設研究."『中國農村經濟』. 1995. 10.
譚勇向·辛賢 外. 2001.『中國主要農産品市場分析』. 中國農業出版社.
對外經濟貿易合作部"外經貿改革與發展"課題組. 1999. "我國外貿迅速發展 體制改

革步步深入." 經濟研究參考. 總第1252期.

東庄頭蔬菜批發市場管理委員會. 1998. "我們是怎樣辦好蔬菜批發市場的." 『市場研究』. 中國農業部信息網—菜籃子信息網. 1998. 11. 8.

潘耀國·崔傳義. 1995. "沿海地區農業規模經營模式探討." 『農民日報』. 1995. 11. 22.

北京大鐘寺批發市場信息中心. 1998. "農副產品批發市場的現代化離不開信息化." 『市場研究』. 中國農業部信息網—菜籃子信息網. 1998. 11. 6.

北京師範大學經濟與資源管理研究所. 2003. 『2003中國市場經濟發展報告』. 北京: 中國對外經濟貿易出版社.

北京市統計局 編. 1997. 『北京統計年鑑』. 中國統計出版社.

徐栢園·李蓉. 1995. 『農產品批發市場研究』. 中國農業出版社.

孫大光. 2001. "關稅配額與加入WTO後我國穀物進口管理." 『中國農村觀察』. 第3期.

王俊豪. 2002. "中國加入WTO與自然壟斷產業政府官制體制改革." 『面對WTO: 中國產業經濟』. 首都經濟貿易大學出版社.

呂世平 外. 2003. 『WTO與中國產業發展』. 鄭州大學出版社. 2003.

呂志海. 1997. "棲霞市果品生產實現產業化經營." 韓俊 外 主編. 『產業化: 中國農業新趨勢』. 中國農業出版社.

閻崇年 主編. 1991. 『中國市縣大辭典』. 中共中央黨校出版社.

魏景瑞·鄒書良. 1992. "平度市"兩田制"改革試驗及其初步效應." 『中國農村經濟』. 第7期.

劉東明. 2001. 『農業產業化與農產品流通』. 中國審計出版社.

陸國慶. 2002. "我國水果產銷的市場秩序管制." 『中國農村經濟』. 2000. 2.

李善同 外. 1998. "加入世界貿易組織對中國的影響分析." 『中國發展研究: 國務院發展研究中心研究報告選』. 中國發展出版社.

李云河. 1991. "探索建設有中國特色的社會主義道路與中國四次"包產到戶"的艱難實踐." 『浙江農業經濟』. 增刊號.

李日榮. 1996. "改革以後中國的農業生產變化之原因分析." 『中國農村觀察』. 總第8期.

林毅夫 外. 1995. 『中國的奇蹟: 發展戰略與經濟改革』. 三聯書店. 한동훈 역. 1996. 『중국의 기적』. 백산서당.

張仲芳. 1997. "我國1993~1995年的農業國內支持水平." 『中國農村經濟』. 第6期.

張浩·馬艾德. 1991. 『農業四稅基礎知識』. 中國社會科學出版社.

全國農業普查辦公室. 1998. 『中國第1次農業普查資料綜合提要』. 中國統計出版社.

趙邦宏·邸文様 編. 2002. 『中國農業產業化經營』. 中國物價出版社.

趙養慶. 2002. "加入WTO與我國政府經濟管理制度和行政權力作用方式的改革." 『面對WTO: 中國產業經濟』. 首都經濟貿易大學出版社.

中共中央·國務院. 2007. "關于積極發展現代農業扎實推進社會主義新農村建設的若

干意見." http://www.agri.gov.cn/gndt/t20070130_765038.htm.
中共中央書記處農村政策研究室資料室 編. 1988.『中國農村社會經濟典型調查(1985)』. 中國社會科學出版社.
中共中央政研室. 1992.『完善中的農村雙層經營體制』. 中共中央黨校出版社.
中共中央政策研究室農村組. 1992. "聯産承包的完善和社會化服務的開展." 國家經濟體制改革委員會 編.『中國經濟體制改革年鑑 1992』. 改革出版社.
中國農業大學經濟管理學院課題組. 1999. "中國農産品貿易政策的選擇."『中國農村觀察』. 總第28期. 中國社會科學院農村發展研究所.
中國農業百科全書編輯部. 1991.『中國農業百科全書 農業經濟卷』. 農業出版社.
中國農業部. 1996.『中國農業發展報告 '95』. 農業出版社. 1995. 菅沼圭輔 譯.『中國農業白書—激動の'79~'95』. 農文協.
______. 1999.『中國農業發展報告 '99』.
中國農村經濟 編輯部. 1999. "加入世界貿易組織與中國農業."『中國農村經濟』. 總第174期. 中國社會科學院農村發展研究所.
中國農村發展問題研究組 編. 1985.『農村·經濟·社會』第1~3卷. 知識出版社.
______. 1986.『農村·經濟·社會』第4卷. 農村讀物出版社.
中國民政部. 2002.『中華人民共和國行政區劃簡册 2002』. 中國地圖出版社.
中國社會科學院·國家統計局. 2000.『1999~2000年: 中國農村經濟形勢分析與豫測』. 社會科學文獻出版社.
中國社會科學院農村發展研究所. 2004.『2003-2004年 中國農村經濟形勢分析與豫測』. 社會科學文獻出版社.
中國社會科學院農村發展研究所·國家統計局農村社會經濟調査總隊. 1998.『1997~1998年: 中國農村經濟形勢分析與豫測』. 社會科學文獻出版社.
中華人民共和國農業部. 1997.『中國農業五年回顧 1992-1997』. 中國農業出版社.
______. 1995.『中國農業發展報告 '95』. 中國農業出版社.
______. 1999.『中國農業發展報告 '99』. 中國農業出版社.
陳海淸. 1992. ""有償兩田"承包的實踐與體會."『中國農村經濟』. 第7期.
靑島市撫順路蔬菜副食品批發市場. 1999. "增加投入擴大規模加快市場建設步伐."『市場研究』. 中國農業部信息網—菜籃子信息網. 1999. 2. 4.
崔義中·王甫永. 1991. "中蘇農業社會主義改造比較."『理論與現代化』. 第7期.
祝東. 1993. "鮮活農産品批發卸賣市場價格形成的一般性分析."『中國農村經濟』. 1993. 2.
馮雷. 1996.『農産品流通市場組織模式研究』. 經濟管理出版社.
洪濤. 2000. "我國蔬菜産銷體制研究."『中國農村經濟』. 2000. 4.
黃季焜 外. 1999. "貿易自由化和中國: 是挑戰還是機遇."『農業經濟問題』. 第8期. 中國農業科學院.
黃季焜. 2000. "WTO與中國農業." 中國社會科學院·國家統計局.『1999~2000年: 中

國農村經濟形勢分析與豫測』. 社會科學文獻出版社.

일본어 문헌

菅沼圭輔. 1989. "中國における「食糧大規模經營」一北京市순이현の集團農場の事例研究."『農業經濟研究』. 第61卷 第2號. 日本農業經濟學會.

______. 1995. "卸賣市場が市場經濟化に果たる役割一中國の青果物流通システム."『變貌する農産物流通システム一卸賣市場の國際比較』. 農山漁村文化協會.

鮫島敬治 外 編. 2001.『中國WTO加盟の衝擊』. 日本經濟新聞社.

宮鍋幟. 1961. "社會主義的所有の二形態の接近について."『經濟研究』. 第12卷 第1號. 一橋大.

宮崎宏. 1994. "廣域流通の進展と消費地卸賣市場の實態." 食品流通システム協會 編.『1993年度食品流通技術海外協力事業報告書』.

大崎平八郎. 1960.『ソヴェト農業政策史』. 有斐閣.

大川一司·小浜裕久. 1993.『經濟發展論一日本の經驗と發展途上國』. 東洋經濟新報社.

渡邊利夫 編. 1991.『中國の經濟改革と新發展メカニズム』. 東洋經濟新報社.

末廣昭. 2000.『ギャッチアップ型工業化論: アジア經濟の軌跡と展望』. 名古屋大學出版會.

米倉等 編. 1995.『不完全市場下のアジア農村一農業發展における制度適應の事例』. アジア經濟研究所.

朴紅 外. 2002. "中國輸出向け野菜加工企業における原料の集荷構造-山東省青島地域の食品企業の事例分析(1) 北海食品."『北海道大學農經論叢』. 第58號.

白石和良. 1994. "中國の農業·農村の再組織化と雙層經營體制."『農業總合研究』. 第48卷 第4號. 日本農業總合研究所.

謝憲文. 2000.『流通構造と流通政策一日本と中國の比較』. 同文館.

山內一男. 1989. "中國經濟近代化の摸索と展望一建國後四十年の軌跡." 山內一男 編.『中國經濟の轉換』. 岩波書店.

山中守. 1993. "農産物流通組織の現狀と課題一北京·山東省·山西省." 宮島昭二郎 編.『現代中國農業の構造變貌』. 九州大學出版會.

山村理人. 1987. "ゴルバチョフの農業改革." 今村奈良臣 編.『農政改革-世界と日本』. 御茶の水書房.

______. 1989a. "ソ連の農業改革: 1982-1988年."『農業經濟研究』. 第61卷 第2號.

______. 1989b. "ソ連における農業勞動組織と集團農場改革." ソビエト史研究會 編.『ソ連農業の過去と現在』. 木鐸社.

三谷孝 編. 1993.『農民が語る中國現代史―華北農村調査の記録』. 內山書店.
石田浩 編. 1996.『中國傳統經濟の變革と工業化―上海近郊農村調査報告』. 晃洋書房.
石田浩. 1991.『中國農村の歷史と經濟―農村變革の記録』. 關西大學出版部.
______. 1993.『中國農村經濟の基礎構造―上海近郊農村の工業化と近代化のあゆみ』. 晃洋書房.
小島麗逸. 1989. "農業·農村組織四十年." 山內一男 外 編.『中國經濟の轉換』. 岩波書店.
______. 1991. "1990年の農政動向." 日中經濟協會 編.『1990年の中國農業』. 日中經濟協會.
______. 1992. "1991年の農政動向." 日中經濟協會 編.『1991年の中國農業』. 日中經濟協會.
______. 1997.『現代中國の經濟』. 岩波書店.
______. 1999. "農業産業化への現狀."『1998年の中國農業』. 日中經濟協會.
孫潭鎮. 1991. "農村はどのように變遷してきたか-土地改革·人民公社·生産責任制-." 渡邊利夫 編.『中國の經濟改革と新發展メカニズム』. 東洋經濟新報社.
辻雅男. 1995. "アグリビジネスの展開と農産物流通―インドネシアの事例." 米倉等 編.『不完全市場下のアジア農村―農業發展における制度適應の事例』. アジア經濟研究所.
辻井博. 1998. "日本·韓國·臺灣3國の米·穀物政策發展における5段階と農業政策への含意."『京都大學 生物資源經濟學研究』. 第4號. 1998. 12.
阿部一知 外 編. 2002.『中國WTO加盟と日中韓貿易の將來』. 日本經濟新聞社.
嚴善平. 1992.『中國經濟の成長と構造』. 勁草書房.
王競. 1997. "中國北京市における消費地野菜卸賣市場の實態."『農業市場研究』5(2). 通巻 44號. 1997. 3.
王志剛·甲斐諭. 1999. "中國野菜産地における農家と流通商人の新たな取引關係―情報化と物流からみた河北省高陽縣のトマト生産·流通分析."『農業經濟論集』. 50(2). 九州農業經濟學會. 1999. 11.
隅谷三喜男·劉進慶·余照彦. 1992.『臺灣の經濟―典型NIESの光と影』. 東京大學出版會.
熊代幸雄·若代直哉. 1975. "生産·管理制度." 日中經濟協會 編.『中國農業の制度·組織』. 日中經濟協會.
俞菊生 外. 1996. "市場經濟形成期中國上海における青果物流通と市場再編."『農業市場研究』. 4(2). 1996. 3.
俞菊生. 1997a. "上海市における生鮮食料品小賣流通の再編―野菜を中心に."『農業市場研究』6(1). 通巻 45號. 1997. 9.

______. 1997b.『現代中國の生鮮食料品流通變革』. 筑波書房. 1997. 9.
兪菊生·小林宏至·澤田進一. 1996. "市場經濟形成期中國上海における青果物流通と市場再編."『農業市場研究』. 4(2). 通巻 42號.
李維安. 1998.『中國のコーポレート·ガバナンス』. 税務經理協會.
李海英 外. 2000. "農産物輸入增加による中國經濟への影響分析-中國の農業分析用産業聯關表の作成と計測."『北海道大學農經論叢』. 第56集. 2000. 3.
日中經濟協會. 1997.『1996年の中國農業—功を奏した食糧增産政策』.
______. 1998.『1997年の中國農業—食糧生産過剰に悩む中國農業』.
______. 1999.『1998年の中國農業—生産性向上への摸索』.
______. 2000.『1998年の中國農業—さらなる過剰生産と價格低迷』.
______. 2001.『2000年の中國農業』.
張留征. 1993. "農産物流通組織の改革と展望." 宮島昭二郎 編.『現代中國農業の構造變貌』. 九州大學出版會.
赤松要. 1972. "世界經濟の異質化と同質化." 小島清 外 編『世界經濟と貿易政策』. ダイヤモンド社.
田島俊雄. 1993.『山東省武城縣農村調査報告』. 東京大學社會科學研究所調査報告第26集.
______. 1996.『中國農業の構造と變動』. 御茶の水書房.
田村正紀. 1989.『日本型流通システム』. 千倉書房. 임송국 역. 1994.『일본형 유통시스템』. 비봉.
佐藤經明. 1992. "經濟體制論と市場經濟移行の諸問題."『經濟研究』. 第43卷 第4號. 一橋大.
周應恒. 2000.『中國の農産物流通政策と流通構造』. 勁草書房.
中兼和津次 編. 1997.『改革以後の中國農村社會と經濟—日中共同調査による實態分析』. 筑波書房.
中兼和津次. 1975. "中國型經濟發展モデルについて." 中國資本蓄積研究會 編.『中國の經濟發展と制度』. アジア經濟研究所.
______. 1992.『中國經濟論-農工關係の政治經濟學』. 東京大學出版會.
______. 1999.『中國經濟發展論』. 有斐閣. 이일영 외 역. 2001.『중국경제발전론』. 나남출판.
中生勝美. 1990.『中國村落の權力構造と社會變化』. アジア政經學會.
川村嘉夫. 1989. "家族經營の展開と當面の課題." 阪本楠彦·川村嘉夫 編.『中國農村の改革-家族經營と農産物流通』. アジア經濟研究所.
川浦孝惠. 1994. "ロシアにおける土地改革の動向."『中央大學經濟研究所年報』. 第25號(1).
黑崎卓. 1995. "農家經濟における不確實性と保險メカニズム—パキスタン·パン

ジャーブ州の事例を中心に." 米倉等 編.『不完全市場下のアジア農村—農業發展における制度適應の事例』. アジア經濟研究所.
フェイ, J., 大川一司, G. レイニス. 1986. "經濟發展の歷史的パースペクティブ—日本, 韓國, 臺灣." 大川一司 編.『日本と發展途上國』. 勁草書房.

영어 문헌

Akamatsu, Kaname. 1962. "A Historical Pattern of Economic Growth in Developing Countries." *The Developing Economies*. Preliminary Issue. No.1. March-August. Institute of Asian Economic Affairs.

Akerlof, J. 1984. *An Economic Theorist's Book of Tales*. Cambridge: Cambridge University Press.

Aoki, Masahiko and Masahiro Okuno-Fujiwara. 1996. *Comparative Institutional Analysis: A New Approach to Economic System*. Univ. of Tokyo Press. 기업구조연구회 외 역.『기업시스템의 비교경제학』. 연암사.

Atta, Don Van. 1990. "Toward a Soviet 'Responsibility System'? Recent Developments in the Agriculture Collective Contract." Gray, Kenneth ed. *Soviet Agriculture: Comparative Perspectives*. Ames: Iowa State University Press.

Bartels, R. 1968. "Are Domestic and International Marketing Dissimilar?." *Journal of Marketing*. 32(3).

Bill Coyle. 1997. *The Impact of China and Taiwan Joining the World Trade Organization on U.S. and World Agricultural Trade*. ERS Technical Bulletin No. 1858. May 1997.

Boddewyn, J. J. 1966. "A Construct for Comparative Marketing Research." *Journal of Marketing Research*. 3(2).

Brown, Alan A. and Neuberger, Egon. 1989. "The Traditional Centrally Planned Economy and Economic Reforms." Bornstein, Morris ed. *Comparative Economic Systems: Models and Cases*. Homewood: Irwin.

Chen, C. S. and Ridley, Charles P. 1969. *The Rural People's Communes in Lienchiang*. Stanford: Hoover Institution.

Chen, H. Y. W. F. Hsu and Y. K. Mao. 1975. "Rice Policies of Taiwan." *Food Research Institute Studies*. 14(4).

Eckstein, Alexander. 1977. *China's Economic Revolution*. Cambridge: Cambridge University Press. 石川滋 監譯. 1980. 中國の經濟革命. 東京: 東京大學出版會.

Friedman, Edward. Paul Pickowicz and Mark Selden. 1991. *Chinese Village, Socialist State*, Yale University Press.

Friedrich, Carl J. and Zbigniew K. Brzezinski. 1965. *Totalitarian Dictatorship and Autocracy*. Harvard Univ. Press.

Gregory, Paul R. and Stuart, Robert C. 1986. *Soviet Economic Structure and Performance*. 3rd Edition. New York: Harper and Row. 吉田靖彦 譯.『ソ連經濟』. 東京: 教育社.

Hinton, William. 1990. *The Great Reversal: The Privatization of China, 1978-1989*. New York: Monthly Review Press.

Hsin-Hui, Hsu. and Fred Gale. 2001. "China: Agriculture in Transition." *ERS Agriculture and Trade Report*. No. 012. November 2001.

IBRD. 1991. *China, Options for Reform in the Grain Sector*. Washington D.C.: IBRD.

Jaffe, E. D. 1969. "A Flow Approach to the Comparative Study of Marketing Systems." J. J. Boddewyn ed. *Comparative Management and Marketing*.

Koopmans, Tjalling. and Michael Montias. 1971. "On the Description of Economic Systems." in Alexander Eckstein ed. *Comparison of Economic Systems*. Univ. of California Press.

Kornai, Janos. 1971. *Anti-Equilibrium*. Amsterdam: North-Holland.

Lee, Il-Young. 1996. "Agriculture and Trade in the Northeast Asian Socialist Countries in Transition: A Comparative View." *Asia Journal*. Vol. 3. No. 1. The Center for Area Studies Seoul National University. June.

Lee, T. H. 1972. "Strategies for Transferring Agricultural Surpluses under Different Agricultural Situations in Taiwan." *Agriculture and Economic Development*. vol.2. May.

Marx, Karl. 1867. *The Capital*. 김수행 역. 1990.『자본 I』서울: 비봉출판사.

Miller, Robert F. 1970. *One Hundred Thousand TRACTORS*. Cambridge: Harvard University Press.

OECD. 1995. *Agricultural Policies, Markets and Trade in the Central and Eastern European Countries, Selected New Independent States, Mongolia and China: Monitoring and Outlook 1995*. Paris: OECD.

Oi, Jean C. 1989. *State and Peasant in Contemporary China: The Political Economy of Village Government*. University of Berkely Press.

Parish, William and Martin King Whyte. 1978. *Village and Family in Contemporary China*. Chicago University Press.

Pei, Xiaolin. 1994. "Rural Population, Institutions and China's Economic Transformation."

The European Journal of Development Research. Vol. 6. No. 1. June.

Potter, Sulamith and Jack. 1990. *China's Peasants—The Anthropology of Revolution*. Cambridge University Press.

Putterman, Louis. 1993. *Continuity and Change in China's Rural Development*. Oxford University Press.

Riskin, Carl. 1987. *China's Political Economy: The Quest for Development since 1949*. New York: Oxford University Press.

Sachs, Jeffrey and Wing Thy Woo. 1994. "Structural Factors in the Economic Reforms of China, Eastern Europe and the Former Soviet Union." *Economic Policy*. 18.

Saith, Ashwani. 1985. "Primitive Accumulation, Agrarian Reform and Socialist Transitions: An Argument." in Saith, Ashwani ed. *The Agrarian Question in Socialist Transitions*. London: Frank Cass.

Shu, Vivienne. 1988. *The Reach of the State: Sketches of the Chinese Body Politics*. Stanford University Press.

Skilling, H. Gordon. and Franklyn Griffiths. 1971. *Interest groups in Soviet Politics*. Princeton Univ. Press.

Stiglitz, Joseph E. 1988. "Economic Organization, Information and Development." in Chenery, H. and Srinivasan, T. N. ed. *Handbook of Development Economics*. Amsterdam: North Holland.

______. 1994. *Whither Socialism?*. The MIT Press. 강신욱 역. 2003. 『시장으로 가는 길』. 도서출판 한울.

Stone, Bruce. 1988. "Development in Agricultural Technology." *The China Quarterly* No.116. December.

USDA ERS. 1994a. *Estimates of Producer and Consumer Subsidy Equivalents: Government Intervention in Agriculture. 1982-92*.

______. 1994b. *International Agriculture and Trade Reports: China*. WRS-94-4. August.

______. 1997. *International Agriculture and Trade Reports: China*. WRS-97-3. June.

______. 2004a. *Is China's Corn Market Turning Point?*. FDS-04C-01. 2004. 5.

______. 2004b. *China's Soybean Import Expected to Grow Despite Short-term Disruptios*. OCS-04J-01. 2004. 10.

______. 2005. *China's New Farm Subsidies*. WRS-0501. 2005. 2.

USTR. 1998. *NTE Report*.

Wädekin, Karl-Eugen. 1989. "The Re-emergence of the Kolkhoz Principle." *Soviet Studies* Vol.XLI. No.1. January.

Walker, Kenneth R. 1965. *Planning in Chinese Agriculture: Socialisation and the*

Private Sector, 1956-1962. London: Frank Cass.

World Bank. 1993. *The East Asian Miracle*. Oxford Univ. Press.

______. 1998. *East Asia: The Road to Recovery*.

Zusman, Pinhas. 1989. "Peasant's Risk Aversion and the Choice of Marketing Intermediaries and Contracts: A Bargaining Theory of Equilibrium Marketing Contracts." Pranab Bardhan ed. *The Economic Theory oh Agrarian Institutions*. Clarendon Press.